종교교육론

•학교에서의 기독교적 종교교육•

기독교학교교육연구소 기획
강영택·유재봉·박상진·고원석·김재춘·박종보·임경근·장화선 공저

RELIGIOUS EDUCATION

학지사

머리말

오늘날 우리나라 교육에서 종교교육은 본래의 중요성만큼 대우받지 못하고 있다. 우리 사회에서 종교가 지대한 영향을 끼치고 있으며 개인의 삶에도 가장 중요한 영향력을 끼치고 있는데, 교육에서는 종교를 중요하게 다루고 있지 않은 것처럼 보인다. 우리나라에서는 '제4차 교육과정'부터 교육과정에 종교 과목을 포함하였고, 이에 따라 선택과목으로 종교 교과를 학교에서 가르칠 수 있는 길이 열리게 되었다. 그러나 국공립 학교나 비종교계 사립학교에서는 종교교육을 시행하지 않고 있으며, 오직 종교계 사립학교만이 종교 과목을 선택해서 교수하고 있다. 종교계 사립학교에서의 종교교육도 종파교육인지 종교적 교육인지 혹은 종교학 교육인지에 따라 전혀 다른 종교교육에 대한 이해와 태도를 갖는다. 평준화 정책 이후 교양 과목 중 한 과목으로서 종교학 교육을 통해 종교에 대한 객관적 이해를 도모해야 한다는 교육부의 입장과 종교적 건학 이념을 내세우며 특정 종교의 교리와 신앙을 교수하기 원하는 종교계 학교의 입장이 때로 충돌하여 갈등을 빚기도 한다. 이런 과정에서 종교를 사적 영역으로 이해하고, 공적 영역인 교육에서는 종교를 가르치는 것이 바람직하지 않다는 '종교와 교육의 분리' 입장이 영향력을 과시하기도 한다. 결국 공교육에서 종교교육이 사라져 가고 있으며, 종교계 사립학교에서도 본래의 건학 이념대로 종교교육을 할 수 없는 실정이다.

더욱 안타까운 것은, 종교교육에 대한 전반적 이해를 도울 수 있는 책이 거의 없다는 사실이다. 종교교사를 양성하는 종교 계통 대학교의 종교교육과에서는 '종교교육론' 과목을 필수과목으로 선정하고 있지만, 교과서로 사용할 수 있는 교재를 찾기는 매우 어려운 실정이다. 저자들은 특히 특정 종교에 몸담고 있으면서도 종교교육 전반에 대해 어느 정도 균형 잡힌 시각을 제공해 줄 수 있는 교재에 대한 아쉬움이 컸다. 이러한 현실의 요구에 부응하기 위해 이 책을 기획하였다. 기독교학교교육연구소가 주관하여 '학자 네트워크'라는 이름으로 종교교육 관련 학자들이 모였고, 2년이 넘는 시간 동안 대화와 토론의 장을 가졌으며, 다양한 종교의 종교교육 현장 지도자들을 초청하여 논의했다. 이 책은 이러한 노력의 결실이다. 이 책의 저자들은 교육학, 종교교육학 및 법학을 전공하는 학자들로서 모두 기독교적 신앙을 지니고 있으며, 이런 점에서 기독교적 관점에서 종교교육에 대한 이해를 도모하고 있다고 볼 수 있다.

이 책은 크게 네 가지 영역으로 구성되어 있다. 제1부 '공교육과 종교교육' 에서는 종교교육의 정당성을 탐구하고 그 개념과 유형을 이해하며, 공교육에서의 종교교육이 어떠해야 하는지를 논의한다. 제2부 '외국의 종교교육' 에서는 영국과 독일의 종교교육을 각각 고찰한다. 제3부 '기독교학교에서의 종교교육' 에서는 우리나라 기독교학교의 종교교육의 변천을 파악하고, 우리나라의 교육제도에서 기독교학교의 존재 방식을 논의하며, 종립학교의 종교교육의 자유와 학생의 종교교육 거부의 자유 간 갈등을 탐구하고, 기독교 대안학교와 홈스쿨링에서의 종교교육에 대해 설명한다. 마지막으로 제4부 '종교교육 지원체제' 에서는 종교교사 양성과 종교교육 활성화를 위한 지원체제를 다룬다. 각 장은 해당 주제를 가장 잘 기술할 수 있는 연구자가 집필하였는데, 강영택 교수가 1장과 6장, 유재봉 교수가 2장과 4장, 박상진 교수가 3장과 11장, 고원석 교수가 5장, 김재춘 교수가 7장, 박종보 교수가 8장, 임경근 교수가 9장, 그리고 장화선 교수가 10장을 담당하였다.

바쁘신 가운데도 우리나라의 종교교육에 애정을 갖고 토의에 참여하여 귀한 글을 써 주신 모든 저자께 감사를 드린다. 그리고 이 책이 나오기까지 수고를 아끼지 않은 이종철 실장을 비롯한 기독교학교교육연구소 연구원들께도 감사를 드리며, 이 책의 출판을 기꺼이 허락해 주시고 좋은 책으로 출간될 수 있도록 온갖 정성을 기울여 주신 학지사 김진환 사장님을 비롯한 관계자 여러분께도 감사하다는 말씀을 전한다. 이 책의 출판을 통해 우리나라의 종교교육, 특히 기독교학교에서의 종교교육이 더욱 성숙할 수 있기를 바라며, 더 많은 분이 종교교육에 관심을 갖는 통로가 되기를 기대한다.

저자들을 대표해서
기독교학교교육연구소 소장
박상진

차 례

제3부 기독교학교에서의 종교교육

Religious Education

제1부

공교육과 종교교육

Religious Education

제1장

종교교육의 개념과 유형

1. 들어가는 말

오늘날 우리나라의 공립학교에서는 종교교육을 찾아보기가 어렵다. 이러한 현상은 근대교육을 추구하는 많은 사회에서 발견할 수 있는 것이기도 하다. 이성주의를 기반으로 하는 근대교육은 탈종교적 특성을 갖는다. 근대사회의 많은 학교에서는 종교의 중립성이라는 명목으로 종교를 교육의 영역에서 배제하는 경향이 있다. 그 결과, 오늘날 종교교육은 학교에서 대단히 소외받는 영역이 되었다. 그러나 종교교육이 학교교육에서 계속 배제될수록 학교교육은 많은 문제점을 양산한다. 이는 종교가 신의 존재에 대한 믿음의 차원을 넘어서 인간의 자신과 세계에 대한 이해 방식에 결정적 영향을 주기 때문이다(Nord, 2010). 인간 존재와 도덕에 대한 깊은 성찰을 요구하는 종교교육이 부재한 학교교육에서 진정한 인성교육이 가능할지 의문이다.

최근 들어 근대교육에 대한 대안적 논의로서 종교교육 또는 영성교육을 빈번하게 거론하는 것은 근대교육이 도달한 한계점을 인식한 결과일 것이다. 종교교육을 강조하는 사람들은 종교성을 근대교육의 대안으로 혹은 미래교육의 새로운 지평으로 보고 있다(고병헌 외, 2009; 한명희 외, 2010; Palmer, 2006). 또한 이들은 종교교육이 배제된 근대교육은 사람들을 소외감과 정신적 혼란, 깊은 두려움과 무력감 등 정신적 · 사회적 위기를 극복하는 데 실패하게 만든다고 보고, 21세기에는 새로운 인간관, 세계관 및 지식관에 기초한 교육적 패러다임이 필요하며, 그 핵심은 교육을 통해 인간의 총체성을 완성할 수 있는 영성의 회복이라고 주장하기도 한다(한명희 외, 2010). 교육의 영성을 강조하는 팔머(P. J. Palmer)는 영성교육을 간과해 온 근대교육의 영향으로 많은 사람들이 지성의 눈이라는 한쪽의 시각으로만 세상을 바라보게 되었다고 지적한다. 즉, 지성의 눈으로는 차가운 사실과 이성의 세계는 볼 수 있지만 따뜻한 마음과 영혼의 세계는 볼 수 없기 때문에 사람들이 점차 기계적이고 지배적인 성향을 갖게 된다는 것이다. 그는 영성이 결여된 학교에서의 교육이 사람으로 하여금 세계를 분석하고 조작하여 결국 타인을 지배하는 힘을 기르게 하고 있다고 비판한다. 그러므로 지성과 마음이 하나가 되어 세상을 보는 온전한 시각을 회복하기 위해서는 영성 형성을 위한 교육이 필요하다고 한다.

이처럼 많은 학자가 종교교육의 필요성을 근대교육의 한계에 대한 극복 방안으로 제시하고 있지만 우리나라 학교에서 종교교육을 어떻게 실시할 것인지의 문제는 많은 복잡한 문제를 내포하고 있다. 더구나 공립학교에서의 종교교육은 아직 논의조차 본격적으로 이루어지지 않고 있는 미개척 분야이기도 하다. 학교에서 종교교육을 어떻게 실시할 것인지의 문제는 종교교육을 어떻게 이해할 것인지의 문제와 밀접한 관련을 맺고 있다. 종교교육에 대한 유형화는 종교교육의 개념을 이해하는 데 도움을 줄 수 있을 것이다. 다음에서는 우리나라에서 일반적으로 이해하는 종교교육의 여러 유형을 살펴보고자 한다.

2. 종교교육의 유형[1)]

우리나라에서는 종교교육을 일반적으로 두세 가지 유형으로 분류하여 이해한다. 먼저 대법원에서는 종교교육을 두 가지 종류로 유형화해서 제시하고 있다. 즉, '교양교육으로서의 종교교육'과 '종파교육으로서의 종교교육'이다. 대법원의 대광고등학교 강의석 군 판례(2010년)에 나타난 표현을 살펴보면, 대법원은 '종교적 중립성이 유지된 보편적 교양으로서의 종교교육'과 '특정의 종교 교리를 전파하는 종파교육 형태의 종교교육'으로 종교교육을 이해하고 있음을 알 수 있다. 이러한 유형화는 우리나라 학교의 교육과정을 편성하는 교육부의 입장과 유사하다. 이에 비해 종교교육학자들은 종교교육의 유형을 세 가지 방식으로 분류하는 경향이 있다(고병철, 2005; 박범석, 2003; 손원영, 2007). 즉, 종교학적 종교교육(education about religion), 신앙교육적 종교교육(education of religion) 그리고 종교성 교육(religious education)이다.[2)] 여기서는 이 세 가지 유형에 따른 종교교육에 대해 살펴보고자 한다.

---

1) 강영택(2011)의 내용을 수정 · 보완하였다.

2) 학자에 따라 'education about religion'을 '종교에 관한 교육'이나 '종교교육'으로, 'education of religion'을 '종교의 교육'이나 '신앙교육'으로, 'religious education'을 '종교적 교육'으로 번역하기도 한다(고병철, 2005; 박범석, 2003; 박선영, 1997).

1) 종교학적 종교교육

종교학적 종교교육은 중립적 입장에서 다양한 종교에 대한 지식, 즉 종교의 본질과 삶의 방식, 종교의 문화현상 등에 대한 이해를 갖게 하는 것을 목적으로 한다. 이는 대법원의 판례에서 표현한 '교양교육으로서의 종교교육'에 가깝다고 할 수 있다. 이 유형은 보편성의 측면에서 일반인 모두를 염두에 둔 종교교육으로, 합리적이고 비판적인 이성을 기반으로 하여 종교에 대한 편견과 광신적 태도로부터 벗어나게 하는 것이 중요한 목표다(손원영, 2010). 이러한 견해는 우리나라의 교육부가 견지하고 있는 관점이기도 하다.[3)]

교육과학기술부가 제정한 제7차 교육과정에 나타나는 '종교' 과목에 대한 해설이 종교학적 종교교육에 대한 설명으로 잘 부합한다고 할 수 있다. 제7차 교육과정에 나와 있는 종교 과목의 성격과 목표를 살펴보면 다음과 같다.

> 종교에 관한 기본 지식과 보편적 이론을 이해하고, 삶과 죽음에 대한 물음과 탐구를 통하여 건전한 종교관을 정립할 수 있게 도와주려는 과목이다. (1. 성격)

> 종교에 대한 폭넓고 균형 있는 지식을 습득하여 건전한 종교관을 정립하고, 일상생활에서 부딪히는 어려운 인생문제를 극복할 수 있는 성숙한 신앙심을 확충하며, 다른 종교를 포용하고 국가사회 발전에

3) 교육부의 종교교육에 대한 견해를 종교학적 종교교육과 신앙교육적 종교교육의 두 가지 유형이 혼재된 모호한 입장으로 보는 견해도 있다(고병철, 2005).

> 기여할 수 있는 종교인으로서 바람직한 생활태도를 기른다. (2. 목표)

이러한 종교 과목의 교육 목표 아래 제7차 교육과정은 종교 과목의 내용 체계를 '인간과 종교' '종교 경험의 이해' '서로 다른 종교적 전통' '세계 종교와 문화' '인간과 자연에 대한 종교적 이해' '한국 종교와 문화' '종교 공동체' '특정 종교의 전통과 사상' 등의 영역으로 구성하도록 지침을 제시하고 있다.

그러나 이런 관점의 종교교육은 특정 종교에 대한 신앙교육을 목표로 하는 종교계 사립학교나 종교교육 자체에 무관심한 공립학교 모두로부터 외면받고 있다.

2) 신앙교육적 종교교육

신앙교육적 종교교육은 특정 종교의 교리를 가르쳐 그 종교에 대한 신앙심을 갖게 하는 것을 목적으로 하며 대법원 판례에서 표현된 '종파교육으로서의 종교교육'에 가깝다. 이 유형은 특수성에 기반을 둔 종교교육으로, 신자를 주 대상으로 할 때는 신앙발달교육 혹은 신학교육이 되고, 일반인을 주 대상으로 할 때는 특정 종교에 대한 신앙을 갖게 하는 것을 목적으로 하는 선교교육이 된다(손원영, 2010). 이러한 견해는 현재 우리나라의 기독교학교에서 널리 받아들이는 관점이다. 우리나라의 대표적인 두 기독교학교의 교육 목표를 보면 다음과 같다.

> 기독교 신앙심에 바탕을 둔 의롭고 진실한 인간상을 추구하며, 사랑의 정신을 실천하는 기독시민 양성에 힘쓴다. (P 고등학교)

인간을 구원하신 하나님의 사랑을 깨닫고, 그 깨달음에 따라 우리의 이웃과 더불어 살아가는 삶을 익히며, 성실과 근면, 봉사와 협동의 모범을 보이는 참된 민주시민을 양성한다. (D 고등학교)

이러한 진술은 신앙교육적 종교교육의 성격을 잘 보여 준다고 할 수 있다. 한편, 현재 우리나라의 기독교학교에서 사용하고 있는 한 종교 교과서의 목차를 살펴보면 다음과 같다.

1. 인간과 종교, 2. 세계 종교의 전통, 3. 기독교의 경전, 4. 신약에 나타난 하나님의 역사, 5. 한국인의 종교, 6. 한국에 전래된 종교, 7. 구약에 나타난 하나님의 역사, 8. 그리스도의 가르침, 9. 현대사회와 종교, 10. 교회와 역사, 11. 기독교인의 생활, 12. 기독교인의 미래 (한국기독교학교연맹, 2002)

이러한 목차를 보면 교육과학기술부가 제시한 종교 과목의 내용 체계를 일부 따르고는 있지만 특정 종교의 신앙교육적 종교교육의 성격을 강하게 가지고 있음을 알 수 있다. 현재 우리나라의 많은 종립학교는 앞서 나타난 것처럼 신앙교육적 종교교육의 관점으로 교육을 실시하고자 하며, 반면 우리나라 정부는 종립학교에서도 종교학적 종교교육을 실시하도록 요구하고 있어 갈등이 발생하고 있다.

3) 종교성 교육

종교성 교육은 앞서 제시한 종교학적 종교교육 및 신앙교육적 종교교육과는 차이가 있는, 종교교육에 대한 새로운 이해라고 할 수 있다. 종교성 교육은 종교성이나 영성의 함양을 중요시하는 것으로, 종교적 가치를 추구하는 인격교육적 성격을 가진다고 한다(박범석, 2003; 손원영, 2007). 종립학교에서 종교교육에 관한 갈등이 첨예해지면서 종교성 교육으로서의 종교교육에 대한 관심이 증가하고 있다. 종교성 교육의 개념에는 특정 종교의 전통을 중심으로 한 교리 전수나 특정 종교에 대한 신앙을 강요하는 신앙교육에 대한 비판, 그리고 다양한 종교에 대한 지식을 단순 비교하는 비교종교학적 교육에 대한 비판을 담고 있다. 나아가 종교성 교육은 타 종교와의 공동 언어를 통한 연대 가능성을 모색하고, 초월 영역이 대상인 종교와 세속 영역이 대상인 교육 사이의 접점을 찾으려고 노력하면서 일상 경험의 종교적 차원과 종교교육의 계기를 중시한다(고병철, 2005).

종교성 교육에 대한 다양한 논의가 최근 들어 종교교육학자들에 의해 비교적 활발하게 이루어지고 있다. 손원영(2007)은 종교성 교육 유형을 '영성교육적 종교교육'으로 지칭하면서 이를 기독교학교에서의 종교교육의 새 방향으로 제시하고 있다. 그가 제시하는 영성교육적 종교교육이란 다음과 같다. 첫째, 비판적 성찰을 통한 깨달음의 영성을 추구하는 것이다. 이는 오랫동안 전승되어 온 종교적 가르침이 과거와 현재 그리고 미래와 연결되어서 나와 공동체에 어떤 의미를 주는지를 깨닫는 것이다. 둘째, 통전성(wholeness)의 영성을 추구하는 것이다. 이는 인간과 우주와 신이 연결되어 있다는 통찰을 하는 것이고, 인간이란 나, 너, 우리의 공동체적 존재이며, 개인은 지정의의 통전적 존재라는 사실을 깨닫는 것이다. 셋째, 환대(hospitality)의 영성을 추구하는 것이다. 이는 낯선 타자를 두려워하거나 배타적인 태도로 맞아하지 않고 환대의 정신으로 맞이하는 것을 지향하는 것이다.

송순재(2006)가 주장하는 종립학교에서의 '자유종교교육' 모형도 종교성 교육 유형과 유사한 성격을 가지고 있다. 그는 종립학교에서의 종교교육이 규범적이고 교리주의적 종교교육 방식을 취하는 전통적 방식을 벗어나서 "어린이와 청소년의 삶에 내재된 종교성에 눈을 뜨고, 그들의 삶이 요구하는 종교적 물음과 필요성에 좀 더 개방적이며 대화적인 방식을 추구하는"(송순재, 2006, p. 52) 자유종교교육 방식을 채택할 것을 권하고 있다. 그는 이러한 종교교육을 실시하는 학교로 독일의 전원학사, 칼 요제프 라이프레히트 학교, 발도르프학교 등을 들며, 우리나라에서는 풀무학교와 산돌학교에서 이러한 자유종교교육을 실시하고 있다고 언급했다. 이들 학교는 자기 자신과 공동체 및 초월적 가치의 유기적 관계 속에서의 책임적 자유를 중시하고, 기독교적 명상, 노작교육 및 예술교육을 통해 기독교 종교적 가치와 관점을 구현하려고 노력한다는 것이다. 그래서 종교가 종교 교과 수업뿐 아니라 교과목 전체와 교육과정 구조 전체 그리고 학습자의 삶 전체에서 두루 경험될 수 있다고 한다.

종교성 혹은 영성 교육은 가톨릭에서 오랜 전통을 갖고 있다. 최준규(2005)는 가톨릭학교의 종교교육에서 중요한 것이 교육의 영성화라고 보고, 종교 수업은 기존의 교육체제 안에서 간과되었던 통전적 인간 존재의 의미를 영성적으로 회복해야 한다고 주장한다. 가톨릭학교의 설립 정신을 명시한 문서인 「한국가톨릭 학교교육헌장」은 가톨릭학교의 교육목표를 다섯 영역으로 나누어 제시하고 있는데, 이는 종교성 교육의 구체적인 모습을 잘 보여 준다. 첫째, 생명존중 교육은 인간이 하나님의 형상으로 창조되었기에 모든 인간의 생명은 신성불가침한 존재라는 사실을 깨닫도록 하는 교육이다. 둘째, 평화와 정의 교육은 이 땅의 평화와 사회정의를 실현하기 위해 노력하게 하며 인간의 존엄성을 인종, 성, 종교, 사상의 차이에 관계없이 존중하고 보장하게 하는 교육이다. 셋째, 봉사교육은 교회, 가정, 사회, 국가 등 전체 공동체에서 서로에게 봉사하며 교회의 정신을 실현하도록 하는 교육이다. 넷째, 문화적 대화 교육은 서로 다른 종교, 철학, 학문, 신념을 추구하는 이들과 대화를 나누며 상호 이해 및 공동선의 증진을 위해 기꺼이 노력하도록 하는 교육이다. 다섯째, 환경보전 교육은 자연이 하나님 보시기에 좋게 창조된 것이므로 남용이나 착취의 대상이 될 수 없다는 사실을 알게 하는 교육이다(한국천주교 주교회의 교육위원회, 2006).

3. 종교교육 유형에 대한 비판적 고찰

우리나라의 많은 기독교학교에서 추구하는 종교교육의 방향은 학생의 종교적 자유를 보장하면서도 기독교학교가 목표로 하는 신앙교육적 종교교육을 조화시키는 것이다. 그리고 이와 더불어 근대교육이 상실한 영성교육의 필요성까지 충족시킬 수 있어야 한다. 이러한 삼중의 목표를 완수하기 위해서는 종교교육에 대한 지금까지의 이해와 분류 방식을 반성할 필요가 있다고 할 수 있다. 종교교육을 반성적으로 성찰하기 위해서는 종교교육에서 '교육'이 갖는 중요한 속성을 다시 한 번 상기해야 한다. 즉, 교육은 자율성을 기반으로 해야 하고, 공공성을 담보해야 하며, 인격적 지식(personal knowledge)으로 소통할 필요가 있다는 것이다. 이를 보다 상세하게 진술하면 다음과 같다.

첫째, 교육은 본질적으로 주입이 아닌 사유(思惟)를 촉진하는 것이어야 하고, 강요가 아닌 자율성을 기반으로 하는 것이어야 한다. 그러므로 종교교육은 포교활동과는 다르다. 종교교육을 특정 종교적 교리의 일방적 주입이나 특정 신앙의 강요라고 이해하는 것은 교육이 갖는 자율적 성격을 망각한 처사다. 종교교육의 개념이 어떤 유형에 따른 것이든 이러한 교육적 성격을 벗어나지 않는 범위에서 그것을 이해해야 한다. 이 점을 생각할 때 손원영(2010, pp. 220-221)이 종교와 교육의 상보적 관계성을 고려하여 종교교육은 '자아의 초월을 향한 설득의 교육'이어야 하고, '낯선 것을 기꺼이 초대하는 환대의 교육'이어야 한다고 주장한 것은 설득력을 지닌다.

둘째, 교육은 공공성을 담보할 수 있어야 한다. 교육이 특정의 이념이나 종교를 가르칠 때 그 내용이 사회의 보편적 가치와 규범에 부합하는 것인지가 중요하다. 종교교육이 지나친 종파주의에 빠져 자기 집단의 이익만 추구하고 사회 공동체 전체의 발전에 전혀 기여하지 못한다면 종교교육은 사회적 승인을 얻지 못할 것이다. 대한 제국 말기나 일제강점기 초기에 기독교학교들이 보여 준, 종교교육을 통해 민족정신을 고양시켜 교육 구국에 앞장서게 한 것은 공공성을 확보한 종교교육의 좋은 예가 될 수 있다(강영택, 2012). 2차 바티칸 공의회 이후 가톨릭학교들이 사회정의의 실현을 종교교육의 중요한 목표로 삼아 사회로부터 큰 호응을 얻은 것도 주목할 필요가 있다(Bryk, Lee, & Holland, 1993).

셋째, 많은 기독교교육학자들은 교육이 인격적(personal) 지식관에 토대해야 한다고 주장한다(박상진, 2004; 홍은숙, 2010; Palmer, 2006). 인격적 지식관은 지식이 인식 주체의 인간적인 면과 관련 없이 객관적일 수 있는지에 대해 의문을 제기한다. 그러면서 이들은 교육이 객관주의적 관점에서 지식을 학생에게 단순히 전달하는 것을 넘어서 지식의 인격성, 상호성 및 공동체성을 중시하여 학생이 지식과 인격적 관계를 맺어 가도록 도와야 한다고 한다. 즉, 종교교육이 종교에 관한 명제적 지식을 나열하고 설명하는 것에 그치고, 종교교육에서 다루는 내용이 그것을 배우는 학생의 삶과 어떤 관계도 맺지 못한다면 그것은 제대로 된 종교교육으로 보기 어렵다는 말이다. 예를 들면, 기독교의 핵심적 가르침인 십자가나 구원에 대해 교육할 때 그것의 의미를 단순히 전달하는 것으로 그친다면 그것은 진정한 의미에서의 기독교교육이 되기 어렵다. 십자가나 구원이 가르치는 이에게는 어떤 의미가 있는지, 그것이 그들과 어떻게 관계하는지에 대한 경험적 진술이 덧붙어야 기독교적 종교교육이 되는 것이다.

교육이 갖는 이러한 세 가지 속성을 고려할 때 종교교육을 종교학적 종교교육, 신앙교육적 종교교육 그리고 종교성 교육으로 분류하는 기존의 방식에 대한 재검토가 필요하다. 종교학적 종교교육 혹은 종교에 관한 교육은 가치 중립적 입장에서 다양한 종교의 본질과 가르침을 객관적으로 교육한다고 하지만, 앞서 논하였듯이, 종교의 객관주의적 교육이란 가능하지 않을 뿐 아니라 바람직하지도 않다. 이렇게 본다면 종교학적 종교교육은 다양한 종교적 가치를 가르치고 종교성 · 영성을 추구하는 종교성 교육을 지향하는 것이 바람직하다. 그러므로 종교학적 종교교육과 종교성 교육은 구분이 모호해지고 종교학적 종교교육이라는 범주는 존재하기 어려워진다. 각 종교의 특성과 핵심적 가르침을 설명했으면, 다음에는 반드시 각 종교가 중시하는 가치와 영성을 추구하는 삶을 함께 교육하는 것이 종교교육의 자연스러운 과정이어야 한다. 그래서 종교교육은 그 본질상 탈가치적일 수 없고, 가치 지향적일 수밖에 없다. 물론 종교교육이 가치 지향적이긴 하되 가치 편향적이 되지 않도록 주의할 필요가 있다. 다시 말하면, 다양한 종교의 가치와 영성에 대해 우열을 논해서는 안 되며, 다양성에 대한 존중을 가르치는 것이 종교성 교육의 중요한 특성이어야 한다는 말이다.

이렇게 볼 때 종교학적 종교교육과 종교성 교육은 하나의 범주로 묶일 수 있다. 그리고 이들과 구분되는 것이 신앙교육적 종교교육이다. 종교학적 종교교육과 종교성 교육은 다양한 종교의 보편적 가치나 영성을 가르치고 추구하게 하는 교육인 반면, 신앙교육적 종교교육은 특정 종교에 대한 신앙심을 가르치는 것을 중시하는 교육이다. 그러나 앞서 논하였듯이, 신앙교육적 종교교육에서도 특정 종교의 교리를 일방적으로 주입하거나 신앙에 대해 강요하는 것은 교육의 성격과 부합하지 않으므로 바람직한 신앙교육이라고 보기 어렵다. 그러므로, 예컨대 기독교에 대한 신앙교육적 종교교육을 실시한다면 먼저 기독교의 핵심적 내용에 대해 설명하고, 그것이 인간의 삶에 주는 의미를 제시하여 학생으로 하여금 기독교적 가르침에 대한 깊은 성찰로 나아가게 해야 할 것이다. 그런 다음에야 교사는 학생과의 인격적 관계 가운데 기독교 신앙을 갖도록 권유할 수 있을 것이다.

지금까지의 논의를 종합해 보면, 종교교육은 종교학적 종교교육을 포함한 종교성 교육과 신앙교육적 종교교육으로 양분할 수 있을 것이다. 그리고 이 유형은 교육이 다양한 종교의 가치와 영성을 강조하는지 혹은 특정 종교에 집중하는지에 따라 달라지는 것이다.

4. 나가는 말

종교는 인간의 삶에서 필수적인 요소이면서도 교육의 분야에서는 종종 배제되는 주제이기도 하다. 종교를 교육에서 다루지 않는 것은 종교교육을 하지 않는 것이 아니라 무종교의 교육을 하는 것이다. 즉, 종교 없이도 인간의 삶은 문제가 없음을 교육하는 것이요, 신은 존재하지 않거나 우리와 관계없음을 암묵적으로 가르치는 것이다(Nord, 2010).

이 장에서는 우리나라에서 이해되고 있는 종교교육의 세 가지 유형에 대해 살펴보았다. 그리고 이 세 유형의 종교교육을 선호하는 주체가 다름을 지적했다. 즉, 우리나라 대법원과 교육부는 종교에 관한 지식을 가르치는 교양교육으로서의 종교교육을 종립학교에서 교육할 수 있다고 본다. 이 유형의 종교교육을 종교교육학자들은 종교학적 종교교육이라 부르기도 한다. 반면, 기독교학교를 비롯한 많은 종립학교는 자기 학교와 관련된 특정 종교의 신앙을 가르치는 신앙교육적 종교교육을 실시하고 싶어 한다. 대법원은 이 유형의 종교교육을 종파교육적 종교교육이라 하여 평준화 정책하에서는 지극히 제한적으로만 시행할 수 있다고 판결하였다. 이처럼 종교교육에 대해 각기 다른 이해를 함으로써 종립학교 측과 정부는 갈등을 겪고 있다. 이에 대해 일부의 종교교육학자들이 제시하는 새로운 종교교육 방식이 종교성 교육이다. 이는 다양한 종교가 추구하는 가치와 영성의 교육으로, 공교육에서 수용 가능한 종교교육이면서 동시에 인간 소외 문제가 심각한 현대사회에 매우 필요한 교육임을 주장하고 있다. 그런데 이 종교성 교육의 개념이 현재 종립학교에서 겪는 종교교육의 갈등을 극복하게 할 대안적 유형이 될 수 있을지는 좀 더 지켜보아야 할 것이다.

교육이 갖는 자율성과 공공성을 고려하고 인격적 지식관을 중시하여 종교교육의 유형을 종교성 교육과 신앙교육적 종교교육으로 양분할 수 있다고 앞서 설명하였다. 이 두 가지 유형의 종교교육은 모두 우리나라 학교에서 실시될 필요가 있다. 그런데 학교에서 어떤 유형의 종교교육을 실시할 것인지의 문제는 학교의 설립 이념과 법적 지위에 따라 달라질 수밖에 없다. 종교의 중립성을 강조하는 공립학교에서는 신앙교육적 종교교육은 실시하기 어렵지만 종교성 교육은 인성교육과 도덕교육을 위해 반드시 실시해야 한다. 또한 종립학교에서는 학교의 설립 이념과 평준화 제도라는 한계를 동시에 고려하여 신앙교육적 종교교육과 종교성 교육을 조화롭게 실시하는 것이 바람직하다. 학교를 선택할 때 학생들이 선택권을 행사하지 못한 경우에는 종교교육의 두 가지 유형 가운데 학생이 정할 수 있도록 허용할 필요가 있다. 그리고 학교에서 이루어지는 종교교육이 단순한 지적 차원에 머물지 않고 삶의 깊은 영역으로 나아가도록 교육해야 하고, 동시에 학생의 자율적 판단과 성찰을 중시하면서 사회적 책무성을 수행하도록 노력하는 것이 중요하다.

우리나라의 학교에서 내실 있는 종교교육을 실시하는 것은 학생 개인의 실존적 삶을 건강하게 할 뿐 아니라 도덕성과 영성의 상실을 맞이하고 있는 우리 사회의 위기를 극복하게 하는 길이 될 수 있을 것이다. 앞으로 건강하고 활성화된 종교교육을 통해 우리 사회가 보다 정의롭고, 평화로우며, 심미적이고, 영적인 사회로 발전하기를 기대한다.

토론문제

1. 본문에서 제시한 종교교육의 세 가지 유형을 자신의 말로 구체적으로 설명해 보자.
2. 종교교육으로 인한 갈등이 심한 오늘날의 학교 현실을 감안하여 종교교육을 종교성교육의 개념으로 이해하고 실천해야 한다는 주장에 대한 자신의 견해를 제시해 보자.
3. 저자는 종교계 사립(기독교)학교에서 신앙교육적 종교교육과 종교성교육이 조화롭게 이루어져야 한다고 주장한다. 이의 구체적 실천 방안을 제시해 보자.

참고문헌

강영택(2011). 기독교학교에서 종교교육의 방안에 대한 고찰. **기독교교육논총**, 27, 193-216.

강영택(2012). 초기 기독교학교의 신앙교육 비교 고찰. **신앙과 학문**, 17(2), 7-37.

고병철(2005). 한국종교교육의 정황과 방향: 종립고등학교의 경우를 중심으로. 종교교육학연구, 21, 109-139.

고병헌, 김찬호, 송순재, 임정아, 정승관, 하태욱, 한재훈(2009). 교사, 대안의 길을 묻다. 서울: 이매진.

교육과학기술부(2010). 7차 교육과정.

박범석(2003). 교육의 종교성 회복을 위한 통합적 접근. 동국대학교 대학원 박사학위논문.

박상진(2004). 기독교교육과정 탐구. 서울: 장로회신학대학출판부.

박선영(1997). 초중등학교와 종교교육. 종교교육학연구, 3.

손원영(2007). 기독교학교에서의 기독교교육의 진단과 평가, 그리고 새 방향. 기독교학교교육, 6, 48-74.

손원영(2010). 기독교계 사립학교에서의 종교교육: 초 · 중등교육법 일부 개정법률안과 관련하여. 종교교육학연구, 32, 211-230.

송순재(2006). 자유종교교육 모형 탐색: 기독교종립대안학교를 중심으로. 종교교육학연구, 23, 49-76.

최준규(2005). 한국 가톨릭학교 종교교육의 쟁점. 교육법학연구, 17(2), 209-234.

한국기독교학교연맹(2002). 중학교/고등학교 교과서 종교(기독교). 서울: 생명의 말씀사.

한국천주교 주교회의 교육위원회(2006). 한국가톨릭학교교육헌장.

한명희, 유상덕, 이은선, 고진호, 김관영, 김성숙, 김정규, 박석, 박영만, 신동은, 이거룡, 임재택, 최영란, 최준규(2007). 종교성, 미래 교육의 새로운 패러다임. 서울: 학지사.

홍은숙(2010). 교육과정에서 지식교육의 신화에 대한 기독교적 대안. 종교교육학연구, 32, 23-43.

대법원 2010. 4. 22. 2008다38288.

Bryk, A., Lee, V., & Holland, P. (1993). *Catholic Schools and the Common Good.* Cambridge: Harvard University Press.

Nord, W. (2010). *Does God Make a Difference?* Oxford: Oxford University Press.

Palmer, P. J. (2006). **가르침과 배움의 영성**. (이종태 역). 서울: IVP. (원저는 1993년에 출판).

Religious Education

제 2 장

종교교육의 정당성

1. 들어가는 말

오늘날 교육은 인간의 파편화, 인간성 상실, 내면의 메마름, 목적과 의미의 상실 등 다양한 병리현상을 노정하고 있다. 이러한 교육문제가 발생하게 된 이유로는 여러 가지가 있을 수 있지만 교육과 관련하여 가장 근본적인 원인은 총체적 세계를 가르침으로써 총체적 마음을 형성하는 데 실패했기 때문이다.

> 사상의 체제에서 보면, 세계는 우리를 머리만 가진 존재로 만들어 낸다. 교육은 이런 모든 방식과 그 밖의 다른 방식들로 세계를 보고 있으며, 더구나 그것을 소위 '학문 분야'로 산산조각 내면서 통일을 위한 시도는 거의 하지 않고 있기에, 마침내 우리는 스스로를 조각난

> 세계만큼이나 통일성 없는 존재로 이해하게 되고 말았다. (Palmer, 1993/2008, p. 62)

이 인용문에서 볼 수 있듯이, 현대 교육은 다양한 학문에 관한 객관적 지식을 가르쳐 온 결과, 사람들은 각 학문의 지식은 가졌으나 인간성은 상실했으며, 교육은 총체적 혹은 전인적 인간을 기르기보다는 기껏해야 파편화된 인간을 양성하게 된 것이다.

그렇다면 현행 학교교육은 어째서 총체적 마음이 형성된 전인적 인간을 기르는 데 실패했는가? 그 이유는 여러 가지가 있겠지만 크게 두 가지를 생각해 볼 수 있다. 하나는 지식교육 그 자체의 문제이고, 다른 하나는 종교교육의 문제다. 전자와 관련하여 학교는 객관적 지식을 전달하는 교육을 해 왔다. 그러나 학교에서의 이러한 지식교육은 인간의 전체 측면을 포괄하지 못한다는 점, 지식 중에서도 주관적 · 인격적 지식과 암묵적 지식을 간과해 왔다는 점, 지식의 성격에 충실하게 가르치지 않았다는 점에서 비판을 받고 있다. 이러한 지식교육으로는 전인을 형성하지 못하는 것은 물론이고, 무기력한 삶을 살 수밖에 없다. 한편, 후자와 관련하여 학교에서의 종교교육의 배제는 단지 인간의 여러 부분 중 영적 측면의 상실만을 가져오는 것이 아니라 인간성 전체의 상실로도 이어진다는 점에서 심각한 문제다. 종교는 총체적 세계의 일부이면서 동시에 총체적 세계를 통합하는 것을 가능하게 하는 조건이기 때문이다. 그러므로 종교교육 없이는 인간의 모든 측면을 통합할 수 없으며, 인간 전체의 역동성을 상실하게 된다. 교육이 전인, 즉 문자적 의미의 원만(圓滿)한 인간을 육성하는 것과 관련되어 있다면 인간의 모든 측면을 포괄하고 통합할 필요가 있다. 그러므로 교육에서 종교를 배제하는 것은 단지 전인의 한 측면을 누락하는 것을 넘어서 유기적이고 통합된 전인적 인간의 양성을 불가능하게 만든다(유재봉, 2013a, pp. 100-101).

오늘날 교육의 근본적인 문제는 결국 교육에서의 종교성 혹은 영성의 상실에서 비롯된 것이다. 교육에서의 이러한 종교적 차원의 상실은 인간의 타락에서부터 이미 시작된 것이지만, 직접적인 영향을 미친 것은 아마 모더니즘(modernism)일 것이다. 모더니즘은 15세기 인문주의로부터 시작하여 18세기 계몽주의를 통해 꽃핀 일련의 서양 근대사상을 일컫는다. 모더니즘은 중세의 무지몽매함과 전통의 속박으로부터 벗어나기 위해 이성, 합리성, 과학성, 논리성을 강조한다. 따라서 모더니즘에서 강조하는 객관적 지식, 명제적 지식, 관망자적 지식 및 실증주의 지식관이 종교적 지식을 간과하게 한 것으로 볼 수 있다(한명희 외, 2007, pp. 29-30). 종교적 지식은 비트겐슈타인(L. Wittgenstein)의 용어로 '말할 수 없는 것'에 해당하며, 침묵해야 할 성질의 것이다(1952, §7). 따라서 '말할 수 없는 것'에 해당하는 종교적인 것은 교육에서 소홀히 다루어질 수밖에 없었던 것으로 볼 수 있다.

이 장에서는 오늘날 교육의 문제가 종교교육의 배제에서 비롯되었다는 전제하에 종교교육의 정당성을 논의하고자 한다. 이러한 목적을 위해, 먼저 교육의 여러 차원 중 종교적 차원의 위치를 드러내고, 그것을 상실함에 따라 발생한 문제점을 밝힌다. 다음으로는 종교교육의 정당성을 네 가지 측면에서 논의한 후, 마지막으로 학교에서의 종교교육의 과제를 기독교적 관점에서 제시한다.

2. 교육의 종교적 차원과 그 상실[4)]

학교가 그토록 열심히 교육을 해 왔음에도 인간교육에 실패한 근본적인 원인이 제대로 된 지식교육이나 정서교육 혹은 도덕교육의 결여가 아니라면 무엇으로 보아야 하는가? 그것은 교육에서의 '종교적 차원의 상실'이라고 말할 수 있다. 과연 교육에서의 인간성 상실이 교육의 종교적 차원의 상실에서 비롯된 것인가? 이 문제를 검토하기 전에, 먼저 교육의 가치와 관련된 몇 가지 차원을 고찰해 보아야 한다.

1) 교육의 다양한 차원

교육이 추구하는 가치는 진 · 선 · 미 · 성(眞 · 善 · 美 · 聖)으로 볼 수 있으며, 교육의 차원도 이에 대응하여 인식론적 차원, 윤리적 차원, 예술적 차원 및 종교적 차원의 네 가지로 구분할 수 있다.

첫째, 교육의 인식론적 차원은 지식 혹은 학문의 추구와 관련된다. 지식은 교육에서 오랫동안 가장 중요한 것으로 간주해 왔다. 지식을 추구하는 것은 단순히 지식 축적에 그치는 것이 아니라 인간의 마음을 자유롭게 하는 것이며, 궁극적으로 인간을 자유롭게 하는 것이다. 이러한 아이디어를 교육이론으로 만든 것이 '자유교육(liberal education)'이다. 자유교육의 아이디어는 플라톤(Plato)이나 아리스토텔레스(Aristoteles)로부터 시작하여 현대의 피터스(Peters, 1966)와 허스트(Hirst, 1965)에 이르기까지 오랜 세월을 거치며 정교화되었다. 이러한 자유교육은 적어도 서양

4) 유재봉(2011)의 내용을 수정 · 보완하였다.

에서는 교육의 표준적 의미로 그리고 학교교육의 전형으로 받아들여져 왔다. 그리하여 자유교육 아이디어의 핵심에 해당하는 '지식의 추구'는 교육의 내재적 가치로서 학교교육에서 다른 무엇보다 중시되었다. 따라서 '교육되었다'는 말은 '지식을 가지게 되었다'는 말과 동의어로 쓰일 만큼 교육에서 지식이 차지하는 위치는 절대적이다. 그러나 학교에서 추구해 온 지식교육의 목적이 진(眞)의 가치 실현에 두었는지, 그리하여 학교가 추구해 온 지식교육에 비례해서 진(眞)의 가치가 함양되었는지는 의문이다.

둘째, 교육의 윤리적 차원은 가치나 도덕의 추구와 관련된다. 그것은 적어도 표면적으로는 인식론적 차원과 더불어 학교교육에서 중요시되어 왔다. 따라서 교육은 '도덕적 기업(moral enterprise)'이라고도 할 만큼 그것의 개념부터 시작하여 교육 내용을 선정하고 조직하는 일, 가르치는 일에 이르기까지 가치 혹은 윤리 문제로부터 벗어날 수 없다. 피터스에 따르면, 교육의 개념에는 '바람직함'이나 '좋음'이라는 의미가 내포해 있으므로 '교육되었다'는 것은 바람직하거나 좋은 방향으로 변화가 일어났다는 것을 의미한다. 그리하여 학교에서 가르칠 내용이 무엇이어야 하는지를 선정하는 데도 가치에 대한 정당화가 필요하며, 가르치는 방식에도 가치 문제가 개입한다(Peters, 1965). 그러나 실질적으로 학교교육이 지식 추구보다 도덕적 문제에 더 많은 관심을 가져 왔다고 보기는 어려울 것이다. 조금 과장해서 말하면, 학교에서 공부를 잘하기만 하면 학생이 어떤 행동을 하든지 용서가 되는 실정이다. 즉, 학교는 표면상으로는 가치 혹은 도덕을 내세우면서 실제 관심사는 오로지 지식 추구로 환원되는 경향이 있다. 학생이 윤리적이고 도덕적이길 바라는 경우에도 그들이 학교에서 윤리교육을 잘 받은 결과로 그렇게 되길 바라기보다는 그러한 노력 없이 우연히 혹은 다른 노력을 하는 동안 부차적으로 그렇게 되거나 심지어 교육받기 이전에 이미 도덕적으로 완성되어 있길 기대한다. 그 결과 사실상 학교교육에서 선(善)의 추구는 명목상이거나 구두(口頭)에 그치고 있다고 보아야 할 것이다.

셋째, 교육의 예술적 차원은 심미적 가치의 추구와 관련된다. 이것은 먼저 음악, 미술, 무용, 문학 등과 관련된 가치이며, 또한 지식과 가치를 통합하는 역할을 한다. 조각 작품을 보고 아름다움을 느끼는 것이 전자의 예에 해당한다면, 학문이나 인격 면에서 탁월한 경지에 이른 사람 혹은 그런 사태에 직면하여 자아내는 감탄은 후자의 예에 해당한다. 여기서 우리는 똑같이 '아름답다'는 표현을 사용하지만, 엄밀하게 말하면 그것은 서로 다르다. 즉, 전자가 예술 작품이나 행위에서 직접 오는 아름다움이라면, 후자는 그것과 이차적으로 관련된 아름다움인 것이다. 학교는 학생들에게 이러한 심미적 가치를 추구하게 하여 예술 영역뿐만 아니라 어떠한 영역에서든지 심미적 눈으로 세계를 볼 수 있게 해 주어야 한다. 그러나 학교는 모든 영역에서 심미적 눈을 길러 주기는커녕 예술 교과를 경시하며, 그 부족한 예술 교과마저 실기에 그치거나 피상적 수준의 정보를 전달하는 수준에 머물고 있다. 그러다 보니 학교교육에서 미(美)의 가치 추구는 사실상 도외시되고 있는 형편이다.

넷째, 교육의 종교적 차원은 종교성 혹은 영성의 추구와 관련된다. 종교성과 영성의 추구는 학자마다 다르게 규정하나, '신 혹은 절대자의 인식 및 그에 대한 헌신'이나 '성현(聖顯), 즉 성스러움의 나타남'으로 볼 수 있다(Eliade, 1961). 듀이(Dewey, 1934, p. 42)에 따르면, 신은 '모든 이상적 목적의 통합체'다. 이상적 목적의 통합체는 전체 삶에 의미를 부여하여 그러한 삶에 헌신하도록 한다. 교육은 신적 정신을 실현하는 일, 즉 인간의 마음에 신적 정신이 실현된 상태에 도달하기 위해서 기울이는 노력인 것이다. 교육의 종교적 차원은 모든 차원의 지식과 경험을 유기적으로 관련 맺게 할 뿐만 아니라 하나의 전체로 통합하며, 그렇게 통합된 상태가 다름 아닌 '신적 경지'다. 종교적 차원은 한편으로는 예술적 차원보다 온전한 의미의 삶 전체에 통합된 태도를 가지게 하며, 다른 한편으로는 윤리적 차원보다 온전한 의미의 이상적 목적 추구에 헌신하게 한다(박철홍, 2004, p. 9). 이 점에 비추어 보면 교육의 종교적 차원은 교육이 추구해야 할 가장 완전하고 이상적인 형태다. 그러나 학교교육에서 종교적 차원은 '교육의 가치 중립성'이라는 미명하에 제외되거나 도외시되어 왔다. 심지어 종교계 학교마저도 단순한 교리 전달의 수준에서 벗어나지 못함으로써 삶 전체를 통합하거나 이상적 목적을 추구하지 못하고 있는 형편이다. 그러므로 학교교육에서 성(聖)의 가치 실현은 요원한 상태라고 할 수 있다.

2) 상실된 교육의 종교적 차원

지금까지 교육의 여러 차원, 즉 인식론적 · 윤리학적 · 예술적 · 종교적 차원을 살펴봄으로써 현행 학교교육이 어째서 진인적 인간을 기르는데 실패했는지 그 원인을 파악할 수 있었다. 학교교육이 인간교육에 실패한 이유는 원리적 측면에서 보면 크게 두 가지다. 하나는 교육의 각 차원을 균형 있게 가르치지 않았다는 점이고, 다른 하나는 학교교육이 관심을 기울인 차원마저도 각 차원의 성격에 충실하게 가르치지 않았다는 점이다. 따라서 각 차원이 추구하는 가치가 제대로 함양되지 않은 것이다. 인간교육이 전인, 즉 문자적 의미의 원만한 인간을 육성하는 것과 관련되어 있다면, 교육의 각 차원을 포함하지 않고서는 인간의 모든 측면을 포괄할 수 없다. 나아가, 각 차원의 성격에 충실하게 가르치지 않고서는 각 차원이 추구하는 가치가 풍성하게 드러나지 않는다.

대부분의 사람들은 인간이 추구해야 할 교육적 가치로 진 · 선 · 미(眞 · 善 · 美)만을 언급하며 성(聖)의 배제를 당연시한다. 이러한 생각은 '진선미'만으로 충분하며, '성'은 부차적이거나 불필요하게 개입된 가치라는 점을 암암리에 가정하고 있다. 그러나 교육에서 종교적 차원을 배제함으로써 종교성을 함양하지 못하게 하는 것은 단지 성의 상실만을 가져오는 것은 아니다. 성의 상실은 진선미 전체의 상실로 이어지게 된다. 성은 절대적 가치이면서 모든 가치의 근원이기 때문이다. 진리는 신의 진리이고, 그 안에서 비로소 총체적 세계가 드러난다. 윤리의 근원은 종교 안에 있으며, 그 힘도 종교성에서 나온다(오인탁, 1979, p. 160). 진정한 아름다움도 거룩함에서 나오며, 신의 영광을 찬미하는 것에서 절정을 이룬다. 그러므로 진선미는 인간이 누릴 수 있는 최고의 가치이기는 하지만 성 없이는 가치 전체를 통합할 수 없으며, 또한 각 가치의 생명력과 역동성을 상실하고 만다.

인간교육의 실패는 근본적으로 교육의 종교적 차원을 정당하게 다루지 않은 데 따른 불가피한 귀결이다. 교육의 종교적 차원을 배제하는 것은 단지 전인의 한 측면의 누락을 넘어서 유기적이고 통합적인 전인의 형성을 불가능하게 만든다. 이 점에 비추어 보면 지금과 같은 상황에서 교육을 통해 균형 잡힌 전인을 기르는 것은 어렵다. 그럼에도 인류는 교육에서 종교적 차원과 결별하는 과감성을 보여 왔으며, 이러한 바벨탑적인 만용이 전인적 인간의 결핍을 가져오게 한 것이다.

그러면 언제부터 교육에서 종교적 차원이 상실되기 시작했는가?[5] 이에 대한 설명은 학자마다 다를 수 있다. 어쩌면 인간이 타락하는 순간부

5) 이에 관한 상세한 설명은 유재봉의 연구(2013a)를 참고하기 바란다. 이 논문은 교육을 문화적 · 지성적 측면과 사회적 · 경제적 측면, 정치적 · 정책적 측면에서 기술하고 있다.

터 이미 교육과 종교가 분리되는 역사가 시작했다고 볼 수 있다. 그러나 교육과 종교가 확연하게 분리되기 시작한 것은 르네상스 이후, 소위 '옥캄의 면도날(Ockham's razor)'로 대표되는 종교와 학문, 신앙과 이해의 결별에서부터다. 중세 이후 인간은 그들의 삶을 지배해 왔던 기독교 가치를 거부하는 역사를 만들어 갔다. 소위 '중세의 무지몽매성'에서 탈피한다는 기치 아래 종교와 신앙으로부터 학문과 이성을 분리해 가기 시작했던 것이다. 실증주의와 분석철학을 거치면서 검증 원리에 어긋나는 종교의 영역은 학문의 영역 바깥으로 내몰리고, 급기야 공적 교육에서 제외되어 사적인 것으로 치부되었다. 비트겐슈타인에 따르면, 신이나 종교는 우리의 인식 범위를 초월해 있는 것으로, '말할 수 없는 것'이며, 따라서 '침묵해야 할 것'에 지나지 않는다(1952, §7). 이러한 과정을 거치면서 교육에서 종교가 분리되었으며, 나아가 종교와 교육이 대립하기도 하였다(오인탁, 1979, p. 152). 교육과 종교의 분리 및 대립은 결국 교육에서 총체적 마음의 형성을 불가능하게 만든 불행한 선택이었다. 이러한 결별과 대립이 넓게는 교육에서 종교적 측면에 대한 고려를, 좁게는 학교에서 종교 교과를 인위적으로 배제하는 결과를 조래했기 때문이다.

교육에서의 종교의 분리는 우리나라의 교육법이나 교육 정책에서 쉽게 찾아볼 수 있다. 「교육기본법」은 공교육에서의 종교교육을 금지하고 있다. 「교육기본법」 제6조 제2항에는 '국가 및 지방자치단체가 설립한 학교에서는 특정한 종교를 위한 종교교육을 하여서는 아니 된다.'라고 하여 국공립학교에서의 종교교육을 원칙적으로 금하고 있다. 하지만 '특정 종교를 위한' 종교교육이라고 단서를 달고 있기 때문에 엄밀히 말하면 종교교육이 전혀 불가능한 것은 아니다. '종교에 관한 교육(education about religion)', 즉 신앙의 요소를 제거한 채 종교에 관한 사실을 가르치거나 비교종교학적 접근을 하는 것은 가능하다. 그러나 특정 종교 교리를 가르치는 좁은 의미의 종교교육 혹은 종교수업(religious instruction)이나 특정 종교의 정신을 가르치는 넓은 의미의 종교교육(religious education)은 제한된다. 교육현장 수준에서 볼 때 「교육기본법」의 종교교육에 관한 이러한 규정은 종교교육을 상당히 위축시키고 있다고 보아야 한다. 이 점은 서울특별시 교육청의 공문 내용에서도 드러난다.

서울특별시는 2006년도 공문인 '종교 관련 장학지도 계획' '종교 관련 교육과정 지침 준수 철저' 등을 통해 종교교육에 관한 사항을 엄격하게 규제하고 절차를 까다롭게 함으로써 종교교육을 회피하도록 하고 있다. 이러한 공문들에는 종교 과목 개설 시 종교 과목 이외의 교과목을 포함해서 복수로 편성하고, 학교나 학년 단위로 한곳에 모여 특정 종교의 식을 시행하는 것을 금지하며, 창의적 재량활동이나 특별활동 시간에 특정 종교교육 혹은 종교 활동하는 것을 금지하고, 수행평가 과제로 특정 종교 활동을 제시하는 것에 대해 금지하는 등의 구체적 내용을 담고 있다. 즉, 「교육기본법」이나 서울특별시의 공문은 종교교육을 장려하기보다 '가치중립성'이라는 이름으로 그것을 최소화하거나 억제하고 있다고 볼 수 있다.

교육의 관심사가 전인을 기르는 일이라면 교육의 종교적 측면을 제외한 채로는 불가능하다. 따라서 근대 이후 교육에서의 종교의 분리와 대립은 전인적 인간 형성을 불가능하게 만들었다. 그리고 우리나라의 「교육기본법」과 시교육청의 종교 관련 공문은 제도적으로 종교교육을 위축시키는 결과를 초래했다. 이러한 점을 고려하면 우리나라 교육에서 전인적 인간 형성의 실패는 당연한 것이라고 볼 수 있다. 인간교육의 실패 이유는 여러 가지가 있지만 가장 근본적 이유는 교육에서의 종교적 차원을 배제한 것에 있다고 볼 수 있다. 그러므로 전인적 인간을 기르기 위해서는 교육의 종교적 차원을 회복하는 것이 필수적이다.

3. 교육의 종교적 차원 회복의 정당성

앞 절에서 교육의 종교적 차원의 배제는 단순히 전인적 인간의 한 측면의 결여에 그치는 것이 아니라 인간의 제 측면을 유기적으로 관련시키고 통합하지 못하게 하는 것이라고 밝혔다. 여기서는 보다 구체적으로 왜 종교적 차원의 회복을 해야 하는지를 몇 가지 측면으로 나누어 논의하고자 한다.

1) 인간학적 · 종교적 측면

종교교육을 실시해야 하는 근거는 인간이라면 누구나 종교적 뿌리인 마음을 지닌다는 것이다. 인간은 육체적 존재를 넘어선 영적 존재(spiritual being)로서, 인간의 마음 근저에 종교성이 있다. 이 점에서 우리는 인간을 종교적 인간(homo religious)이라고 말할 수 있다. 칼빈(J. Calvin)에 따르면, 인간에게는 누구나 '신의식(sensus divinitatis)' 혹은 '종교의 씨(semen religionis)'가 있다. 이 신의식 혹은 종교의 씨는 어머니의 뱃속에서 가지고 태어난 것으로서, 본성적으로 마음에 새겨져 있다(Calvin, 1960, pp. 3-4). 인간이 가지고 있는 종교적 뿌리는 우리가 부인하거나 막는다고 그렇게 할 수 있는 것이 아니다. 우리가 그것을 분명히 의식하거나 그렇지 않은 차이는 존재하지만 어떤 학문이나 행위를 하든 종교적 사고가 개입하고, 종교적 가치가 부여되는 것이다. 따라서 종교교육은 인간의 삶이 존재하는 곳에서 언제나 존재해 왔다고 보는 것이 정직한 표현이다. 우리나라만 보더라도 교육은 다양한 종교, 가령 무속사상, 불교, 유교, 기독교 등의 영향을 부단히 받아 왔다. 그리하여 교육이론이나 실제는 종교적 가치를 반영하고 있다고 볼 수 있다.

그러나 신의식이나 종교의 씨가 있다는 것이 인간이 선하게 된다는 것을 의미하지는 않는다. 오히려 인간은 신을 알 수 있음에도 신의 영광을 썩어 버릴 사람, 짐승, 벌레의 형상으로 바꾼다(로마서 1:21-23). 그러므로 종교성의 건전한 함양을 위해서는 종교교육이 필수적이라고 할 수 있다. 종교교육은 단순히 정보나 지식을 전달하는 수준을 넘어서 진리 그 자체를 추구하게 하고, 삶의 의미와 중요성을 일깨워 주며, 초월적인 것에 대한 믿음을 제공함으로써 종교성을 함양시켜 줄 수 있다. 이러한 종교성의 함양은 인간의 삶을 고양할 것이기 때문이다.

2) 철학적 · 인식론적 측면

종교교육을 실시해야 하는 두 번째 근거는 종교가 총체적 세계의 한 '양상' 혹은 '지식의 형식'이라는 것이다. 도여베르트(H. Dooyeweerd)에 따르면, 총체적 세계는 독특한 법칙의 지배를 받는 '양상들'로 이루어져 있다. 즉, 총체적 세계는 수학적 · 공간적 · 운동적 · 물리적 · 생물학적 · 감각적 · 분석적 · 역사적 · 언어적 · 사회적 · 경제적 · 미적 · 법적 · 윤리적 · 신앙적 양상 등 15개의 양상으로 이루어져 있다(최용준, 2005, p. 44). 각 양상은 그 특성상 하나 혹은 몇 가지의 양상으로 환원되지 않는 독특성을 가지고 있다. 이러한 양상들은 서로 정합성을 이루면서 총체적 세계를 이루고, 나아가 총체적 의미를 형성한다. 각각의 양상은 그에 상응하는 학문과 관련된다. 그러므로 총체적 세계를 이해하기 위해서는 각각의 양상에 학생을 입문시키는 것이 필요하다. 신앙적(pistic/credal) 양상도 실재를 이루는 독특한 양상이기 때문에 총체적 세계를 이해하기 위해서 반드시 가르칠 필요가 있다.

도여베르트와 유사하게, 허스트도 총체적 세계는 수학, 자연과학, 인문학, 종교, 문학 및 순수예술, 철학, 도덕 등 여러 가지 '지식의 형식(forms of knowledge)'으로 이루어져 있다고 보았다(Hirst, 1965, p. 123). 그에 따르면, '지식의 형식'은 인간의 삶 혹은 인간의 경험을 이해하는 복잡한 형식이며, 마음의 계발에 필수적이다. 또한 그는 지식의 형식이 일곱 또는 여덟 가지, 즉 수학, 자연과학, 인문학, 종교, 문학 및 순수예술, 철학, 도덕으로 구성된다고 본다(Hirst, 1965, p. 123). 각각의 지식의 형식은 그것이 가지고 있는 독특한 개념, 논리 및 검증 방식에 의해 구분된다. 즉, 지식의 형식마다 다른 지식의 형식과는 구분되는 독특한 언어, 논리 및 검증 방식을 가지고 있다. 양상과 마찬가지로 각 지식의 형식은 다른 지식의 형식들로 환원되지 않는다. 그리고 지식은 마음과 논리적인 관련을 가지고 있어서 지식의 형식을 추구하는 것이 곧 마음을 계발하는 것이다. 그러므로 종교는 엄연히 지식의 형식의 하나일 뿐만 아니라 총체적인 마음을 형성하는 데도 필수적인 것이다.

3) 전인교육적 측면

종교교육을 실시해야 하는 세 번째 근거는 종교가 최고 · 최상의 마음을 형성하고 모든 마음을 통합한다는 것이다. 도여베르트에 따르면, 종교적 뿌리인 마음은 모든 양상을 초월하는 집중점이다. 절대자를 향한 마음에서 자신의 전 삶의 방향이 결정되는 것이다(최용준, 2005, p. 52). 교육은 근본적으로 총체적 마음을 형성하는 일이다. 종교는 총체적 마음의 일부를 구성할 뿐만 아니라 마음속에서 작용하고 있는 종교적 경험의 양태를 통해 경험으로부터 생기거나 경험 내에 존재하는 모든 가능성을 상호 관련 맺고 하나의 전체로 통합시킨다(박철홍, 2004, p. 12).

"신학은 총체적 지식의 일부이면서 동시에 조건이다."(Newman, 1852, pp. 52-53)라는 뉴먼(J. H. Newman)의 말을 빌려 표현하자면, 종교는 그 자체가 총체적 마음의 일부이면서 동시에 다른 영역의 지식으로 하여금 총체적 마음을 형성하게 만드는 것이다. 이 말은 종교가 총체적 마음의 일부를 구성하고 있을 뿐만 아니라 그것으로 말미암아 비로소 모든 측면이 통합된 총체적 인간이 가능하다는 뜻이다. 이것이 가능한 것은 종교가 가지고 있는 초월성과 역동성 때문이다. 종교의 초월성은 단순히 인간의 한 측면의 이해에 머무는 것을 넘어서 전체를 조망할 수 있게 한다. 그리고 종교가 가지고 있는 역동성은 인간의 여러 부분과 측면을 역동적으로 통합하는 것을 실제로 가능하게 한다. 그러므로 인간은 종교교육을 통해 파편화되어 있거나 인간의 제 측면이 단순히 병렬되어 있는 수준을 넘어 유기적으로 통합되며, 무기력하지 않은 생명력 있는 삶을 영위할 수 있는 것이다. 이 점에 비추어 보면, 종교교육의 배제는 단지 산술적으로만 총체적 인간의 결핍을 가져오는 것뿐 아니라 인간의 모든 측면이 유기적으로 통합되어 있는 총체적 인간의 불가능을 초래한다.

4) 사회적 · 문화적 측면

종교교육을 실시해야 하는 네 번째 근거는 종교가 개인적 삶을 영위하게 할 뿐만 아니라 사회적 · 문화적 목적을 성취하는 데도 중요한 기여를 한다는 것이다. 인간은 사회 혹은 공동체 속에서 살아갈 수밖에 없는 존재이기 때문에, 건강한 사회와 공동체를 유지하기 위해서는 종교교육이 필수적이다. 종교교육은 진리와 선을 추구함으로써 사회의 질서와 평화가 보다 잘 유지되게 한다. 종교교육은 옳고 그른 것, 공정한 것과 공정하지 않은 것에 대해 공부하도록 하며, 다른 사람을 어떻게 대해야 하는

지에 대해 상이한 인종과 종교 간 차이점을 인정하고 상호 존중하도록 가르치기 때문이다.

오늘날 대부분의 국가는 국제화가 급격히 진행됨에 따라 다원주의 사회가 되고 있다. 대부분의 사람들은 한 나라에서 태어나 평생 한 나라에 머물기보다 학업, 취업, 결혼, 정치적 이유 등으로 다른 나라에 일시적으로 머물거나 영주한다. 그러다 보니 대부분의 국가는 다인종 · 다문화 · 다종교 사회로 급격하게 진행되고 있다. 우리나라의 경우만 보더라도 더 이상 '단일민족 국가'라는 말을 사용하기 어려울 정도로 100만 명이 훨씬 넘는 외국인이 거주하고 있으며, 그 국적도 세계에서 가장 많은 분포를 차지하고 있는 중국을 비롯해 동남아시아, 미국, 남아시아, 일본, 몽골, 중앙아시아 등 세계 거의 모든 국가를 망라하고 있다. 우리나라에 이주해 거주하고 있는 소수집단은 자신들의 문화와 종교를 유지한 채 살아가고 있으며, 따라서 우리나라에는 기독교, 불교, 유교, 힌두교, 이슬람교 등 다양한 종교와 문화가 공존하고 있다. 실제로도 다인종 · 다문화 · 다종교 사회가 급격히 진행됨에 따라 이에 미처 적응하지 못한 사람들이 전국 각지에서 갈등을 일으키고 있다.

다양한 세계관을 지닌 다원주의 사회에서 여러 문화 집단 간에 발생하는 갈등을 해소하기 위해서는 그 근간이 되는 종교교육이 필요하다. 이때의 종교교육은 각 종교의 교리를 믿도록 하는 신앙고백적 접근이라기보다는 다양한 종교의 관점을 이해하도록 함으로써 상이한 종교와 문화에 대해 관용하고 상호 존중할 수 있도록 가르치는 것이다. 그러므로 대부분의 국가가 직면하고 있는 다인종 · 다문화 · 다종교 사회현상은 종교교육의 장애를 보여 주는 것이 아니라 시급히 종교교육을 시행해야 하는 필요성을 보여 주는 것이다. 따라서 다원주의 사회에서 종교교육은 학생들에게 다른 인종, 다른 문화, 다른 종교를 이해하게 하고, 나아가 다른 세계관을 가진 사람들에게 관용하고 개방된 마음을 갖게 해야 한다.

4. 학교교육의 기독교적 과제

앞서 인간교육의 실패가 근본적으로 교육의 종교적 차원의 상실에서 비롯되었다는 점과 왜 교육의 종교적 차원을 회복해야 하는지에 대해 설명했다. 여기서는 교육의 종교적 차원과 관련하여, 나아가야 할 기독교적 교육의 방향 내지 과제를 제시하는 것으로 결론을 대신하고자 한다.

첫째, 교육의 목적을 분명히 인식하고 그 초점 역시 분명히 해야 한다. 교육의 목적은 개인적 차원과 제도적 차원으로 나누어 볼 수 있다. 개인적 차원에서의 교육 목적은 원만한 영혼 혹은 마음을 구비하여 완전한 자유를 누리는 삶(골로새서 2: 2-3) 혹은 생명을 풍성히 누리는 삶(요한복음 10: 10)이라고 볼 수 있다. 한편, 제도적 차원에서의 교육 목적은 총체적 세계의 회복이다. 세계는 하나님이 창조한 세계라는 점에서 하나의 세계인 동시에 통일된 세계였다. 그러나 인간의 타락으로 세계의 통일성이 깨져 부분적이고 불완전하게 된 것이다. 예수가 오신 목적은 바로 어그러지고 불완전한 세계를 다시 통일시키기 위한 것이다(에베소서 1: 10). 다시 말해, 신이 창조한 세계(formation)가 인간의 타락으로 말미암아 파괴된 것(deformation)을 다시 예수 안에서 회복시키는 일(reformation)인 것이다. 그러므로 교육의 목적은 다름 아닌 하나님과 총체로서의 세계를 온전히 이해함으로써, 총체적 마음을 형성하고 그러한 삶에 헌신하는 것이다.

인간이 하나님과 총체로서의 세계를 온전히 이해하기 위해서는 '회복된 이성(redeemed reason)'이 필요하며, 여기에 신의 은총과 신앙이 개입된다.[6] 인간은 신의 은총으로 주어진 신적 조명에 의해 신과 총체로서의 세계를 제대로 인식하게 된다. 비유하자면, 의해 청동 거울을 보듯 희미하게 보이던 것이 신적 조명에 얼굴을 맞대고 보듯 분명하게 보이게 되며, 부분적으로 인식하던 것을 온전하게 인식하게 되는 것이다(고린도전서 13: 12). 그리하여 인간은 비로소 총체적 마음, 즉 문자 그대로의 '원만한' 마음을 갖출 수 있고, 완전한 자유를 누릴 수 있는 것이다(유재봉, 2004, p. 158).

둘째, 학생이 입문해야 할 내용에 대한 균형 잡힌 태도가 필요하다. 총체적 마음을 형성하고 전인적 삶을 영위하기 위해서는 하나님이 창조하신 총체적 세계에 학생을 입문시켜야 한다. 총체적 세계에 입문한다는 것은 그 세계를 구성하는 실재의 양상이나 지식의 형식을 모두 망라해야 한다는 의미다. 한 가지 짚고 넘어가야 할 것은 다음의 두 가지 정반대의 오류를 범해서는 안 된다는 것이다. 하나는 교육 내용에서 종교(신학)를 배제하는 오류이고, 다른 하나는 종교(신학)에 교육 내용을 한정하는 오류다. 먼저, 전자는 현행 학교교육이 가지고 있는 문제다. 종교(신학)는 실재의 한 양상 혹은 지식의 형식의 하나이기 때문에 그것의 누락은 총체로서의 세계를 이해하는 데 결함을 가져온다. 나아가, 총체적 마음의 형성과 총체적 삶의 목적을 상실하게 한다. 종교(신학)에 교육 내용을 한정하는 오류는 폐쇄적인 신학자 혹은 목회자나 기독교 교육자에게서 흔

6) 피이퍼(J. A. D. Pieper)에 따르면, 총체로서의 세계를 인식할 수 있게 된 것은 신의 은총으로 주어진 '관조(intellectus)' 때문이다. 관조는 신이 인간에게 부여한 최고의 능력으로서, 관조를 통해서 우리의 마음은 비로소 실재와의 합일을 이룰 수 있으며, 더 나아가서 궁극적으로는 전체로서의 세계를 받아들이는 전우주적 인간(homo capax universi)이 될 수 있다(Pieper, 1952, pp. 26-28).

히 나타나는 문제다. 그들은 기독교 혹은 교회 교육과 세속 교육을 날카롭게 구분하고, 자신의 관심을 전자에 한정한다. 이러한 이원론적 태도는 광범위한 학문의 영역에서 하나님의 주권을 포기하는 비그리스도적 행위다. 따라서 총체적 세계에 입문하기 위한 교육 내용은 종교(신학)를 배제하거나 그것에만 한정하려는 배타적인 태도를 버릴 필요가 있다.

마지막으로, 교육 방법상의 원리에 대한 반성이 필요하다. 교육의 목적이 하나님과 하나님이 창조한 총체적 세계에 입문함으로써 원만한 마음을 가지고 풍성함을 누리는 것이라면, 교육 방법도 그러한 목적에 충실해야 한다. 그러기 위해서는 교육의 여러 차원의 특성이 잘 드러나고, 실재의 양상이나 지식의 형식에 적합한 방식으로 가르침으로써 그러한 특성이 잘 드러나게 할 필요가 있다. 이러한 원칙은 종교교육에서도 지켜져야 한다. 종교교리의 맹목적 주입(indoctrination)이 아닌 종교교육이어야 한다. 이 말은 종교교육이 지나치게 편협하게 이루어져 종교적 의미와 무관하게 단지 교리 전달이나 성경 암송 수준으로 머물러서는 안 된다는 의미다.

요약하면, 인간은 하나님의 형상으로 창조된 피조물로서, 교육적 존재로 창조되었다. 인간은 신의 본성에 충실하거나 신의 뜻을 실현하며 살 때 가장 행복한 삶을 영위할 수 있다. 자유는 진리를 아는 것이고, 진리는 하나님이신 예수님 자체다(요한복음 8: 32). 그러므로 진정한 의미의 자유는 신의 것이라고 할 수 있다. 인간은 신을 경배할 때 신의 은총으로 주어진 이성 혹은 관조에 의해 본질적으로 신의 것인 자유를 신과 공유할 수 있는 것이다(김안중, 1994, pp. 66-67). 영혼의 참다운 자유는 신을 알 때 가능하며, 신을 알 때 인간은 비로소 총체로서의 세계를 이해할 수 있는 것이다. 그러므로 우리는 전 세계에 대한 원만한 이해와 통합적 안목을 가지고 그에 헌신하는 삶을 살아야 한다.

토론문제

1. 교육의 여러 차원 중 우리나라 교육의 가장 심각한 문제는 무엇이며, 왜 그런지에 대해 토론해 보자.
2. 교육이 종교적 차원을 상실함에 따라 나타날 수 있는 문제점은 무엇이며, 그것이 우리나라 교육에서 어떠한 양상으로 나타났는지 토의해 보자.
3. 교육에서 종교적 차원을 회복해야 한다는 논리의 정당성을 검토해 보자.

참고문헌

김안중(1994). 교사의 미덕으로서의 여가. **교육이론, 7, 8**, 45-71. 서울: 서울대학교 교육학과.

박철홍(2004). 듀이 종교론에 함의된 종교교육의 성격. **종교교육학연구, 18**, 3-27.

서울특별시교육청 보도자료(2006. 4. 24.). 종교 관련 교육과정 지침 준수 철저.

서울특별시교육청 보도자료(2006. 5. 24.). 2006학년도 종교 관련 장학지도 계획 알림.

오인탁(1979). 학교와 종교교육. **기독교사상, 11**, 148-160.

유재봉(2004). 종교적 자유교육론 연구. **한국교육사학, 26**(2), 149-175.

유재봉(2011). 교육의 종교적 차원과 그 정당화. **신앙과 학문, 16**(2), 131-146.

유재봉(2013a). 교육에서의 영성회복: 학교에서의 영성교육을 위한 시론. **교육철학연구, 35**(1), 97-117.

유재봉(2013b). 영국의 종교교육: 학교에서의 종교교육의 가능성 탐색. **교육과정연구, 31**(2), 199-219.

최용준(2005). 헤르만도여베르트. (손봉호 외 편저), **하나님을 사랑한 철학자 9인**. 서울: IVP.

한명희, 유상덕, 이은선, 고진호, 김관영, 김성숙, 김정규, 박석, 박영만, 신동은, 이거룡, 임재택, 최영란, 최준균(2007). **종교성, 미래 교육의 새로운 패러다임**. 서울: 학지사.

Calvin, J. (1960). Institute of the Christian religion. In J. T. McNeill (Ed.), *Auburn Professor Emeritus of Church History Union Theological Seminary*. Philadelphia, PA: The Westminster Press.

Dewey, J. (1934). *A Common Faith*. London: Yale University Press.

Eliade, M. (2006). **성과 속: 종교의 본질**. (이동하 역). 서울: 학민사. (원저는 1961년에 출판).

Hirst, P. H. (1965). Liberal education and the nature of knowledge. In R. P. Archambault (Ed.), *Philosophical Analysis and Education*. London: RKP.

Newman, J. H. (1852). *The Idea of University*. Notre Dame, IN: University of Notre Dame Press.

Palmer, P. J. (2008). **가르침과 배움의 영성**. (이종태 역). 서울: IVP. (원저는 1993년에 출판).

Peters, R. S. (1966). *Ethics and Education*. London: George Allen & Unwin.

Pieper, J. A. D. (2009). *Leisure: The Basis for Culture & the Philosophical Act*. (A. Dru, Trans.). New York: Phantheon Books. (Original work published 1947).

Wittgenstein, L. (1952). *Tractatus Logico-Philosophicus*. New York: The Humanity Press.

Religious Education

제 3 장

공교육에서의 종교교육[7)]

1. 들어가는 말

공교육은 무엇을 의미하는가? 단어 그대로의 의미는 '공적(public)' 교육이다. 그렇다면 무엇이 공적 교육이고 무엇이 사적(private) 교육인가? 가장 좁은 의미에서 '공교육'은 국가와 공공단체가 설립·경영하는 국공립학교를 의미한다. 공교육은 영어로 'public education'이라고 표현하지만 'public schooling'도 같이 쓰이는데, 미국의 경우 공교육은 특별한 단서를 붙이지 않는 한 '공립학교 교육(public schooling)'을 의미한다. 이러한 관점에서 공교육은 국가나 지방자치단체가 설립하여 운영하는 국공립학교의 교육을 의미하는 반면, 사교육은 공공기관이 아닌 개인이

7) 박상진(2007; 2010)의 내용을 수정·보완하였다.

나 개인들이 모인 집단이 설립 · 운영하는 사립학교에서 실시하는 교육을 의미한다. 그러나 보다 광의의 공교육 개념은 "국가 수준에서 제도적으로 확립되고 법률의 통제를 받는 교육"(나병현, 2004, p. 15)을 의미한다. 이 관점에서 공교육은 국공립학교만이 아니라 사립학교의 교육까지를 포함한다. 좀 더 범위를 확대한다면 사회교육이나 성인교육까지를 포함할 수도 있을 것이다. 그런데 이러한 공교육 개념보다 더 확장된 개념은 교육 전체를 공교육으로 이해하는 경우다. 즉, 교육의 내용이 사회적 성격을 띠기 때문에 공적 측면을 지니고, 개인이 교육을 받지만 그 혜택이 사회 전체에 미치기 때문에 공공선의 기능을 지닌다고 가정하여 이미 공적 특성을 지니고 있다고 볼 수 있을 것이다(나병현, 2004, pp. 15-16).

따라서 공교육을 어떤 범위로 이해하느냐에 따라 전혀 다른 논의가 가능하게 된다. 가장 넓은 범주인 '모든 교육'이 공교육이라고 이해하는 데서부터 '국가가 통제하는 교육'이 공교육이라고 보는 견해 그리고 '국가나 지방자치단체가 직접 설립 · 운영하는 국공립학교의 교육'을 공교육으로 이해하는 협의의 공교육 개념이 있을 수 있다. 현재 우리나라에서 일반적으로 이해하는 공교육의 개념은 두 번째인 '국가 수준에서 제도적으로 확립되고 법률의 통제를 받는 교육'이라고 할 수 있다. 이 장에서도 공교육에서의 종교교육을 말할 때 이 범주를 따르는데, 즉 국공립학교와 사립학교를 포함하는 공교육의 범주라고 할 수 있다. 좀 더 구체적으로는 이 장에서 논의하는 종교교육의 대상 범주를 국공립학교와 사립학교 중 비종교계 학교라고 한정할 수도 있다. 기독교학교를 비롯한 종교계 학교에서의 종교교육은 이 책의 다른 부분에서 자세하게 논의하기 때문에 여기서는 공교육의 의미를 국공립학교 및 사립학교 중 비종교계 학교에 제한하여 논의하고자 하며, 이를 '비종교계 학교'로 통칭하고자 한다.

2. 공교육에서 종교교육의 가능성

여기서는 공교육(비종교계 학교)에서의 종교교육의 가능성을 모색하고, 만약 종교교육을 실시할 수 있다면 어떤 형태의 종교교육이 되어야 하는지를 모색하기 위해서 먼저 왜 비종교계 학교인 일반 공립학교 또는 사립학교에서도 종교교육을 실시해야 하는지 그 이유와 중요성을 살펴보려고 한다. 그리고 이를 기초로 다음 장에서는 현재 우리나라의 중·고등학교에서 종교 교과목을 개설할 수 있는지 파악하기 위해 제7차 교육과정에서의 종교 교과목에 대한 이해와 비종교계 학교에서 종교 교과목을 개설할 수 있는지 여부를 분석한다.

1) 공교육에서의 종교교육의 중요성

우리의 문화는 종교적 신념을 마치 사적 영역(private domain)인처럼 치부하는 경향이 있다. 종교적 논쟁을 피하기 위해서는 아예 종교적인 주제나 관심을 다루지 않으려고 한다. 특히 다원적인 가치가 공존하고 여러 종교가 존재하는 다종교 사회에서는 더욱 그런 경향이 심하다. 그러나 다양한 종교가 공존하는 사회에서 더불어 사는 삶을 지향하기 위해서는 오히려 종교를 배제하는 것이 아니라 종교를 가르치고 배우는 것이 필요하다. 스티븐 웹(Stephen H. Webb)이 지적하는 것처럼, "교육에 있어서 종교를 가르치지 않고 침묵하는 것은 다양한 가치를 인정하는 민주적인 방식을 추구하는 데에도 해롭다."(Webb, 2000, p. 16)고 할 수 있다. 웹은 학교에서부터 다양한 종교를 지닌 사람들이 함께 토론하며 서로를 이해하고, 서로의 종교적 경험에 관심을 가질 수 있는 종교 수업의 과정이 필요하다고 강조한다. 종교적인 이슈나 주제를 아예 회피하고 이들을 교육에서 배제하는 것은 삶에서 너무나 중요한 주제들을 교육에서 제외하는 결과를 가져오는 것이다.

그렇기 때문에 공교육에서 보다 적극적으로 종교교육을 시행할 필요가 있다. 웹은 공교육에서 종교적 신앙을 지닌 사람들 사이에 종교적 토의도 필요하며, 심지어는 종교적인 열정을 지닌 사람들을 만나고 그들의 경험을 나누는 것도 필요하다고 주장한다. 학교의 교실이 교회나 절, 모스크나 회당은 아니지만 종교적인 분위기와 신념, 문화를 경험하고 이해하는 것은 일상의 삶을 위한 매우 중요한 가르침과 배움의 과정일 수 있다(Webb, 2000, pp. 16-17).

웹은 공교육에서 종교에 침묵하게 되는 세 가지 이유를 다음과 같이 제시하였다. 즉, 냉소주의(cynicism), 일방적 비판주의(criticism) 그리고 객관주의(objectivism)다. 첫째, 냉소주의는 종교에 대해서 냉소하는 입장으로 종교가 선을 추구하지만 그렇게 사는 사람이 어디 있느냐는 식으로 냉소를 보내는 경향을 보인다. 종교에 대해서 건전하게 비판하는 것은 필요하지만 종교 자체에 대해서 냉소적으로 대하는 것은 종교에 관해 침묵하게 만들고 교육에서 종교를 다루지 않게 되는 한 가지 요소로 작용하게 된다(Webb, 2000, p. 68). 누군가 종교에 대해서 냉소하게 될 때 종교를 지니고 있는 사람은 자신의 종교를 드러내기 주저하게 되고, 종교에 관해 토의하는 것을 꺼리게 되는 것이다. 이러한 종교에 대한 냉소주의적 경향은 한 학급 안에서만이 아니라 교무실이나 학교 전반의 풍토에서 그리고 더 나아가 사회의 분위기에서도 나타날 수 있다.

둘째, 일방적 비판주의는 어떤 종교적 성향을 지닌 사람을 매도하고 과도하게 비판하여 마치 희생양(scapegoating)을 만드는 식의 분위기로 나아가는 경향을 보인다. 예를 들면, 어떤 성향의 종교를 '꼴통 보수'라는 식으로 비판하면서 "우리는 다른 종교나 신념체계에 대해서 관대한데 너는 종교적 근본주의자야."라는 식으로 말하는 것이다. 웹에 따르면, 고등학교 이후의 과정에서 기독교 근본주의(복음주의를 함께 범주화하기도 함)가 이러한 보수적인 대상으로 치부되는 경향이 있다(Webb, 2000, p. 69). 이런 경우에도 종교적 대화는 사라질 수밖에 없고 종교는 침묵하게 된다.

셋째, 객관주의는 종교를 그 내부에서 경험하는 것이 아니라 그것을 대상으로 생각하며 하나의 현상으로 이해하고 파악하려는 경향을 보인다. 종교를 경험하는 것을 주관적인 것으로 간주하고 그러한 주관성으로부터 헤어나서 객관적으로 종교적 현상을 이해해야 한다고 주장하는 객관주의는 종교적인 만남을 제약하고 진정한 종교적 나눔을 방해한다. 인식의 대상으로부터 멀리 떨어져서 객관적으로 조망하는 과학주의적 접근 방식이 여전히 필요하지만, 마이클 폴라니(Michael Polanyi)의 지적대로, 순수 객관적인 실재(purely objective reality)가 있는 것이 아니고 앎의 주체(the knower)는 앎의 객체(the known)와 분리될 수 없음을 인식해야 한다(Polanyi, 1962). 그렇기 때문에 학생의 주관적 종교 경험을 나누고, 그러면서도 서로의 경험과 이해를 존중하는 간-주관적 접근(inter-subjective approach)이 필요하다고 할 수 있다.

이러한 종교에 대한 냉소주의, 일방적 비판주의 그리고 객관주의가 공교육에서 종교를 침묵시키려는 경향을 갖게 하는데, 이제는 공교육에서 종교교육의 중요성을 재인식하고 종교교육에 대한 관심을 회복해야 한다. 더 이상 공교육에서 종교교육을 배제하거나 제외시켜서는 안 되며 공교육의 중요한 교육 내용으로서 종교교육을 포함시켜야 한다. 교육에서 종교를 제외하는 것은 삶의 너무나 중요한 부분을 교육이 상실하게 되는 것이다. 사실 종교는 삶의 모든 영역에 큰 영향을 미친다. 삶의 여정 가운데 많은 의식이 종교적으로 행해지며, 사람이 정치나 전쟁, 경제, 정의, 예술, 철학, 과학, 심리학, 역사, 도덕을 대할 때, 그리고 죽음에 대해 느끼거나 삶의 희망을 생각할 때에 종교가 강한 영향을 끼치게 된다.

오늘날의 문화 역시 종교에 의해서 구성되어 있다고 볼 수 있다. 예를 들면, 다양한 사회적 이슈가 종교와 관련되어 있는데, 유럽의 제2차 세계대전 이후의 기독민주 정당들, 폴란드의 가톨릭 교회, 남아프리카의 투투 주교, 제3세계의 해방신학, 낙태 논쟁, 시민운동에서 흑인 교회의 역할 등을 생각해 볼 수 있다(Nord, 1995, p. 205). 북아일랜드와 인디아, 중동, 스리랑카, 인도네시아, 수단, 보스니아, 아르메니아 그리고 이라크 등에서 계속되는 종교적 분쟁이 있다. 미국의 중심부를 강타한 9.11 테러의 상처는 아직도 계속되고 있으며, 이로 인한 전쟁은 종교적 성격을 배제하면 이해하기 쉽지 않고, 세계 곳곳에서는 여전히 종교적인 핍박이 계속되고 있다. 종교는 지금 이 세계에서 계속 강력한 영향력을 행사하고 있으며 선한 영향력만이 아니라 악한 영향력을 행사하기도 한다. 종교적인 목소리는 사회에서 중요한 비중을 차지하며, 종교는 각종 예술 분야와 문학 분야에서도 그 영향력을 강력하게 발휘하고 있다. 종교는 특히 도덕의 기준에 강한 영향을 미치는데, 사실 역사적으로 도덕과 종교는 나눌 수 없을 정도로 상호 연계되어 있다. 종교는 궁극적인 관심(ultimate concern)에 눈을 뜨게 하고 삶의 의미와 가치를 발견하게 하는 근원이 된다(Nord, 1995, pp. 206-207).

공교육, 즉 종립학교가 아닌 일반 국공립 및 사립학교에서도 종교교육이 필요하다는 주장은 종교학계와 종교교육학계 모두에서 찾아볼 수 있다. 종교학자이며 제7차 교육과정 종교 과목의 커리큘럼 작성을 담당한 정진홍은 일반 공교육에서도 종교교육이 필요함을 역설하고 있다. 그는 종단에서는 사립학교를 비롯한 종교계 학교에서 종교교육을 실시하는 것은 물론, 국공립학교에서도 종교교육이 필요함을 다음과 같이 주장하고 있다.

> 종교는 학생 개개인의 인성 형성을 위한 보편적인 문제다. 그렇기 때문에 그것은 사회문화적으로 동시에 논의해야 할 중요한 문제, 곧 소박하게 개인적인 현상으로 여겨 간과해도 좋은 현상이 아니다. 이러한 사실을 감안하면 종교교육을 결코 종립학교에 한정되는 교양 선택 과정으로 제한할 수 없다. 그것은 모든 학교, 모든 학생의 문제와 연결된 것이고, 시민 누구나 진지하게 다루지 않으면 안 될 관심사다. 그렇다면 종교교육은 「교육기본법」에 의해 제한되고 있는 그러한 한정된 틀을 넘어 시민 교육의 내용으로 자리 잡을 수 있어야 한다. 그것이 「교육법」에서 제시하고 있는 '국가 및 지방자치단체가 설립한 학교에서는 특정한 종교를 위한 종교교육을 해서는 안 된다.'는 정신을 오히려 살리는 일이다(정진홍, 2001, p. 24).

또한 기독교 종교교육학자인 송순재도 국공립학교와 사립학교 전체에 종교교육이 필요함을 주장하고 있다. 그는 "우리나라 근대적 학교교육이 종교교육의 중립적 입장을 표명하면서 종교적 차원을 배제한 결과, 이러한 종교교육의 상실이 오늘날 인간성 위기의 한 요인일 수도 있다."(송순재, 2006, p. 50)고 진단한다. 또한, 국공립학교와 비종단 사립학교에서 종교교육을 실시할 경우, 굳이 종교라는 말을 사용하지 않고 '철학'이나 '삶의 형성'과 같은 표현, 혹은 러시아의 톨스토이 학교에서처럼 '삶의 그릇'과 같은 비유적 표현을 사용할 수도 있다고 주장한다. 그리고 이런 방식의 접근은 국가가 의도하는 학교교육에서의 종교적 중립의 문제를 종교교육을 부정하는 방식을 통해서가 아니라 그것을 긍정함으로써 해결할 수 있다고 보았다. 또한 송순재는 종교교육을 학교가 아니라 가정이나 다양한 종교기관이 맡아야 한다는 주장에 대해 "가정적 · 사회적 여건에 따라 다르게 살아가는 청소년 모두가 그런 식의 종교교육의 기회를 향유할 수 있으리라는 보장은 없다."고 보며, 오히려 "학교에서의 종교교육은 그렇게 있을 법한 결손을 막을 수 있다."(송순재, 2006, p. 51)고 보았다.

2) 교육의 중립성 신화

공교육에서 종교를 배제하는 가장 강력한 이유는 교육은 중립적이어야 한다는 주장 때문일 것이다. 즉, 공적(public) 교육에서 주관적이고 가치 편향적인 종교를 가르치는 것은 교육의 본래적 성격에 위반된다는 입장이다. 그러나 어떠한 교육도 중립적이진 않다. 모든 교육에는 가치가 개입되어 있기 때문이다. 교육에 있어서 진공 상태는 있을 수 없다. 교육에서 모든 가치를 배제하여 순수 객관적이고 중립적인 상태를 만들려고 하는 것은 과학주의적인 가치관 그리고 '무종교를 강요하는 가치관'에 사로잡혀 있는 상태일 뿐이다. 공교육은 공적인 차원을 지니기 때문에 편견과 가치 편향적인 것, 주관적인 것을 제외시켜야 한다는 주장은 매우 합리적인 것처럼 보이지만, 사실 그것은 다른 가치가 자리를 대신 차지하는 것일 뿐이지 진정한 의미에서 가치 중립적이라는 것은 존재하지 않는다. 문제는 어떤 가치를 선택하느냐의 문제일 뿐이다. 리차드 에들린(Richard J. Edlin)은 "교육이 종교적으로 중립적이라는 주장은 비극이며 신화일 뿐"이라고 주장하면서, "실제로 교육은 이제껏 중립적인 때가 한 번도 없었으며 앞으로도 절대 그럴 수 없다."(Edlin, 2004, p. 53)고 말한다.

오늘날의 학교들이 종교를 제외하고 과학적이고 중립적인 것만을 가르치려고 하는 것은 결코 중립적인 판단이 아니다. 이러한 학교 현실과 교육 현실이 오히려 가치 편향적임을 지적하고, 건전한 가치들이 학교교육에 반영될 수 있도록 하며, 현실의 삶 속에서 매우 강한 영향력이 있는 종교와 종교적 가치를 교육에 포함시키도록 해야 한다. 종교와 가치를 배제한 학교, 초월과 경건을 제외한 교육은 마치 궤도를 이탈한 열차처럼 왜곡되고 파행적일 수밖에 없다. 교육에서 종교는 존중되어야 한다. 즉, 교육에서 원래 종교의 위치가 회복되어야 한다. 종교와 교육이 연결되고 교육 안에서 종교가 제 역할을 찾게 될 때 교육은 비로소 방향이 생기고 목적이 설정되며 생기를 부여받게 된다. 종교적 가치가 교육을 조명하게 될 때 지식은 단지 단순한 정보로 머물지 않고 진리가 되며 지혜가 될 수 있다.

3. 제7차 교육과정에서 종교교육에 대한 이해

현재 우리나라의 비종교계 학교에서 종교 교과를 개설하여 이를 통한 종교교육을 실시할 수 있는 가능성이 있는지를 확인하기 위해서는 제7차 교육과정에서 종교교육을 어떻게 규정하고 있는지 이해할 필요가 있다. 이러한 이해는 현 교육과정 체제 안에서 종교교육의 가능성만이 아니라 그 종교 과목의 성격을 파악하게 해 준다.

1) 제7차 교육과정 개요

제7차 교육과정은 1997년 12월 30일에 고시되어 실시되기 시작하였으며, 2004학년도부터 모든 학교급, 모든 학년에서 적용되어 실시되고 있는 교육과정으로서, 2007년에 개정, 2009년에 재개정, 2011년에 재개정되어 사용되고 있다. 제7차 교육과정은 1994년에 설치된 교육개혁위원회가 제시한 교육과정 개선 원칙인 ① 필수 과목 축소 및 선택 과목 확대, ② 정보화 · 세계화 교육 강화, ③ 수준별 교육과정의 편성과 운영을 상당 부분 존중하면서 다음과 같은 추구하는 인간상을 제시하고 있다.

> 우리나라의 교육은 홍익인간의 이념 아래 모든 국민으로 하여금 인격을 도야하고, 자주적 생활능력과 민주 시민으로서 필요한 자질을 갖추게 하여 인간다운 삶을 영위하게 하며, 민주국가의 발전과 인류 공영의 이상을 실현하는 데 이바지하게 함을 목적으로 하고 있다. 이러한 교육이념을 바탕으로, 이 교육과정이 추구하는 인간상은 다음과 같다.
>
> 가. 전인적 성장의 기반 위에 개성을 추구하는 사람
> 나. 기초 능력을 토대로 창의적인 능력을 발휘하는 사람
> 다. 폭넓은 교양을 바탕으로 진로를 개척하는 사람
> 라. 우리 문화에 대한 이해의 토대 위에 새로운 가치를 창조하는 사람
> 마. 민주 시민 의식을 기초로 공동체의 발전에 공헌하는 사람
>
> (교육인적자원부, 2004, p. 19)

이러한 인간상을 구현하기 위해 초등학교부터 고등학교 1학년까지 10년간 국민공통 기본교육과정을 구성하고, 고등학교 2~3학년에서 학생의 흥미, 적성, 진로를 고려한 다양한 선택 과목을 개설하도록 하였다. 고등학교의 경우 다양한 교과 가운데 '교양' 과목을 두고 그중 한 과목으로 종교 교과를 포함시키고 있다. 제7차 교육과정의 교양 과목에는 철

학, 논리학, 심리학, 교육학, 생활경제, 종교, 생태와 환경, 진로와 직업 등 8개 과목이 포함되어 있는데, 이 중 선택하여 개설할 수 있도록 하고 있다. 각각의 단위 수는 4단위로서 1단위는 매주 50분 수업을 기준으로 하여 1학기(17주) 동안 이수하는 수업량이다(교육부, 1998, p. 7). 또한 학교가 종교 과목을 부과할 때는 종교 이외의 과목을 포함, 복수로 과목을 편성하여 학생에게 선택의 기회를 주어야 한다고 규정하고 있다(교육부, 1998, p. 20).

2) 종교 교과의 성격

제7차 교육과정에서 종교 과목은 몇 가지 분명한 특징을 지닌다. 첫째, 종교학적 종교교육과 신앙적 종교교육이 병행된 이중적 구조를 지니고 있다. 종교학적 종교교육이라 함은 종교에 대한 보다 객관적이고 합리적인 이해를 추구하는 것으로서 종교 일반과 다양한 종교에 대한 포괄적인 지식 및 이해를 쌓는 것을 중요시한다. 반면, 신앙적 종교교육이라 함은 종교 바깥에서 종교를 이해하는 방식이 아니라 특정 종교 내부에서 그 종교를 경험하면서 신앙적 체험을 통한 고백을 갖도록 하는 교육을 의미한다. 교육부에서 발간한 「고등학교교육과정 해설(교양)」에서는 "한편으로는 종교 일반과 다양한 종교에 대한 포괄적인 지식과 이해를 쌓고 다른 한편으로는 각 종단 학교의 실정에 따라 특정 종교에 대한 신앙 교육을 병행한다는 이중적 목표"(교육부, 2001, p. 124)를 지니고 있다고 언급했다.

둘째, 제7차 교육과정에서의 종교 교과는 보다 종교학적 종교교육에 치중되어 있다. 제7차 교육과정 지침에서는 종래의 제6차 교육과정과 비교할 때 이러한 종교학적 성향이 더 강화되었음을 강조하고 있다. 즉, 제

7차 교육과정의 종교 과목에서는 "종교교육의 교양 교육적 의의를 보다 구체화한다는 차원에서 세부 내용에서는 종교학적 내용이 좀 더 강조되고, 이에 관한 부분이 대폭 보강되는 정도의 변화가 가해졌다."(교육부, 2001) 사실 종교학적 접근과 신앙적 접근은 매우 상이한데, 이는 종교에 관한 교육과 종교를 경험하는 교육의 차이라고도 말할 수 있다. 마치 하나님에 관한 지식(knowing about God)과 하나님을 아는 지식(knowing God)의 차이와도 같다고 할 수 있다. 종교학을 가르치는 것은 종교를 가르치는 것이 아니다. 종교학이 다른 인문 사회과학과 마찬가지로 학문의 한 영역이라면 종교는 단지 학문이 아닌 삶의 중요한 한 영역인 것이다. 삶에 큰 영향을 주는 것은 종교학이 아니라 종교인 것이다. 이러한 종교에 대한 진정한 이해를 하기 위해서는 종교에 관해 이해하는 것을 넘어서서 종교를 경험하고 종교 내적인 논리를 체험하는 것이 필요한데, 이와는 달리 제7차 교육과정의 종교 교과는 종교에 대한 이해에 치중되어 있는 종교학적 종교교육에 강조점을 두고 있다.

3) 종교 교과의 목표 및 내용

제7차 교육과정 종교 과목의 목표는 크게 세 가지로 열거할 수 있는데, 첫째는 종교에 대한 폭넓고 균형 있는 지식을 습득하여 건전한 종교관을 정립하는 것이고, 둘째는 일상생활에서 부딪히는 어려운 인생 문제를 극복할 수 있는 성숙한 신앙심을 확충하는 것이며, 셋째는 다른 종교를 포용하고 국가 사회의 발전에 기여할 수 있는 종교인으로서 바람직한 생활태도를 기르는 데 있다(교육부, 2001, p. 129).

이러한 교육 목표를 달성하기 위해 네 가지 종류의 교육 내용을 다루고 있는데, ① 종교학적 이론에 입각하여 종교 일반에 대한 이해를 도모

〈표 3-1〉 종교 교과의 단원별 제목과 내용

단원명	교육 내용	
인간과 종교	• 궁극적인 물음과 문제 • 안다는 것과 믿는다는 것	• 종교와의 만남과 문제 해결 • 종교의 의의와 역할
종교 경험의 이해	• 여러 가지 인생 문제 • 경전과 종교 규범	• 우주관, 역사관, 생사관 • 종교 의례와 종교적 실천
서로 다른 종교적 전통	• 종교 사상과 배경 • 종교의 특성 이해	• 참된 것과 깨달음
세계 종교와 문화	• 유교와 도교 • 크리스트교	• 불교 • 이슬람교와 기타 종교
인간과 자연에 대한 종교적 이해	• 다양한 인간관 • 종교적 자연관	• 종교적 인간관 • 과학과 종교
한국 종교와 문화	• 한국 불교와 문화 • 한국 크리스트교와 문화	• 한국 유교 및 도교와 문화 • 한국 무속 신앙과 민족 종교
종교 공동체	• 공동체의 이념과 구조 • 종교 간의 화해와 공존	• 종교의 사회적 기능 • 종교적 인격 형성
특정 종교의 전통과 사상	• 경전, 교리 역사 • 한국 종교와 문화 창조	• 종교적 생활 • 나의 종교 생활 설계

하는 내용, ② 다양한 사회문화적 맥락 안에 존재하는 종교들의 다양한 모습을 이해하는 내용, ③ 종교와 관련된 인간, 자연 및 공동체의 문제를 이해하는 내용, 그리고 ④ 특정 종교의 전통과 사상을 이해하는 내용 등이다. 이러한 내용을 담고 있는 것이 바로 종교 교과의 여덟 단원인데 각 단원의 제목과 내용은 〈표 3-1〉과 같다(교육부, 2001, p. 132).

4) 비종교계 학교에서의 종교 교과 개설

제7차 교육과정에서의 종교 교과는 교양 과목으로서 선택하도록 되어 있으므로, 기독교학교를 비롯한 종단학교에서 개설할 수 있을 뿐만 아니라 비종교계 학교에서 개설하는 것을 전제로 구성된 교과라고 할 수 있다. 제7차 교육과정 지침서에서도 다음과 같이 종교 과목 개설에 관해 언급하고 있다. "종교교육과정의 마지막 단원인 특정 종교 관련 부분을 제외한 나머지 교육 내용은 종교와 무관한 일반 학교에서도 철학이나 교육학 또는 논리학 등 타 교양 과목과 나란히 종교학이라는 이름의 엄연한 교양 과목으로 가르쳐도 손색이 없다."(교육부, 2001, pp. 124-125) 또한, 제7차 교육과정에서의 종교 과목은 "종단학교나 일반 학교 모두에서 종교적 · 비종교적 · 반종교적 태도를 가진 다양한 학생을 대상으로 진정한 교양 교육의 하나"(교육부, 2001, p. 125)로서 종교교육을 실시할 수 있도록 되어 있다.

제7차 교육과정의 종교 과목이 비종교계 학교에서 개설될 수 있는 교양 과목임은 종교 교과의 성격에서 더 잘 드러나는데, 교육과정 지침서에서는 "종교 과목은 종교에 관한 기본 지식과 보편적 이론을 이해하고, 삶과 죽음에 대한 물음 및 탐구를 통해 건전한 종교관을 정립할 수 있게 도와주려는 과목"(교육부, 2001, p. 128)이라고 규정하고 있다. 즉, 종교 과목은 교양 교과의 일반 선택 과목으로 예시된 철학, 논리학, 심리학, 교육학, 생활경제, 종교, 생태와 환경, 진로와 직업 중의 하나로서, 고등학생의 교양을 고양시키기 위한 과목이다.

그런데 실제로 종교계 사립학교 외에 종교 과목을 개설하고 있는 국공립학교 및 기타 사립학교는 어느 정도 되는가? 2003년에 영남대학교 연구팀에서 실시한 '제7차 교육과정 실태조사'에서 나타난 결과에 따르면, 조사에 응답한 54개 일반계 고등학교에서 일반 선택 과목 중 전혀 개설되지 않은 과목이 아랍어I, 심리학, 종교로 나타나고 있다. 종교 과목을 개설하지 않고 있는 현상은 실업계 고등학교를 대상으로 한 조사에서도 동일하게 발견되었는데, 일반 선택 과목 중 종교를 포함해 스페인어I, 아랍어I, 철학, 논리학, 심리학 등을 전혀 개설하지 않은 것으로 나타났다(교육인적자원부, 2004, pp. 232-244). 종교 과목은 교육과정에는 교과목으로 편성되어 있지만 사실은 전혀 교육이 이루어지고 있지 않은 사각지대로 남아 있는 셈이다.

이제는 비종교계 학교에서도 종교 과목을 개설하여 종교교육을 실천해야 한다. 제7차 교육과정에서의 종교 과목이 공교육 안에서 종교를 가르칠 수 있는 길을 열어 놓았음에도 이를 실행하지 못하는 현실을 개선해야 한다. 이를 위해서는 실제적으로 종교 과목을 복수로 개설할 수 있도록 제반 여건을 만드는 노력을 기울여야 하며, 종교 과목 개설을 회피하는 다양한 이유를 제거하려는 노력도 경주해야 할 것이다. 그러나 무엇보다 교육 담당자들이 종교교육의 필요성과 중요성을 인식할 수 있도록 계몽 · 계도하고 지원하는 것이 필요할 것이다.

4. 비종교계 학교에서의 종교교육의 가능성

공교육에서 종교교육을 시행할 때에는 매우 신중할 필요가 있다. 종교교육이 필요하고 중요하다는 것과 학생의 종교의 자유를 침해하지 않는 범위 내에서 정당한 방법으로 종교교육을 할 수 있는 가능성이 있느냐의 문제는 별개라고 할 수 있다. 자칫 종교교육이 잘못 실행되면 종교학 교육으로 전락하든지 특정 종교의 편향적 가치에 의해 진행됨으로써 종교적 논쟁이 유발될 수도 있다. 특히 공교육에서 종교교육의 실시가 지혜롭고도 정당하게 이루어지지 않는다면 국가(정치)와 종교의 분리라는 원칙을 위배할 수 있고, 국민의 세금으로 특정 종교의 선교를 지원하고 있다는 비판을 받을 수도 있다. 그렇기 때문에 비종교계 학교에서의 종교교육이 단지 종교에 대한 이해만을 다루는 것이 아니면서도 특정 종교에 편향적인 교육이 되어서도 안 될 것이다. 그러면서도 실제적으로 학생의 삶에서 종교적 경험을 하고 종교생활을 하며, 이에 따라 새로운 삶을 살 수 있도록 도울 수 있는 방법을 찾아야 할 것이다.

1) 종교교육의 독특성

종교는 사회현상 중의 하나이지만 일반적인 지식 탐구의 형태와 반드시 일치하지는 않는다. 오히려 세속적인 지식 추구의 형태라기보다는 경험적으로 입증하기 어려운 진리(초경험적 진리)를 대상으로 믿음을 강조한다. 그런 점에서 종교는 학교교육에서처럼 지식교육의 대상으로만 국한하기에는 무리가 있다. 만일 종교교육이 객관적인 탐구를 위해 지식만을 대상으로 한다면 이는 학교에서 일반적인 지식교육과 마찬가지로 '학문으로서의 연구 대상'이 될 수 있을 것이다. 이는 마치 종교학이 종교 현상을 탐구의 대상으로 하는 것과 마찬가지다. 그럼에도 종교가 결코 객관적 지식에 한정될 수 없는 것은 그와 무관한 신앙이 중핵을 차지하기 때문이다. 그런 점에서 종교교육학이 일반 학문과 같이 보편성을 띠어야 하는 성격을 갖는 한편, 반드시 보편적 지식의 한계를 넘어서는 종교문화의 특성상 특수한 성격을 공유하는 양면성이 있다. 이런 보편성과 특수성의 문제는 종교교육이 어떤 성격을 띠어야 하는가와도 무관하지 않다. 만일 전자에 치중한다면 종교문화교육 또는 종교지식교육으로 충분할 수 있을 것이다. 반면에 후자라면 종교정조교육 또는 종교적 교육학의 성격을 띨 수 있다(김귀성, 2005, p. 11).

이런 점에서 우리나라 학교에서의 종교교육도 새롭게 변화될 필요가 있다. 지금까지 학교에서의 종교교육은 교과 중심적 지식 전달이나 형식화된 종교의식에 학생을 참여시키는 데 중점을 두어 왔기 때문이다. 이러한 방식의 종교교육은 특정 종(교)파의 교리적 지식이나 종교의식과 관련된 경험을 학생에게 전달하는 효과는 있지만 종교교육의 본질적 측면에서 다음과 같은 문제점을 내포한다(고진호, 2006, p. 18). 첫째, 종교에 관한 지식은 배울 수 있지만 '종교성' 그 자체를 인식하는 데는 취약하다. 둘째, 종교 교과의 내용에 대해 학생 자신의 자기 확신이 부족하고, 이를 내면화하는 데 한계가 있다. 셋째, 종교교육을 통해 얻은 교육적 결과를 생활의 장에 전이시키는 데 한계가 있다.

2) 종교교육으로서 '종교성' 교육

기존의 종교학적 종교교육과는 구별되는 종교교육의 가능성으로 '종교성' 교육을 제안하기도 한다. 종교성 교육은 종교성을 함양시키는 종교교육으로서 종교학적 지식을 전달하는 것과는 구별된다. 고진호(2006)는 종교성은 '초월적 존재와의 연합, 믿음, 헌신'과 관련되는데, 특정 종파를 넘어선 보편적 특성이라는 성격과 그러면서도 기존 종교의 내적 논리 안에서만 획득이 가능한 특수성이 함께 연계되어 있는 개념이라고 주장한다. 즉, 종교성 인식은 특정 종교(파)를 배경으로 한 것이지만, 종교적 체험의 공통적 속성이라고 할 수 있는 '경외감(awe)' '경이(wonder)' '존중감(reverence)'과 같은 초월적 감성을 공통적으로 내포한다는 점에서 보편성의 측면을 지닌다(고진호, 2006, p. 21).

종교성 교육을 위해서는 무엇보다 체험이 중요하다. 헤센(J. Hessen)은 종교성(영성)은 개념이나 논리에 의해 파악되는 것이 아니라 초월적 대상에 대한 체험을 통해서 주어진다고 보았다. 그는 이러한 체험을 위해 제안할 수 있는 가장 중요한 종교교육의 실천 방법으로서 '수행'을 들고 있다. 수행은 초월적 존재와 인간을 결합시키는 체험의 장이라는 점에서 '종교적 인간' 육성을 위한 최선의 방법일 수 있다. 켄 윌버(Ken Wilber)는 '묵상' '정관' '참선'과 같은 수행이 종교가 단순히 신화로 전락되지 않고, 객관적 과학이나 지식 세계와 경쟁 및 공존하기 위해 반드시 필요하다고 보았다(고진호, 2006, p. 23). 종교를 직접 경험하는 것은 종교에 관한 지식을 배우는 것과는 구별되며, 종교 내적인 논리를 경험을 통해 체득할 수 있도록 하는 것이다. 따라서 고진호(2006, p. 24)는 종교교육의 과정이 종교 교과목이나 교과서적 지식에 의해서가 아니라 교사와 학생 그리고 학부모가 상호작용하는 가운데 경험되고 실천되어야 할 '초월의 과정(transcendent process)'으로 인식되어야 하며, 학교생활을 종교적 초월을 경험할 수 있도록 제공되는 실천적 삶의 과정으로 인식하는 전환이 요청된다고 보았다. 이러한 종교교육이 실천되기 위해서는 목적-결과의 패러다임보다는 과정 지향적 패러다임을 지닐 필요가 있다. 기존의 종교교육이 종교적 지식(정보) 혹은 경험의 효과적 전달(목적)과 학생에게 획득된 지식(정보) 및 경험의 양(결과)에 초점이 있다면, 미래의 종교교육은 종교성 '체험'의 과정을 중시해야 한다(고진호, 2006, p. 24-25).

3) 미국의 공교육 안에서 종교교육 유형

미국의 공교육 제도에서 종교교육이 어떠해야 하는지에 대해서는 크게 세 가지 입장으로 구분할 수 있다. 첫째, 학교에서는 어떤 형태의 종교교육도 금지해야 한다는 입장이다. 둘째, 비종파적인 보편적 종교교육에 대한 부분적인 허용을 해야 한다는 입장이다. 셋째, 종파교육이 아닌 '종교적 교육'으로 소위 공동의 신앙(common faith)을 교육해야 한다는 입장이다(김용표, 1998, p. 96).

첫째, 종교교육 반대론은 윌리엄 해리스(William Harris)가 주창한 것으로서, 공교육기관은 종교와 완전히 분리된 세속적 교육기관이고, 학교 기능은 교회나 종교 공동체의 기능과 다르기 때문에 공교육과 종교를 완전히 분리해야 한다고 주장하는 입장이다. 해리스는 모든 종교가 특정 진리의 절대성 주장에서 벗어날 수 없기 때문에 이러한 특정 종교 계층의 가치관이나 세계관을 공공의 성격을 지니는 학교교육에 적용하는 것은 곤란하다고 주장한다(김용표, 1998, p. 97).

둘째, 비종파적 종교교육은 허용해야 한다는 주장은 호레이스 만(Horace Mann)에 의해 제기되었는데, 만은 종교교육 문제에서 특정 종파의 교리나 신조를 가르쳐서는 안 되지만 종파성을 떠난 종교적 교육은 인간의 종교적 · 도덕적 가치를 함양하기 때문에 학교에서 가르칠 수 있다고 보았다. 그는 성인이 될 때까지 학생들에게 교리를 가르치지는 말고 다만 '하늘의 종교(the religion of heaven)'를 가르쳐야 한다고 했다(김용표, 1998, p. 98). 종파주의를 초월한 종교교육을 지향할 때 무종교주의나 무신론을 극복할 수 있다는 것이다.

셋째, '공동의 신앙' 교육론은 존 듀이(John Dewey)에 의해 주창된 것으로서 학교에서의 종교교육 반대론이나 비종파적 종교교육 허용론 등과는 달리 인간이 보편적이고 공통적으로 지닐 수 있는 신앙을 추구하는 것으로서의 종교교육을 의미한다. 듀이는 종교에도 실용주의적으로 접근해서 종교적 경험을 통해 인간이 절대적 사랑, 자연에 대한 경외감, 이타적 태도 등을 지닐 수 있으므로 그것이 가치있다고 하였다. 듀이는 '종교(a religion)'와 '종교적인 것(the religious)'을 구분하는데, 전자가 종파적인 것을 지칭한다면 후자는 종파의 특정 교리 체계를 뛰어넘는 인간의 종교성(religiosity)을 의미한다. 즉, 듀이에게 공동의 신앙이란 '특정 종교나 교리 혹은 의식과는 상관없이 일어나는 것으로 인간을 보다 풍부하게 하는 이상에 대한 태도'를 의미한다(김용표, 1998, p. 100).

미국의 공교육의 역사를 살펴보면, 초창기 학교교육에서는 종교와 교육이 분리되지 않았다. 종교기관이 학교를 설립했고, 학교에서는 종교, 특히 기독교를 공식적으로 가르치게 되었다. 그러나 1791년에 확정된 미합중국의 「연방수정헌법」 제1조는 종교와 정치의 분명한 분리를 선언하고 있다. "연방 의회는 법률에 의해 국교를 수립하거나 신교의 자유로운 행사를 금지하는 법률을 제정할 수 없다." 이 선언 이후 공립학교에서 종교는 배제되기 시작했고, 학교에서의 기도, 종교적 상징 부착, 종교적 모임, 종교에 대한 시험 등이 금지되었다. 미국의 공교육에서 종교를 철저히 제외시키려는 그동안의 경향은 최근의 교육에서 종교의 중요성을 새롭게 인식함으로써 종교교육을 회복하려는 움직임이 등장하며 전환기를 맞이하고 있다. 미국 공교육에서 종교교육이 필요하다고 주장하는 논지는 다음과 같다.

첫째, 미국이 경험하는 다문화 · 다종교 현상이 심화되면 될수록 더욱 종교에 대한 이해를 필요로 하고 있다. 초기 미국으로 이주한 사람들은 주로 기독교인이었지만 지금은 세계 다양한 민족으로부터 다양한 종교를 지닌 사람들이 이민을 와서 한 국가를 이루고 있기 때문에 이들의 다양한 종교를 이해하고 통합시키며 종교 간 갈등을 해소하기 위해서는 공교육에서 비종파적 종교교육이 필요하다는 것이다.

둘째, 미국의 도덕적 황폐화에 대한 반성이 다시금 종교교육을 통한 도덕 회복을 요청하고 있다. 과거의 전통이나 질서가 무너졌지만 이를 대신할 수 있는 정신적 지주가 상실되어 있기 때문에 도덕적 해이와 타락이 심각하며, 그동안 미국이 추구해 온 과학주의와 실용주의가 이 문제를 해결할 수 없다는 인식이 점증하게 된 것이다. 이를 해결하기 위해서는 종파교육이 아닌 종교성(religiosity) 교육이나 종교적 가치관 교육이 필요하다는 것이다.

셋째, 종교가 인류 문화의 중요한 유산이며 종교교육이 인류 문명을 깊이 있게 이해하는 데 도움을 줄 수 있으리라는 깨달음이다. 최근 캘리포니아 교육위원회가 종교 교과를 사회과학 프로그램의 하나로 소개하기 시작한 것이나 미국 대부분의 주립대학교들이 종교학 강좌를 많이 개설하는 추세는 이러한 경향을 반영하고 있다(김용표, 1998, p. 106). 스티븐 웹의 책 제목인 『종교를 학교로 가져오기(*Taking Religion to School*)』(2000)가 보여 주듯이, 다시금 학교에서 종교를 가르쳐야 한다는 자각을 하기 시작한 것이다.

4) 공교육 안에서 종교교육의 가능성

공교육에서 어떤 형태의 종교교육이 가능하고 또한 바람직할 것인가에 대해서는 다양한 논의가 있어 왔다. 근대 이래 공교육에서 종교교육을 할 수 없다는 것은 특정 종교의 교육을 할 수 없다는 의미이지 종교교육 자체를 근본적으로 부정하는 것은 아니다. 우리나라의 「헌법」 제20조는 '종교의 자유'를 규정하고 있는데, "모든 국민은 종교의 자유를 가진다." "국교는 인정되지 아니하며 종교와 정치는 분리된다."라고 되어 있다. 이 조항에 근거한 교육기본법 제6조 '교육의 중립성'에서는 "국가 및 지방자치단체가 설립한 학교에서는 특정한 종교를 위한 종교교육을 하여서는 아니 된다."고 규정하고 있다. 그런데 여기에서도 분명히 진술하고 있듯이, 이것은 '특정한 종교를 위한 종교교육'에 대한 금지이지 종교교육 일반에 대한 금지 규정은 아니라고 할 수 있다. 즉, 근대의 공교육 체제에서 종교교육이 배제되고 있는 것은 교육에 있어서 종교적 가치가 필요 없기 때문이 아니라 종교의 자유를 보장하기 위한 원칙에 근거하고 있기 때문이다. 국공립학교에서 종교교육을 할 수 없다는 것이 자칫 종교교육을 학교교육에서 배제해야 한다는 논리로 이해된다면 그것은 심각한 오해가 아닐 수 없다.

학교교육에서 가능한 종교교육의 형태를 몇 가지로 분류해 볼 수 있는데, 박선영은 종교교육을 '종교의 교육(education of religion)'과 '종교적 교육(religious education in narrow meaning)' 그리고 '종교에 관한 교육(education about religion)'으로 구분하여 설명하고 있다. '종교의 교육'은 특정 종교의 입장에서 실시되는 종교교육을 지칭하는데, 종파교육과 동일시될 수 있다. 그러나 '종교적 교육'은 '인간 교육을 위해서 종교가 지니고 있는 세계관이나 삶의 자세와 방식이 매우 귀하고 중한 교육적 가치라고 판단하고 교육에 도입하여 실시하는 교육'을 말한다(박선영, 1997, pp. 14-15). 여기에서는 종교성(religiosity)을 어떻게 형성하고 고양할 것인가가 중요한 과제다. 그리고 '종교에 관한 교육'은 '종교의 본질과 삶의 방식, 그리고 그것들이 지니는 개인과 사회에 있어서의 의의, 종교의 문화 현상 등에 관해 이해하게 하는 교육'을 의미한다(박선영, 1997, p. 15). 여기에는 다양한 종교에 대한 이해와 종교현상에 대한 일반적인 이해, 특히 종교학적인 탐구가 포함된다.

박선영은 "초·중등학교의 보통교육에서도 반드시 종교교육이 이루어져야 한다."고 주장하면서 국공립학교에서도 종교교육이 시행되어야 함을 강조하였다. 박선영은 종교계 사립학교에서는 건학 이념에 따라 종교교육을 실시할 수 있으므로 '종교의 교육'을 시도할 수 있다고 보았다. 일반적으로 종파교육의 성격을 지니는 '종교의 교육'을 부정적으로 인식하는 경우가 많지만, 박선영은 "종교성을 형성하는 구체적인 계기는 많은 경우 특정 종교를 매개로 해서 이루어진다는 점을 고려한다면 일률적으로 배척만 하는 것 또한 재고할 사항"(박선영, 1997, p. 18)이라고 지적한다. 그런데 박선영은 국민의 세금으로 운영되는 국공립학교에서는 기본적으로 '종교에 관한 교육'을 실시할 수 있다고 보았다. 종교에 대한 지적 이해와 다양한 종교에 대한 종교학적 인식은 인문사회과학적 지식으로도 중요하다. 그런데 공교육에서 실시할 수 있는 가장 바람직한 종교교육의 형태로는 '종교적 교육'을 들고 있다. '건전하고도 성숙한 인격'을 형성하는 인간교육이라는 측면에서 볼 때, 궁극적 가치 지향성으로 압축하여 정의할 수 있는 '종교성'을 형성하도록 하는 '종교적 교육'에서 종교교육의 진가가 나타난다고 할 수 있다(박선영, 1997, p. 19). 박선영은 이러한 '종교적 교육'은 특정 종교와는 직접적인 관계가 없기 때문에 국공립학교에서도 실시할 수 있다고 보았다.

5) 비종교계 학교에서의 기독교적 종교교육의 한 방안

공교육, 특히 비기독교학교에서 종교교육을 실시할 수 있다는 것이 직접적으로 기독교적 종교교육이 가능하다는 것을 의미하지는 않는다. 앞서 논의한 것처럼, 국공립학교에서의 특정 종교의 교육은 금지되어 있기 때문에 종교교육 과목 자체로서 기독교적 종교교육은 용이하지 않다. 더욱이 종교에 대한 지식적 이해와 관련되는 '종교에 관한 교육'만으로는 기독교적 종교교육이 가능하지 않다. 종교학은 학문의 하나로서 가르칠 만한 가치가 있지만 종교학을 가르치는 것은 종교를 가르치는 것과 구별되어야 한다. 사실 삶에 큰 영향을 주는 것은 종교학이 아니라 종교이며, 삶을 변화시키는 것은 신학이 아니라 신앙이다. 그렇기 때문에 학생에게 종교에 관해 가르치는 것만이 아니라 종교를 경험하게 하고 종교적 삶을 살게 하는 것이 중요하다. 일반 학교 안에서도 종교를 경험하게 하기 위해서 가장 좋은 방법은 특정 종교에 관심을 갖고 있는 학생들에게 그 종교의 경험을 제공할 수 있는 종교교사를 보내어 이를 담당하게 하는 방안이다. 종교적 경험은 그 종교 외부의 논리나 관찰, 설명으로는 이루어질 수 없다. 각 종교만이 갖는 독특성이 있고, 여기에 참여하고 경험함으로써 비로소 이해할 수 있게 된다. 실제적으로 이런 방식을 실천하기까지는 여러 가지 어려움이 있을 수 있지만 종교가 삶에서 차지하는 비중을 생각한다면 고려할 만한 가치는 충분히 있다.

한 종교교사가 다양한 종교를 지니는 학생들을 가르쳐야 하는 상황이라면 편파적이지 않게 종교를 소개하는 것은 중요하다. 다양한 종교를 소개하고, 학생이 종교에 관심을 갖도록 돕고, 종교성(religiousness)을 함양하는 것이 필요할 것이다. 그러나 이때에도 교사가 어떤 모습을 취하는 것이 학원 선교의 차원에서 바람직한지에 대해 숙고해야만 한다. 일반학교에서의 기독교인 종교교사의 역할은 크게 네 가지 모델로 분류할 수 있다(Hill, 1982, pp. 114-120). 첫째, 배타적 편파성(exclusive partiality)의 모델로 교사 자신의 신앙이나 가치관을 학생에게 강요 또는 주입시키는 경우다. 일반적으로 교화(indoctrination)로 불리는 교육 방식과 조건화(conditioning)로 불리는 교육 방식은 기독교적 인간관에서 비롯된 것이 아니다. 교화는 인간을 마치 지식을 집어넣을 수 있는 항아리와 같이 보는 셈이고, 조건화는 인간을 마치 동물과 같이 대하는 것으로서 모두 비인격적인 성격을 지닌다. 학생을 인격적으로 존중하고 자율적인 존재로 이해한다면 배타적 편파성을 가지고 대해서는 안 될 것이다.

둘째, 배타적 중립성(exclusive neutrality)의 모델로 교사가 신앙이나 가치관에 관련된 어떠한 논의도 회피하여 마치 중립을 지키는 것처럼 하는 경우다. 이것은 아주 과학적인 입장을 준수하는 것처럼 보이지만 실은 무책임한 것이다. 이 세상에 진정한 의미의 가치 중립은 없다. 셋째, 중립적 비편파성(neutral impartiality) 모델로 교사 자신은 어떤 입장도 표방하지 않은 채 모든 신앙체계와 가치체계를 소개하는 경우다. 그러나 과연 전혀 가치가 개입되지 않은 '순수 객관적' 설명이 가능할까? 마이클 폴라니(Michael Polanyi)가 지적하듯이, 모든 지식에는 인격적 요소가 있다. 앎의 주체와 앎의 객체는 분리되지 않는다. 이러한 세 가지 모델은 모두 문제점을 지니고 있는데, 학생을 비인격적인 존재로 대하는 오류를 범하는 것도 잘못이요, 그렇다고 해서 우리의 삶이 가치 판단의 연속선상에 놓여 있는데도 아무런 언급을 하지 않는 것은 중립을 지키는 것이 아니라 흘러가는 물에 노를 젓지 않는 것과 다를 바 없다. 또한 모든 가치와 신앙을 다 소개하는 데에만 그친다면 그것은 종교교사의 역할로는 불충분한 것이다.

여기에서 기독교적 인간관에 기초한 네 번째 모델의 가능성이 있는 것이다. 그것은 헌신된 비편파성(committed impartiality)의 모델로서 세 번째 입장을 취하되 교사 자신이 그중 왜 기독교적 신앙을 갖게 되었는지를 삶으로, 인격으로 그리고 신앙고백으로 소개하는 방법이다. 학생의 인격과 자율성을 존중하되 교사의 확신을 소개하고 사랑과 관심으로 대함으로써 기독교를 간접적으로 드러내는 방법이다. 교화나 조건화의 오류에 빠지지 않으면서, 그러나 무책임하게 중립을 표방하며 책임을 회피하는 것이 아니라 다양한 종교와 신앙 전통을 알려 주되 자신의 신앙고백적 입장을 지니는 것이다. 이것은 단지 지적인 확신만이 아니라 삶의 태도나 가치 그리고 실천의 모습을 통해서 학생이 복음에 대한 관심을 갖고 기독교적 삶을 살 수 있도록 돕는 방법이다.

비종교계 학교에서 종교교육은 그 자체가 기독교적 종교교육의 장이 되지 않더라도 이를 위한 중요한 접촉점(a point of contact)이 될 수 있다. 종교교사는 학생에게 종교를 향한 관심을 갖게 하고, 종교에 열린 마음을 갖게 하고, 교과로서의 종교 과목을 넘어서서 종교적 실천과 종교생활을 원하는 학생에게 종교적 삶을 영위할 수 있도록 안내하는 역할을 할 수 있다. 공교육에서의 종교교육은 교육 전반에 초월적 가치 및 도덕적인 가치의 중요성을 깨닫게 함으로써 교육과정에 생기를 불어넣어 주고, 그로써 단지 지식에 머무는 것이 아니라 진리를 탐구하는 과정이 되도록 도울 수 있다.[8)] 이러한 종교적 분위기 안에서 기독교인 종교교사는 우리나라 교회와의 연관 속에서 기독교적 종교교육의 접촉점 역할을 할 수 있다. 인격적인 삶의 모범과 섬김의 실천을 통해 존경받는 종교교사가 될 수 있다면, 그리고 교과 시간 외에도 특별활동이나 방과 후 시간 등을 통해 진솔하게 만난다면 더없이 좋은 기독교적 종교교육의 통로가 될 수 있을 것이다.

5. 나가는 말

공교육에서도 종교교육은 시행되어야 할 당위성과 가능성이 있고, 또 실천되어야 한다. 공교육 안에 있는 기독교학교를 비롯한 종교계 학교에서는 보다 적극적이게 특정 종교 중심으로 종교교육을 실시할 수 있지만 비종교계 학교에서도 종교교육은 너무나 중요한 교육의 한 부분이다. 오늘날 종교 자체를 사적인 것으로 이해하고, 종교교육을 가치 편향적인 것으로 인식하여 공교육에서 이를 제외하려는 풍조는 교육적으로 바람직하지 못하다. 삶에는 종교적 차원이 있고, 실제 인간의 삶 속에서 종교가 차지하는 비중과 그 영향력은 심대하다. 교육에서 종교를 배제하려고

8) 학교 안에서 초월적 가치가 얼마나 중요한 영향을 미치는지에 대해서는 박상진의 연구(2006, pp. 192-206)를 참고하기 바란다.

노력할 것이 아니라 보다 바람직한 방법으로 종교를 가르칠 수 있는 방안을 모색하는 노력이 필요할 것이다. 종교인이 아닌 학생들에게도 종교를 가르칠 필요가 있으며, 종교인인 학생은 그 종교의 의미를 보다 깊이 있게 이해하고 실천할 수 있도록 교육을 실시할 필요가 있다. 오늘날 우리나라의 공교육, 특히 비종교계 학교에서는 종교를 사적인 영역으로 생각하여 종교교육을 학교 밖의 종교단체의 활동으로 제한하거나 종교계 학교의 과제로만 인식하는 한계를 벗어나야 하며, 비종교계 학교 안에서도 종교교육을 실천할 수 있는 다양한 시도를 모색할 필요가 있다. 이러한 변화는 종교교육을 통한 종교성 함양을 넘어서 교육의 본질을 회복하고 보다 삶의 질을 고양시키는 교육으로 나아가게 할 것이다.

토론문제

1. 공교육, 특히 비종교계 국·공립학교와 사립학교에서도 종교교육이 필요하다고 생각하는지 그 이유를 들어 이야기해 보자.
2. 비종교계 학교에서의 종교교육과 종교계 학교에서의 종교교육이 어떻게 달라야 한다고 생각하는지 이야기해 보자.
3. 현재 우리나라의 국·공립학교에서는 종교교육이 이루어지고 있지 않다. 이 문제를 어떻게 극복할 수 있을지 토의해 보자.

참고문헌

고진호(2006). 종교교육의 실천적 대안을 위한 방향 탐색. **종교교육학연구**, 23.

교육부(1998). **고등학교교육과정(I)**. 서울: 대한교과서.

교육부(2001). **고등학교교육과정 해설: 교양**. 서울: 대한교과서.

교육인적자원부(2004). 제7차 교육과정 백서. 서울: 교육인적자원부.

김귀성(2005). 공교육에서 종교교육의 개념모형 탐색. 종교교육학연구, 21.

김용표(1998). 미국의 공립학교와 종교교육. 종교교육학연구, 3.

나병현(2004). 공교육의 의미. 황원철, 김성열, 고창규 편저. 공교육: 이념, 제도, 개혁. 서울: 원미사.

박상진(2006). 기독교학교교육론. 서울: 예영.

박상진(2007). 비기독교학교에서 종교교육을 통한 학원선교. 장신논단, 29.

박상진(2010). 비기독교학교에서 종교교육을 통한 학원선교. 한국 기독교학교교육운동. 서울: 예영.

박선영(1997). 초,중등학교와 종교교육. 종교교육학연구, 3.

송순재(2006). 자유종교교육 모형 탐색: 기독교종립대안학교를 중심으로. 종교교육학연구, 23.

정진홍(2001). 제7차 교육과정과 종교교육. 종교교육학연구, 13.

Edlin, R. J. (2004). 기독교교육의 기초. (기독교학문연구회 교육학분과 역). 서울: 그리심. (원저는 1994년에 출판).

Hill, B. V. (1982). *Faith At the Blackboard*. Grand Rapids, MI: Eerdmans.

Nord, W. A. (1995). *Religion and American Education: Rethinking a National Dilemma*. Chapel Hill, NC: University of North Carolina Press.

Polanyi, M. (1962). *Personal Knowledge: Towards a Post-Critical Philosophy*. Chicago, IL: University of Chicago Press.

Webb, S. H. (2000). *Taking Religion to School: Christian Theology and Secular Education*. Grand Rapids, MI: Brazos Press.

Religious Education

제 2 부

외국의 종교교육

Religious Education

제 4 장

영국 학교 종교교육의 변천

1. 들어가는 말

'학교에서 종교교육을 해야 하는가?' 에 대한 문제는 중요한 교육적 이슈다. 지금까지 많은 국가에서 '교육의 가치 중립성' 이라는 이름하에 학교교육에서 종교 교과를 가르치는 일을 억제해 왔다. 그러나 학교에서 종교교육을 배제한 결과 인간의 전체적인 측면을 균형 있게 기르는 데 한계를 가져왔을 뿐만 아니라 그에 따른 여러 가지 교육의 병리 현상을 노출시켰다. 최근에 우리나라의 심각한 문제로 대두되고 있는 학교 폭력 현상도 따지고 보면 인간성 상실에서 비롯된 당연한 결과라고 볼 수 있다.

인간성을 회복하기 위해서는 학교교육을 회복하는 것이 시급한 과제이며, 이러한 과제에는 종교교육을 회복하는 것도 포함된다. 그러나 학교에서 종교교육을 한다고 할 때, 그것을 어떻게 해야 하는가의 문제는 복잡한 논의를 필요로 한다. '학교에서 종교교육을 어떻게 해야 하는가?'의 질문에 접근하는 가장 현실적인 방법은 종교교육을 실시하고 있는 국가의 종교교육 사례를 살펴보는 것이다. 각 나라마다 종교교육의 양태는 다르다. 미국과 프랑스는 공립학교에서 원칙상 종교교육을 금지하고 있지만, 호주는 기본적으로 사회교과에서 종교를 다루고 있으며 종교학교에서는 교리를 포함하는 종교 수업을 할 수 있다. 또한 독일에서는 종파교육을 할 수 있다(McCreery, Palmer, & Voiels, 2008, p. 1).

이 장에서는 종교교육을 국가적으로 실시하는 영국의 종교교육에 대해 살펴본다. 영국은 헨리 8세 때 로마의 교황 체제(papal system)에서 독립한 이래, 정교 일치 국가로서 기독교(성공회)라는 국교를 가지고 있다. 비록 아일랜드(1871), 웨일즈(1914) 및 스코틀랜드(1921)가 차례로 국교를 폐지하였으나 잉글랜드는 여전히 법률적으로 국교를 유지하고 있다. 영국의 국왕은 국교회(Church of England)의 수장이며, 국교회의 대주교(켄터베리 대주교와 요크 대주교)는 수상의 추천에 의해 국왕이 임명하고 있다. 그러나 산업화와 도시화의 과정을 거치면서 시작하여 오늘날에 이르기까지 영국은 더 이상 기독교 국가라고 부르기 어려울 만큼 세속화되어 왔으며, 종교도 다원화되어 있는 상황이다. 이렇게 세속화되고 다원화된 사회 상황 속에서 영국의 종교교육이 어떻게 이루어지고 있는지를 탐색하는 것은 우리나라의 맥락에서 종교교육을 어떻게 해야 하는지에 대해 중요한 시사점을 제공할 것으로 보인다. 그러므로 영국의 종교교육을 이해하기 위해 먼저 영국의 종교교육의 역사를 1944년 이전, 1944~1988년, 1988년 이후로 고찰하고, 현행 영국의 종교교육을 설명하며,[9] 마지막으

9) 영국 종교교육의 역사와 영국의 현행 종교교육에 대한 부분은 유재봉의 연구(2013b, pp.

로 영국의 종교교육이 우리나라의 종교교육에 주는 의미를 제시한다.

2. 영국 종교교육의 역사

영국은 오랫동안 교회와 학교 사이에 긴밀한 관련을 가지고 있어서 종교교육이 자연스럽게 이루어져 왔다. 의무교육이 도입되기 시작한 1870년 이전에는 영국의 대부분 학교가 종교단체에 의해 설립되었기 때문에 국가 수준이 아닌 학교 수준에서 각 종교단체의 성격에 부합하게 종교교육이 자연스럽게 실시되었다. 영국에서 종교교육이 의무 교과가 된 것은 「1944년 교육법(The 1944 Education Act)」의 제정 때부터이며, 현행 영국 교육의 골격을 이루고 있는 「1988년 교육개혁법(The 1988 Education Reform Act)」에서도 여전히 의무 교과로 규정하고 있다. 이 당시의 영국 종교교육은 일반 교과교육과는 구분되는 특별한 위치에 있었다. 종교는 「1944년 교육법」에서 영국 학교교육과정에서 유일한 의무교과였다. 「1988년 교육개혁법」 이후에는 종교가 의무 교과이기는 하지만 다른 교과와는 달리 국가 수준의 학습 프로그램(programmes of study)과 성취 목표(attainment targets)가 없는 유일한 교과로 존재하고 있다. 종교는 학교가 법적으로 강제한 교과이지만, 또한 학부모가 요청할 경우 예외가 허용되는 유일한 교과이기도 하다. 그러므로 영국은 오랫동안 공립학교에서 종교교육을 시행해 왔지만, 그 양상은 시대마다 다소 달랐다. 여기서는

202-214)의 내용을 수정 · 보완하였다. 다만 이 절에서는 「교육법」을 기준으로 1944년 이전, 1944~1988년, 1988년 이후로 구분하였다면, 유재봉의 연구(2013b)에서는 종교교육의 성격을 중심으로 종교수업기(1944~1974년), 종교학의 교수기(1975~1987년), 종교교육기(1988년~현재)로 구분하고 있다.

영국 종교교육의 역사를 세 시기, 즉 1994년 이전, 1944년부터 1988년 그리고 1988년 이후로 나누어 살펴볼 필요가 있다.

1) 1944년 이전의 종교교육

1870년 이전에 영국에는 교회나 자선 단체가 설립한 학교들이 산재하였으나, '포스터법(Foster Act)'이라고 불리는 「1870년 초등교육법」을 통해서 균형 있는 공교육 제도가 확립되기 시작했다. 이 법에 따라 정부 보조금과 지방세로만 운영된 최초의 공립초등학교인 보드스쿨(Board School)이 생겼고, 영국의 초등학교에 의무교육이 도입이 되었다. 이 당시의 초등학교는 공립학교에서 성경을 가르칠 수 있도록 규정하였으나, 쿠퍼-템플(Cowper-Temple) 조항에 따라 특정 종파의 교리문답이나 의식을 가르치는 것은 허용하지 않았다. 그리고 양심에 따라 종교 수업을 원하지 않는 학부모는 학교에서 자녀에게 종교 수업을 받지 않는 것이 허용되었다(정희라, 2009, pp. 86-87).

「1902년 교육법」에 의해 중등교육 체제가 정비되었으며, 지역교육청(local education authority: LEA)이 설립되었다. 지역교육청은 초·중등학교의 설립 여부를 관장하였다. 그리고 「1902년 교육법」에 의해 종교계 학교가 국가교육 체제 안으로 들어오게 하였으며, 지방자치단체가 종교계 학교에도 지방세를 보조함으로써 공영적 성격을 띠게 되었다. 종교계 학교가 공영적 성격을 띠게 되었다는 것이 학교에서 종교적 색채가 사라졌다는 것을 의미하는 것은 아니다. 오히려 영국의 학교교육은 국교회의 영향력 아래 있었다고 볼 수 있다. 국교회는 지역교육청의 학교 재정 지원 및 운영에 막강한 영향력을 행사하였으며, 영국 정부도 국교회를 통해 종교교육이 활성화되도록 압력을 가했다.

2) 1944~1988년의 종교교육

영국의 공립학교 체제가 확립된 것은 이른바 '버틀러법(Butler Act)'라고 불리는 「1944년 교육법」에 의해서다. 이 법에 의해 5세부터 15세까지 초·중등학교에 무상 의무교육이 실시되었다. 학생들은 11세에 치르는 시험에 의해 진로가 결정되었는데, 대학에 진학하여 계속 공부하고자 하는 학생은 그래머 스쿨(grammar school)로, 그렇지 않은 학생은 기술학교(technical school) 혹은 신제학교(secondary modern school)로 진학하여 기술을 배우거나 시민으로서 필요한 교양을 배웠다.

「1944년 교육법」에 따라 영국의 공립학교(maintained school)는 지역교육청 소속 학교(county school, 현재는 community school)와 사립 공영 학교(voluntary aided school와 voluntary controlled school) 그리고 특별협약학교(special agreement school)로 나뉜다. 종교계 학교는 대부분 사립 공영학교, 특히 사립 공영 보조 학교(voluntary aided school)에 속한다. 이들 학교는 본래 대부뷴 기독교학교였으나, 1997년 노동당 정부 이후 회교 학교나 시크교 학교, 힌두교 학교가 증가하기 시작했다.

「1944년 교육법」에 의해 종교계 학교를 포함한 모든 공립학교에서 예배와 종교교육이 법적으로 보장받게 되었다. 그리하여 모든 공립학교는 채플로 시작하고, '종교 수업(religious instruction)'을 실시했다. 영국의 종교교육은 원칙상 지역교육청의 공통교육계획서(agreed syllabus)의 지침에 따라 실시한다. 다만, 종교계 학교인 사립 공영 보조 학교는 지역공통교육계획서(local agreed syllabus)를 반드시 따를 필요는 없으며, 예배와 종교교육을 원치 않는 학부모의 자녀는 제외하는 것이 가능했다.

「1944년 교육법」에 따르면, 모든 공립학교는 매일 예배로 시작하고, 종교 수업(religious instruction)을 실시한다. 종교교육의 내용은 공통교육계획서에 따라 주로 이스라엘의 역사, 예수의 생애, 초대교회의 성장 등 기독교 역사였으며, 이러한 내용의 교육을 통해 일상의 삶에서 기독교의 가치를 구현하고 기독교 나라를 확장하는 것이 종교교육의 목적이었다(정희라, 2009, p. 90). 이 시기의 종교교육은 종교적 진리를 전달하는 '신앙 고백적 접근(confessional approach)'을 통해서 사회의 도덕적 안정성을 확보해 가도록 하는 데 초점이 주어졌다(Barnes, 2012, p. 13).

그러나 1960년대 이민자의 증가로 회교, 힌두교, 시크교 등 다문화·다종교 사회가 되어 감에 따라 비기독교 학생에게 어떤 종교교육을 하고, 기독교 배경을 가진 학생에게 다른 종교를 어떻게 이해하게 하느냐가 중요한 문제가 되었다. 1970년대 중반에는 이러한 문제의식이 지역공통교육계획서에도 반영되었다. 그 내용은 각 지역마다 조금씩 다르기도 했지만 기독교와 같은 특정 종교의 가치나 교리를 가르치는 것보다는 세계종교에 대한 이해를 길러 주는 것을 강조하는 방향으로 바뀌었다. 이러한 변화된 종교교육은 종파교육을 주장하는 사람의 입장에서는 다소 비신앙적인 것이라고 비판할 수 있으나 인본주의자 입장에서는 여전히 종교적 교화의 형태를 띤 것으로 볼 수 있다. 공립학교에서의 종교교육은 한편으로는 세속화와 물질주의에 대항하여 기독교 정체성을 회복하려는 운동으로 볼 수 있으나 다른 한편으로 세속 사회에서 예배 참석과 종교교육을 강제하는 것은 시대와 민주주의 사회 현실에 맞지 않는 것으로 볼 수 있다. 특히 1980년대에 접어들어 시장주의가 교육에 도입되면서 이러한 비판은 강화되었다. 「1980년 교육법」에서는 학교 선택권, 학교운영위원회 참여 등 학부모의 권리가 신장되면서 획일적 종교교육에 의문이 제기되었다.

종교교육에 대한 비판은 세속적 관점에서뿐만 아니라 종교계에서도 증가되었다. 1960년대에 접어들면서 회교, 힌두교, 시크교 등 다른 종교를 가진 이민자가 증가하여 영국은 다문화·다종교 사회에 진입하게 되었다. 학교는 비기독교 학생들에게 어떤 종교교육을 해야 하고, 기독교 학생들에게 타 종교를 어떻게 이해시켜야 하는지의 문제가 대두되었다. 이에 따라 특정 종교 교리나 종교사를 가르치는 것보다 종교 현상에 대한 객관적 기술과 설명을 제공하는 종교학에 대한 '현상학적 접근(phenomenological approach)'이 요구되었다. 이러한 접근에 따르면, 상이한 종교는 각각 독특한 진리를 가지기 때문에 타 종교에 대한 존경과 관용이 요구된다. 이러한 요구를 반영하여 영국의 종교교육은 점차 교육 내용 면에서 기독교 교리나 역사보다는 종교 현상과 다양한 세계 종교 이해 및 비교리적인 것을 강조하였으며, 가르치는 방법도 종교 교리를 주입하는 방식보다는 학생 스스로가 종교의 의미와 가치를 판단할 수 있도록 하는 방식에 주안점을 두게 되었다.

1985년 '스완 보고서(Swann report: Education for all)'는 이러한 종교교육의 방향을 잘 제시했다. 이 보고서에 따르면, 소수 민족의 문화적 정체성을 인정해야 하지만 독자적인 종교나 문화에 기초한 학교를 설립하는 것은 사회통합을 저해할 수 있고, 오히려 주류 사회로부터 분리시키는 결과를 초래하기 때문에 바람직하다고 볼 수 없다. 그러므로 이 시기의 종교교육은 종파적이고 교리적인 교육보다는 비종파적이고 비교리적인 교육을 선호하게 되었으며, 기존의 성경 중심보다는 발달단계에 맞는 아동 중심의 종교교육이 강조되었다.

「1944년 교육법」으로 교육에 대한 국교회의 영향력은 약화되었으나, 초·중등학교에서 종교교육을 의무화함으로써 영국 사회 전반에 기독교 가치와 정체성 교육이 강화되었다고 볼 수 있다.

3) 1988년 이후의 종교교육

영국의 종교교육에 관해서는 「1988년 교육개혁법」에, 최근의 종교교육에 관해서는 교육과정평가원(Qualifications and Curriculum Authority: QCA)의 『종교교육에 관한 국가교육과정체계(*Religious education: non-statutory national framework*)』(2004)에 잘 드러나 있다. 그러므로 현행 영국 종교교육은 「1988년 교육개혁법」과 『종교교육에 관한 국가교육과정체계』에 토대를 두고 있다고 볼 수 있다.

먼저, 「1988년 교육개혁법」에 나타난 종교교육에 대해 살펴보자. 보수당 정부는 「1988년 교육개혁법」을 통해 「1944년 교육법」에 비해 종교교육을 강화하고 종교교육 내용을 보다 구체화하였다. 「1988년 교육개혁법」에 나타나 있는 종교교육을 구체적으로 살펴보기 전에, 종교교육에 관한 두 교육법 사이의 차이점을 밝히는 것이 도움이 될 것이다. 이는 크게 다음과 같은 세 가지다.

첫째, 학교에서 행하는 종교교육에 관련된 용어의 변화다. 「1944년 교육법」에서는 '종교수업(religious instruction: RI)'이라는 용어를 사용하였으나 「1988년 교육개혁법」에서는 '종교교육(religious education: RE)'이라는 용어로 변경되었다는 점이다. 「1988년 교육개혁법」에서는 모든 공립학교(county school)에서 종교교육을 실시해야 하지만 아동을 회심시키거나 특정 종교나 종교적 신념을 강제하는 종교 수업을 하지 못하도록 하고 있다.

둘째, 「1944년 교육법」에는 종교수업에 기독교를 명시하지 않았으나 「1988년 교육개혁법」에는 기독교를 명시하고 있다는 점이다. 종교교육에 기독교를 명문화한 이유는 다문화 사회가 되면서 희미해진 국가 정체성을 회복하기 위해서다. 1970년대의 성경 중심 종교수업이 다문화 · 다종교 사회가 되면서 영국 사회는 점차 기독교 문화, 종교 유산, 국가 정체성이 상실되어 갔다. 이러한 상황에서 영국의 정신적 전통과 문화를 회복하기 위한 일환으로 학교 교육과정에 기독교를 명시한 것으로 볼 수 있다.

셋째, 「1944년 교육법」과는 달리 「1988년 교육개혁법」에는 영국의 전통 종교인 기독교를 명시하고 있을 뿐만 아니라 영국의 주요 다른 종교를 교육해야 한다는 점도 명시하고 있다. 영국의 학교는 각 지역(교육)청마다 가지고 있는 공통교육계획서에 따라 전통 종교인 기독교뿐만 아니라 현행 영국의 다른 중요 종교에 대해서도 배워야 한다는 점을 법적으로 명문화하고 있다(8.3항). 이것은 영국이 다문화 · 다종교 사회라는 점을 인정하고, 상이한 종교와 종교적 신념을 이해하며, 나아가 그러한 사회 구성원들을 상호 존중하는 사회를 유지하기 위한 것이다(McCreery, Palmer, & Voiels, 2008, p. 3).

이제 「1988년 교육개혁법」에 나타난 종교교육에 관한 내용에 대해 살펴보자. 「교육개혁법」 1장에 따르면, 학교는 종교교육 및 예배, 국가교육과정에 대해 그 역할을 다해야 한다. 즉, 모든 공립학교는 종교교육을 의무적으로 실시해야 하며, 모든 학생은 종교교육을 받을 권리를 가진다. 예배도 전적으로 혹은 대체로 기독교적 성격(wholly or mainly of a broadly Christian character)을 띠어야 한다(I, 9, 3c). 부모가 종교교육을 거부하는 경우에는 종교교육을 받지 않을 수 있지만, 그에 상응하는 다른 가치 있는 활동을 해야 한다. 종교교육은 영국의 종교적 전통인 '기독교'를 반영해야 하고, 영국의 주요 다른 종교도 가르칠 수 있다. 영국의 주요 종교는 대체로 여섯 가지, 즉 기독교, 유대교, 회교, 힌두교, 시크교, 불교다.[10)]

10) 2001년 통계에 따르면, 영국 전체의 종교 분포는 불교 0.3%, 기독교 71.6%, 힌두교 1.0%, 유대교 0.5%, 회교 2.7%, 시크교 0.6%, 기타 종교 0.3% 등이다(Barnes, 2012, p. 67).

그러므로 영국의 종교교육은 기독교와 더불어 나머지 주요 종교도 포괄하여 가르쳐야 한다.

영국의 종교 교과는 1988년 이후 의무 교과이기는 하지만 다른 10 기본교과와는 별도로 다루어진다. 영국의 기본 교과는 국가 수준의 학습 프로그램(programmes of study)과 성취 목표(attainment targets)에 대해 기술하고 있다. 그러나 종교는 그러한 것들에 대한 상세한 기술이 없는 유일한 교과였다. 종교 교과는 또한 학교에서 반드시 가르쳐야 하는 교과이지만 학부모가 요청할 경우 예외가 허용되는 유일한 교과이기도 하다. 영국 학교에서 종교교육은 두 가지 수준에서 방향이 제시되고 있다. 하나는 국가 수준에서 종교교육의 방향을 제시하고, 다른 하나는 각 지역 수준에서 구체적인 교육 내용을 제시한다.

먼저, 국가 수준에서의 종교교육은 「1988년 교육개혁법」 제1장에서 전체 교육과정이 지향해야 할 목표를 제시하고 있다. 그것은 모든 교육과정이 학교와 사회에서 '학생의 영적 · 도덕적 · 문화적 · 지적 · 신체적(spiritual · moral · cultural · mental · physical: SMCMP)' 발달을 촉진시켜야 한다는 점이다. 지식교육과 체육은 교육의 핵심인 지적 성장과 건강한 신체의 발달을, 도덕 교육은 자신과 타인의 관계에 대한 이해와 그에 대한 책임성을, 문화 교육은 자신에 대한 소속감 및 자신이 다른 사람과 어떻게 같고 다른가를 다룬다면, 영성 교육은 인간조건의 근본을 탐색할 수 있도록 돕는 것이다. 학교에서 가르치는 모든 교과가 이러한 측면의 발달을 촉진해야 하지만, 특히 종교교육은 각 종교가 가지고 있는 종교적 전통의 영성, 영적인 거장의 삶, 영적인 문제에 대한 우리의 반응, 영적인 측면을 표현하는 방식 등에 대해 탐색하고 논의할 수 있다(McCreery, Palmer, & Voiels, 2008, pp. 70-71).

다음으로 각 지역 수준에서 영국의 종교교육과정을 비롯한 전반적인 지침은 각 지역(교육)청에 설치된 종교교육상임위원회(Standing Advisory Council for Religious Education: SACRE)에서 결정한다. 종교교육상임위원회는 국교, 국교 외의 지역 종교, 지역교사협의회, 지방의회의 대표들로 구성된 네 개의 하위 위원회로 구성된다. 종교교육상임위원회가 하는 일은 지역의 종교교육을 감독 · 지원하는 일, 종교교육의 목적과 구체적 목표를 결정하는 일, 종교교육의 내용을 보여 주는 공통교육계획서를 검토하는 일, 종교교육을 원하지 않는 경우 그 정당성을 검토하는 일 등이다. 영국의 종교교육은 기본적으로 각 지역이 가지고 있는 공통교육계획서에 따라 실시되고 있다. 공통교육계획서는 특정 종파의 독특한 교리를 포함하지 않아야 하며, 지역마다 종교교육의 내용과 구조가 다양하고 융통성이 있어야 한다. 분량 면에서도 15쪽부터 192쪽에 이르기까지 다양하다.

현행 영국 종교교육의 근간을 형성하고 있는 『종교교육에 관한 국가교육과정체계』(2004)를 살펴보면, 여기에는 국가교육과정의 기본 교과처럼 종교교육에서 도달해야 할 목표를 여덟 개의 수준으로 기술하고 있다. 국가교육기준청(Ofsted)의 장학관들은 종교교육이 제대로 되고 있는지 평가할 때, 한편으로는 지역교육청 공통교육계획서에 따라 가르치는지와 다른 한편으로는 국가교육과정체계에 기술되어 있는 수준을 측정한다.

『종교교육에 관한 국가교육과정체계』(2004)에 나타나 있는 영국 종교교육의 목적은 대체로 다음 다섯 가지다.

첫째, 기독교 및 영국을 대표하는 주요 종교에 대한 지식과 이해의 습득 · 발달이다.

둘째, 개인, 공동체, 사회, 문화에 대한 신념, 가치, 전통의 이해를 발달시키는 일이다.

셋째, 영국의 주요 종교와 관련된 종교적 · 도덕적 문제에 대한 합리적 판단 능력을 계발시키는 일이다.

넷째, 학생의 영적 · 도덕적 · 사회적 · 문화적 측면을 향상시키는 일이다.

다섯째, 타인에 대한 긍정적 태도, 자신과 상이한 신념을 가진 사람에 대한 존중, 다종교 사회에서 조화롭게 살아가는 태도를 지니게 하는 일이다(McCreery, Palmer, & Voiels, 2008, pp. 5-6).

종교교육을 위한 지역공통교육계획서에서는 두 가지 성취 목표(AT: attainment targets), 즉 '종교에 대한 학습(learning about religion)'과 '종교로부터의 학습(learning from religion)'을 설정하고 있다. 그 구체적인 내용은 〈표 4-1〉과 같다(McCreery, Palmer, & Voiels, 2008, pp. 6-7).

〈표 4-1〉에서 보듯이, '종교교육에 대한 학습(AT1)'은 종교의 본질, 종교적 의사소통, 궁극적 질문과 윤리적 문제, 가치와 헌신 등에 대한 지식과 이해에, '종교로부터의 학습'(AT2)은 종교에 대한 학습 내용과 관련한 자신의 경험과 감정 등 개인적 반응에 초점을 두고 있다.

〈표 4-1〉 종교교육 성취목표

구분	내용
성취목표1(AT1): 종교에 대한 학습	• 종교의 본질, 신념, 삶의 교훈과 방식, 원천, 표현의 형식과 실제 탐구 • 해석, 분석, 설명 기술, 전문적 어휘, 지식을 사용한 의사소통 • 궁극적 질문과 윤리적 문제에 대한 이해의 발달 • 가치와 헌신
성취목표2(AT2): 종교로부터의 학습	• 종교에 대한 학습의 관점에서 자신과 타인의 지각 및 경험을 성찰 · 반응 • 종교에 대한 학습 내용의 응용, 해석, 평가 기술 발달

3. 영국 종교교육의 현황

영국의 종교교육은 국가 수준과 지역 수준 사이에 적절한 균형과 조화를 이루고 있다. 현행 종교교육에 관한 국가 수준의 방향과 지침은 「1988년 교육개혁법」과 『종교교육에 관한 국가교육과정체계』(2004)에 토대를 두고 있다. 「1988년 교육개혁법」에서는 학교가 실시해야 할 종교교육, 예배, 국가교육과정에 관한 전체 틀을 제시하고 있다. 즉, 모든 공립학교는 종교 교과를 의무적으로 가르쳐야 한다는 점, 예배도 전반적으로 기독교적 성격을 띠어야 한다는 점, 전체 교육과정은 학생의 영적 · 도덕적 · 문화적 · 지적 · 신체적 발달을 신장해야 한다는 점 등이다. 교육과정을 통해 추구해야 할 이러한 내용은 뒤에 개인적 · 사회적 · 보건 교육(PSHE: personal, social and health education)으로 수정되었으며, 종교교육은 그러한 것뿐만 아니라 시민교육, 사회정의 교육 및 가치교육과도 밀접하게 관련되어 있다. 그리고 『종교교육에 관한 국가교육과정체계』(2004)에는 종교교육의 수준을 평가할 수 있도록 여덟 가지 수준(level 1~level 8)으로 구체적으로 기술하고 있다.

종교교육의 목적과 법적 · 제도적 뒷받침을 국가 수준에서 제공한다면, 종교교육 시간에 가르쳐야 할 교과에 관한 세부적인 사항은 지방정부 수준에서 하고 있다. 종교교육의 구체적 방향과 내용은 각 지역의 종교교육상임위원회의 지역공통교육계획서에 의해 결정된다. 지역공통교육계획서는 각 지역마다 다양하다. 예를 들면, 맨체스터 지역공통교육계획서는 그 지역의 다문화적 공동체의 성격을 반영하고 있다. 1~2학년은 '기독교 가정에서 성장하기', 3~4학년은 '특별한 사람들', 4~5학년은 '특별한 책과 삶의 여정'으로 구성되어 있다.

지역공통교육계획서의 조직 방식은 크게 두 가지로 나뉜다. 하나는 체계적 접근 방식이고, 다른 하나는 주제적 접근 방식이다. 체계적 접근은 세계 종교들을 독특한 특징을 가진 별개의 분리된 단원으로 다루는 방식이다. 이 접근 방식은 각 종교의 지식의 건전한 토대를 가지게 할 수 있으나 각 종교 사이의 관련성을 볼 수 없는 문제점을 가진다. 이에 비해, 주제적 접근은 예배, 의식, 경전이나 성소 등과 같은 종교의 핵심적 특징을 중심으로 다루며, 다양한 종교 사이의 본질적 특성이나 목적을 비교하는 방식이다. 이 접근은 종교 상호 간의 관련성을 볼 수 있으나, 각 종교를 제대로 이해하는 데에는 한계가 있다(McCreery, Palmer, & Voiels, 2008, p. 8). 이렇듯, 영국의 종교교육에서 무엇을 가르쳐야 하는지에 관한 구체적인 교육과정은 기본적으로 지역 수준에서 결정된다고 볼 수 있다.

종교적 성격을 지닌 사립 공영 보조학교나 아카데미는 지역공통교육계획서에 따를 필요는 없으나 『종교교육에 관한 국가교육과정체계』(2004)의 지침을 따를 것을 권고한다. 2005년 학교 조사에 따르면, 영국은 1,710,400명의 학생이 기독교 공립학교에, 1,770명의 학생이 회교 공립학교에, 14,670명의 학생이 유대교 공립학교에, 그리고 640명의 학생이 시크교 공립학교에 다니는 것으로 나타났다(Barnes, 2012, p. 31). 종교적 성격을 가진 학교에 후원하는 종교기관은 그러한 학교의 종교교육에 대해 감독할 책임을 가지고 있으며, 실제로 국교(church of England), 가톨릭, 유대교 등은 감사를 할 수 있는 공식교육기구를 가지고 있다. 예를 들면, 국교의 경우 국가교육과정체계를 수용하면서 동시에 부가적 목적을 제시하고 있다. 그것은 ① 살아 있는 신앙 가지기, ② 종교적 신앙이 어떻게 영적인 삶을 유지하고 계발하는지에 대해 이해하기, ③ 중요하고 독특하며 가치 있는 존재감을 발달시키기, ④ 능동적 시민이 되고 이웃을 이해하며 섬기기 등이다(Barnes, 2012, p. 31).

영국의 종교교육을 가르치는 방식은 종교 교리를 가르치고 믿도록 하는 신앙고백적 접근에서 벗어나 1970년대 이후에는 세 가지 접근 방식이 주를 이루고 있다. 그것은 현상학적 접근, 자유신학적 접근 그리고 비신학적 접근이다. 먼저 현상학적 접근은 편견과 왜곡에서 벗어나 종교 현상에 대한 객관적 기술 및 설명 제공에 목적을 둔다. 이 접근 방법은 상이한 종교는 각각 독특한 진리를 가지며, 영적으로 타당하다는 확신에 토대를 두고 있다. 이 방법은 다원적 · 다신앙 사회에서 다른 종교의 이해를 촉진시키는 데 적합할 수 있다. 그러나 이러한 접근은 종교적 헌신이 결여되었기 때문에 학생의 영적 · 도덕적 발달에 효과적인 방법이라고 보기 어렵다. 자유신학적 접근은 타인에 대한 존경의 토대로서 신에 대한 공통적 신앙과 헌신을 강조한다. 이러한 접근은 '모든 종교는 동일하다.'는 전제하에 상이한 종교 간의 대립되는 진리 주장, 종교적 불관용과 차별 문제 회피 경향이 있다. 이러한 접근은 종교 간의 유사성을 강조한 나머지 차이에 대한 정당한 존중을 결여하고 있다. 그러나 종교마다 다른 목적, 다른 처방, 다른 실천 전통 및 다른 성격을 가진다는 사실을 인정하는 것도 종교교육의 일부가 되어야 할 필요가 있다. 비신학적 접근은 학교 종교교육이 신학보다는 큰 교육에 토대를 두어야 한다는 입장이다. 교육적 접근을 강조하는 비신학적 접근은 종교적 신념과 배경에 관계없이 타인의 종교적 신념을 포함하여 타인을 존중하고 다른 신념을 가진 사람의 권리를 존중하는 것이다.

이러한 세 가지 접근 방식은 신앙고백적 접근에 대한 반발에서 비롯된 것이니만큼 종교적 신념과 교리의 신념 및 교리의 중요성을 최소화하고 주변적인 것으로 간주하는 경향이 있다. 그러나 종교적 신념과 교리가 종교의 핵심이라고 본다면 그러한 문제를 회피해서는 안 되며, 오히려 종교 사이의 교리적 다양성과 상이성에 학생을 노출할 필요가 있다. 그러나 어떻게 종교의 본질과 현상학적 접근 사이에 조화를 이룰 것인지는 중요한 종교교육의 과제다.

영국 종교교육의 평가는 「2005년 교육법」에 따라 국가교육기준청에서 한다. 종교교육의 지역공통교육계획서에 충실한지와 『종교교육에 관한 국가교육과정체계』의 수준 기술에 따라 일반적 기준의 관점에서 수준을 기술하고 있는지, 그리고 정확히 학생이 무엇이 부족한지를 기술한다. 종교교육은 두 가지 목표, 즉 '종교교육에 대한 학습'(성취 목표 1)과 '종교로부터의 학습'(성취 목표 2)에 비추어 평가한다. 전자는 종교의 본질, 종교적 의사소통하기, 궁극적 질문과 윤리적 문제, 가치와 헌신 등에 대한 지식과 이해를, 후자는 종교의 학습 내용에 대한 자신의 경험과 감정 등 개인적 반응을 측정한다. 예를 들면, '십자가가 왜 기독교인의 상징이 되었는지를 설명할 줄 안다.'(2학년)라는 수업목표의 경우를 생각해 보자. 이 경우 왜 십자가가 기독교인의 상징이 되었는가를 설명하는 것에 대한 구체적인 평가 기준이 있을 것이다. 이러한 활동을 수행하기 위해 학생은 십자가를 그리는 것, 그리고 십자가를 볼 때 생각나거나 연상되는 단어들을 쓰는 활동을 하게 된다. 교사는 학생의 활동에서 예수, 하나님, 하나님의 아들, 죽음, 부활, 십자가, 부활, 새생명, 천국 등을 기대하게 될 것이다(McCreery, Palmer, & Voiels, 2008, p. 121). 교사는 또한 학생들의 다양한 활동을 관찰하고, 학생들이 수행한 작품이나 일들을 채점하기도 하며, 자기 평가 혹은 동료 평가의 방식을 사용하여 그러한 목표들이 성취되었는지를 평가하게 된다.

종교 교과의 평가는 『종교교육에 관한 국가교육과정체계』에 따라 학생의 성취에 맞는 수준을 제시한다. 수준 1(level 1)의 성취 목표는 다음과 같다.

- 성취 목표 1: 몇 가지 종교적인 생활과 실제에 관한 특징적인 용어와 어구를 사용할 줄 알고, 종교적 이야기를 기억하거나 상징 혹은 종교적 표현 형식을 인식할 수 있다.
- 성취 목표 2: 아동들이 종교에 대해 흥미로웠거나 신기한 것, 자신과 다른 사람에게 가치 있거나 관심을 가지고 있는 것에 대한 자신의 경험과 느낌을 말할 수 있다.

수준 4(level 4)는 초등학교가 끝나는 11세에 도달해야 할 성취 목표로서 다음과 같다(QCA, 2004, p. 36).

- 성취 목표 1: 종교의 원천, 실제, 신념, 관념, 느낌, 표현의 이해를 기술하거나 보여 주는 세련된 종교 어휘를 사용할 줄 알고, 종교와 종교 간, 종교 내에서의 관련성, 유사성과 차이를 기술할 수 있으며, 인간 삶에서의 종교적 영향과 다양한 종교적 표현 양식의 의미를 제시할 수 있다.
- 성취 목표 2: 자신의 정체성, 소속감, 의미, 목적, 진리, 가치, 헌신 등에 대해 의문을 제기하고 또한 답을 제시할 수 있으며, 자신과 타인에 영향을 미치는 것과 자신과 다른 사람의 삶의 의미에 대해 자신의 생각을 적용할 수 있다.

4. 나가는 말

영국은 기독교 국가로서 1870년대부터 학교에서 종교교육이 이루어졌으며, 「1944년 교육법」과 「1988년 교육개혁법」을 거치면서 종교교과를 의무교과로 지정하였고 현재까지 모든 아동에게 종교교육을 받을 권리를 제공하고 있다. 그러나 영국 학교에서의 종교교육의 성격과 접근 방식은 시대와 상황에 따라 조금씩 변해 왔다. 기독교 교리와 신념을 믿도록 신앙고백적으로 접근하는 '종교 수업'에서 '(비교)종교학'의 현상학적 접근 방식으로, 다시 (비교)종교학적 방식에서 종교에 대한 반성적 접근을 강조하는 '종교교육' 방식으로 변화하였다.

우리나라는 국교가 없으며, 학교 체제나 학교 선택권이 제한되어 있다. 그럼에도 우리나라와 영국은 자유 민주주의 체제를 지향하며, 다종교 사회라는 점에서 다르지 않다. 이러한 점을 염두에 두고 영국의 종교교육이 한국의 교육에 주는 시사점을 두 가지 측면에서 제시하고자 한다.

첫째, 국공립학교와 사립(공영)학교의 종교교육의 성격을 달리할 필요가 있다. 종교단체가 설립하였으나 국고의 보조를 부분적으로 받고 있는 영국의 사립 공영 보조 학교(Voluntary Aided school)처럼, 우리나라 종교계 사립학교도 공영적 성격을 띠고 있다. 그러므로 영국의 사립 공영 학교가 그렇듯이 우리나라 종교계 사립학교에서의 종교교육도 종교적 '교육'보다 '종교적' 교육이 바람직한 것으로 보인다.[11] '종교적' 교육과 종교적 '교육'은 모두 종교를 교과로서 가르쳐야 한다는 점과 그 가르치는 방식이 교육의 개념에 충실해야 한다는 점에서 다르지 않다. 다만, 전자가 종교적 특성을 강조한다면, 후자는 교육적 특성을 강조한다. 종교계 사립학교가 '종교적' 교육의 성격을 띠어야 한다는 것은 종교의 교리와 가치를 내면화하고 그러한 가치에 헌신하는 데 일차적 목적을 두어야

11) '종교적' 교육과 종교적 '교육'은 학자에 따라 각각 '내부적 관점의 종교교육'과 '외부적 관점의 종교교육', '종교적 종교교육'과 '세속적 종교교육'으로 부를 수도 있으나 정확히 일치하는 것은 아니다(Alexander & Mc Laughlin, 2003).

한다는 뜻이지, 종교기관에서 하듯이 종교 교리나 신조를 맹목적으로 주입하고 암송시키거나 무비판적으로 신앙을 고백하도록 해야 한다는 것은 아니다(유재봉, 2013b, pp. 212-213).

둘째, 종교계 사립학교 못지않게 공립학교에서의 종교교육의 도입에도 관심을 기울일 필요가 있다. 공립학교에서의 종교교육(종교적 '교육')이 가능한 방식은 두 가지를 상정해 볼 수 있다. 첫 번째 가능성은 종교(문제)에 대해 종교적으로 접근하기보다는 '교육적 접근'을 하는 것이다. 이에 해당하는 대표적인 예는 종교 교과를 신앙보다는 지식이나 정보로 가르치는 경우다. 영국 종교교육의 성취 목표 1에서 보듯이, 종교에 '관한' 지식이나 비교종교학적 지식 혹은 정보를 학생에게 무미건조하게 전달하는 것이다. 이 경우, 종교적 지식과 정보를 가르치기는 하지만 무기력하거나 파편화된 종교적 지식을 축적하는 데 그칠 가능성이 있다. 그러므로 종교에 대한 교육적 접근은 정보 전달 수준에 머무는 것을 극복할 필요가 있다. 이러한 문제를 극복하기 위해서는 '지식의 형식'의 하나로서 종교 교과가 지니는 핵심 개념이나 독특한 논리, 진리 검증 방식의 특성 등을 잘 반영하여 가르쳐야 한다. 또는 종교적 지식에 붙박여 있는 종교적 가치와 의미를 탐색하거나 교육의 종교적 차원을 끊임없이 탐구하면서 자신을 성찰해야 한다(유재봉, 2013b, p. 213).

공립학교에서 종교교육을 시행할 수 있는 다른 가능성은 영성을 추구하는 것이다. 종교와 영성이 어떤 관련이 있는지, 영성이 무엇인지에 대해서는 복잡한 논의가 필요하다.[12] 여기서는 영성이 자신의 내면 성찰과 더불어 초월적 · 궁극적 · 이상적 가치를 추구함으로써 총체적 인간의 형성을 가능하게 하는 특성을 가진다는 점을 지적하는 것으로 충분하다.

12) 이에 관해서는 유재봉의 연구(2013, pp. 103-107)를 참고하기 바란다.

교육은 교과에 대한 지식의 축적을 넘어 총체적 인간의 형성, 즉 삶을 총체적으로 바라볼 수 있게 하고, 내재적 · 초월적 세계에 비추어 자신의 내면을 성찰할 수 있게 하며, 일상의 삶을 외경과 성스러움의 차원으로 끌어올릴 수 있다. 총체적 인간에서 영성은 인간의 부분이면서 동시에 조건으로 볼 수 있다. 이 말은 영성이 총체적 인간의 일부를 구성하고 있을 뿐만 아니라 영성으로 말미암아 비로소 인간의 모든 측면이 통합된 총체적 인간이 가능하다는 뜻이다. 영성이 가지고 있는 초월성은 단순히 인간의 한 측면에 대한 이해에 머무는 것을 넘어서 전체를 조망할 수 있게 하며, 영성이 지니고 있는 생명력은 실제로 그러한 인간의 여러 부분과 측면을 역동적으로 통합할 수 있게 한다(유재봉, 2013a, pp. 109-110). 학교교육에서의 영성 추구는 총체적 마음을 형성함으로써 인간을 자유롭게 하는 자유교육의 이상을 실현하는 동시에 원만한 마음을 구비하여 완전한 자유를 누리는 삶(골로새서 2: 2-3) 혹은 생명을 풍성히 누리는 삶(요한복음10: 10)에 도달할 수 있게 한다.

학교교육이 온전한 인간의 회복과 총체적 인간을 형성하는 것이라면, 그것을 가능하게 하는 종교교육은 불가피한 것으로 보인다. 종교교육과 학교교육은 양립 불가능한 것이 아니며, 영국을 비롯한 여러 국가에서 별 문제 없이 종교교육을 실시해 오고 있다. 그러나 종교교육이 필수 교과여야 하는지 선택 교과여야 하는지(White, 2004), 종교교육을 별도의 교과로 가르쳐야 하는지 다른 교과에 통합하여 가르쳐야 하는지, 그리고 종교교육의 내용이 종교 교리여야 하는지, 종교학이어야 하는지에 대해서는 좀 더 정교한 논의가 필요하다. 그리고 어느 편을 선택하든지 학교에서의 종교교육이 단지 슬로건이나 또 다른 형태의 지식교육이 되지 않도록 세심한 주의를 기울여야 한다.

토론문제

1. 영국 종교교육의 역사적 변천 과정에 나타난 종교교육의 성격과 방향의 정당성에 대해 토론해 보자.
2. 영국 종교교육의 성격과 교육목표를 우리나라의 그것과 비교해 보고, 장단점을 제시해 보자.
3. 영국 사립공영보조학교(voluntary aided school)의 종교교육에 비추어, 우리나라 종교계 사립학교가 나아가야 할 방향을 논의해 보자.

참고문헌

유재봉(2013a). 교육에서의 영성회복: 학교에서의 영성교육을 위한 시론. **교육철학연구**, 35(1), 97-117.

유재봉(2013b). 영국의 종교교육: 학교에서의 종교교육의 가능성 탐색. **교육과정연구**, 31(2), 119-219.

정희라(2009). 세속화 다문화 시대 영국의 종교교육과 기독교 정체성. **영국연구**, 22, 79-102.

Barnes, L. P. (Ed.) (2012). *Debates in Religious Education*. London and New York: Routledge.

McCreery, E., Palmer, S., & Voiels, V. (2008). *Teaching Religious Education: Primary and Early Years*. Exeter: Learning Matters.

Qualifications and Curriculum Authority (2004). *Religious Education: the Non-Statutory National Framework*. London: QCA, DfES.

White, J. (2004). Should religious education be a compulsory school subject? *British Journal of Religious Education, 26*, 152-164.

Religious Education

제 5 장

독일 학교 종교교육의 변천

1. 들어가는 말

전통적인 기독교국가 독일은 현재 공립학교에서 정규 교과목으로 종교 수업을 실시하고 있는 몇 안 되는 서구의 국가 중 하나다. 독일 고등학생은 대학입학을 위한 시험(Abitur)에서 '종교'를 시험 과목으로 선택해서 치를 수 있다. 비록 많은 젊은이들이 교회를 떠나고 있는 상황임에는 분명하지만 독일은 다음 세대를 향한 기독교교육의 맥을 유지해 나갈 수 있는 체제를 여전히 유지하고 있는 국가다. 그런 점에서 독일의 학교 종교교육체제를 살펴보는 것은 학교 종교교육에 난항을 겪고 있는 우리의 현실에 많은 시사점을 제공해 줄 것이다.

이 장에서는 독일 학교 종교교육을 개관하는데, 먼저 20세기 초반까지 독일 학교 종교교육의 역사를 법과 정책의 변화를 중심으로 살펴보고,

이어서 현대 독일 학교 종교교육의 법적 근거와 유형을 살펴보고자 한다.

2. 독일 종교교육의 역사

1) 종교개혁기(16세기): 학교 종교교육의 시작

문화사적 관점에서 볼 때, 중세 유럽은 미신이 팽배했고 다른 시기에 비해 상대적으로 학문이 경시되었던 시기다. 그 원인으로는 먼저 야만족의 침입을 들 수 있다. 동로마 제국과 달리 게르만족 및 야만족의 침입과 통치를 받았던 서로마 제국은 점차 그리스-로마 전통을 계승했던 학교제도 및 교육에 무관심하게 되었다. 그래서 3세기에 설립된 문답학교(catechumenal school)와 교회 지도자 및 교사 양성을 위해 설립된 고등문답학교(catechetical school)가 점차 사라지게 되었다(오인탁, 주선애, 정웅섭, 은준관, 김재은, 1992, p. 93). 또 학교교육에 대한 교회의 편견을 들 수 있다. 로마 가톨릭 교회의 관점에서 학교는 신앙보다는 세속 학문을 보급시키는 곳으로 여겨졌다. 예를 들면, 독실한 기독교 신앙인이었던 저스티니안(Justinian) 황제는 비기독교 철학을 즐겼던 그리스의 아카데미를 교회에 위협적인 존재로 여기고 폐쇄시켰다. 나중에 대성당학교나 수도원 학교가 설립되고 대학이 출현하면서 중세 교육의 중흥을 이루기는 했지만 교육과 학문에 무관심했던 서유럽의 전반적인 분위기를 뒤집기에는 역부족이었다(Helmreich, 1959, pp. 4-5; 오인탁 외, 1992, pp. 97-115, 125-132).

학교교육, 특히 학교 종교교육의 새로운 전기를 마련한 것은 종교개혁자들을 통해서다. 종교개혁 시기였던 16세기에는 학교교육의 실용적 가치가 부정되고 교육 경시의 풍조가 만연해 있었다. 거기에 종교개혁의 여파가 가세하면서 기존 가톨릭 학교(수도원학교, 대성당학교)의 붕괴를 가속화시켰다. 하지만 이런 교육 경시 풍조와 학교의 붕괴를 가장 안타깝게 생각했던 인물 중 하나가 종교개혁가 루터(Martin Luther)였다. 루터는 이러한 사회 풍조를 학생들의 영혼을 파괴하는 사탄적 행위로 간주했다(오인탁 외, 1992, p. 168). 이런 교육 경향을 바로잡기 위해 루터는 교육의 과업을 부모로부터 국가로 위임할 것을 주장했으며, 이는 학교교육체제를 발전시키는 중요한 기틀을 마련하게 된다. 『어린이들을 학교에 보내야 할 부모의 의무에 대한 설교(*Eine Predigt, dass man Kinder zur Schule halten solle*)』(1530)에서 루터는 국가가 학교교육의 주무 관청이 되어야 하는 이유를 다음과 같이 설명하고 있다. 첫째, 자녀를 바른 신앙과 지식으로 인도할 책임을 갖고 있는 부모가 전혀 역할을 하지 못하고 있기 때문이다. 당시 대부분의 부모는 빈곤과 무지 때문에 자녀를 성숙한 인간으로 길러 내려는 의지가 없었다. 따라서 루터는 젊은이의 교육을 부모가 아닌 국가가, 즉 제도화된 학교가 맡아야 할 것을 강조했다. 둘째, 국가(통치자)는 젊은 세대의 후견인일 뿐만 아니라 하나님이 위임한 세속적 정의의 질서를 관장해야 할 책임을 가지고 있기 때문이다. 루터는 국가의 질서와 번영이 재화나 성곽, 무장한 군대를 통해서 이루어지는 것이 아니라 존경받는 성숙한 시민을 통해 이루어진다고 보았으며, 이를 위해서 국가는 시민교육에 힘써야 한다고 강조했다(오인탁 외, 1992, pp. 171-172).

결국 루터는 만인제사장설에 입각하여 모든 사람의 성경 읽기 및 언어 공부를 강조했고, 이러한 그의 신학적 입장은 보편적 공교육 체제를 확립하였으며, 나아가 공교육과 종교교육의 밀접한 관련성을 뒷받침하는 데 기여했다. 중세의 경우 종교는 소수 전문가에 의한 연구 대상으로 머물렀으나 종교개혁을 거치면서 모든 사람들을 위한 교육의 주제와 내용이 되었다(Helmreich, 1959, p. 21).

2) 17~18세기: 경건주의와 합리주의 종교교육

(1) 경건주의 종교교육

종교개혁 이후 학교는 두 가지 사명을 동시에 수행하는 기관, 즉 교회적 관점에서 기독교인을 양성하고 국가적 차원에서 건강한 시민을 양성하는 기관이었다. 17세기를 지나면서 교회의 안팎에서는 기존의 정통주의 신앙에 대항한 새로운 움직임이 출현하게 되는데, 그것이 경건주의와 합리주의다. 이 두 운동은 모두 현실적이고 실용적인 관심을 가지고 있었다는 점에서 공통점을 지니지만 그것을 이끌어 나가는 방향에서는 큰 차이를 보였다.

경건주의는 교회 안으로부터 기존 정통주의 신앙에 활력을 불어넣고자 시작된 신앙운동으로서, 감정, 명상, 기도 등을 강화함으로써 교회를 각성시키고 신앙의 새로운 전기를 마련하고자 했다. 경건주의의 대표자인 스페너(P. J. Spener)와 프랑케(A. Francke)는 개인의 경건 및 하나님과의 내적 친밀도를 강조했고, 이에 도달하기 위한 엄격한 신앙훈련을 주장했다.

경건주의 신앙운동에 크게 영향을 받은 인물 중 한 사람이 프로이센의 국왕 빌헬름 1세(Wilhelm I, 1713~1740)였다. 빌헬름 1세는 모든 학교교육의 목적을 '하나님 나라의 건설'로 삼아 엄격한 신앙 훈련을 실시하도록 하였다. 그는 참그리스도인을 양성하지 못하다면 교육은 아무 쓸모가 없다고까지 말했다. 1713년에 제정된 프로이센의 「학교법」에 따르면, 학교는 학생들에게 여호와를 경외하고 사랑하는 법을 가르치며, 그들이 기도에 성실하게 임하도록 힘써야 했다. 그리고 하이델베르크 교리문답에 맞춰 기독교 신앙의 근본을 성실하게 가르쳐야 했다(Stoodt, 1985, p. 55).

이 당시 학교는 5세부터 초등학교에 입학해야 할 의무가 있었으며, 학교의 경우 신앙(개신교 및 가톨릭)에 따라 교사와 학생이 구별되었다. 즉, 개신교 지역의 학교는 교사와 학생 모두 개신교인이었고 가톨릭 지역의 학교는 교사와 학생 모두 가톨릭교인이었다. 이는 30년 전쟁(1618~1648)이 끝나고 아우구스부르크 조약(1655)을 통해 독일 내 제후들이 개신교와 로마 가톨릭 중 하나를 선택하게 함으로써 빚어진 결과였다. 지역의 경계선이 곧 신앙(종파)의 경계선 역할을 한 것이다. 이런 점에서 당시 독일 내 공립학교는 개신교 신앙 또는 로마 가톨릭 신앙의 기반 위에 세워진 신앙고백적 학교(confessional school)였고, 학교교육은—비록 그것이 성서나 기독교 교리를 직접 가르치는 것이 아니었다 할지라도—기독교 교육이었다. 아울러 종교교육뿐만 아니라 학교교육 전반에 대한 책임과 감독을 지역 목회자 및 교회가 함께 책임지고 있었다.[13)]

(2) 합리주의 종교교육(필앤스러피스트 운동)

한편, 합리주의는 교회 밖에서 시작된 운동으로, 감정, 신앙, 명상보다는 이성, 지식 및 통찰에 강조점을 두었다. 합리주의는 정통주의 교회의 권위를 상대화하고 국가의 권한을 현실화하는 쪽으로 학교교육의 방향을 설정했다. 합리주의적 차원에서 학교 종교교육을 이끌어 갔던 사람들은 '박애주의자'라고도 불리는 필앤스러피스트(Philanthropist)였다. '인간을 사랑하는 자'라는 의미를 가지고 있는 필앤스러피스트는 프랑스의

13) 1794년의 자료를 보면 교사로 부임한 교사는 다음과 같이 서약을 했다. "나 ○○은 전능하신 하나님 앞에서 엄숙히 선서하는 바입니다. 나는 △△학교의 교사가 된 이후로, 양심에 따라 신성한 의무로 여기며 학생들이 그리스도 신앙과 성령과 예배를 거스르는 어떠한 행위도 하지 않도록 최선을 다하겠습니다. 특별히 수업 시간이 아니더라도 성령과 기독교 신앙과 교회를 거스르는 어떠한 행위도 하지 않을 것을 서약합니다." (Helmreich, 1959, p. 35)

사상가 루소(J. J. Rousseau)의 영향을 받은 이들로서, 스스로를 '사람들의 친구'라고 불렀다. 대표적인 인물로는 필앤스러피스트의 창시자 바제도우(J. Basedow)와 잘츠만(C. G. Salzmann) 등이 있다. 이들은 경건주의와 같은 엄격한 교육과 훈련보다는 즐겁게 교육하려는 정신을 강조하였고, 춤과 스포츠 같은 신체교육을 중요시했다. 경건주의적 종교교육이 반복적인 암기를 강조했다면, 필앤스러피스트는 이해를 통한 암기를 중요시했다. 특별히 이들이 창안한 '소크라테스식 교육 방법'은, 그리스의 철학자 소크라테스가 그랬듯이, 질문과 대화를 통해 참 지식을 깨닫게 하는 방법이다. 교사는 숙련된 질문을 통해 학생들이 의미를 스스로 발견하도록 유도했다(Helmreich, 1959, pp. 30-33).

필앤스러피스트 운동에 영향을 받은 학교들은 신학과 종교(신앙)를 분리하고자 했다. 이들에게 종교(신앙)란 정통주의적 계시종교라기보다는 자연종교적 측면이 강했다. 이들은 기존의 학교 종교교육이 지나친 교리교육과 교회 신앙의 강요로 이루어지고 있다고 보았기 때문에 학교와 교회의 구별을 주장했다.

이러한 필앤스러피스트적 종교교육관을 수용하여 1794년 프로이센에서는 새로운 학교규정이 반포되었다. 이에 따르면, 학교나 대학은 국가의 교육기관이며 국가의 감독하에 지식과 학문을 교육한다고 규정하고 있다(Stoodt, 1985, p. 60). 경건주의와 합리주의 운동은 학교가 가지고 있던 교회와 국가 간의 밀접한 관련성을 서서히 갈라지게 하는 요인이 되었다.

3) 19세기: 독일 연방과 통일제국의 종교교육

(1) 독일 연방의 종교교육: 교파연합학교의 등장

19세기로 접어들면서 학교교육 전체에 변화가 일기 시작했다. 이전까지 정치적 · 지리적 경계는 종교 및 신앙의 경계를 말했다. 하지만 점차 독일 민족 안에도 국가에 대한 관심이 높아지게 되었는데, 특히 나폴레옹 제국의 지배하에 있던 독일 민족은 국가의 영향력이 얼마나 큰 것인지를 절감하게 되었다. 이러한 민족적 열망에 부응하여 독일은 1815년에 독일연방을 구성하게 되었다. 지금까지 봉건체제 속에서 300개의 크고 작은 주(州)를 이루고 있던 독일은 독일연방을 이루면서 39개 주로 통합되었다. 당연히 이 과정에서 서로 다른 신앙을 가지고 있던 주민들이 같은 주로 통합되는 일이 발생했다. 신앙적 영역이 지리적 영역과 동일했던 지금까지의 전통이 허물어지게 된 것이다. 과거 30년 전쟁을 거치며 서로를 적대시해 왔던 가톨릭 신자와 개신교 신자가 같은 지역의 이웃으로 살아간다는 것은 당시 상황으로서는 획기적인 일이 아닐 수 없었다.

따라서 지역의 영주는 주민들을 하나로 결속시켜야 하는 과제를 안게 되었고, 학교체제에도 변화가 불가피하게 되었다. 이러한 체제 변화의 고민 결과 1817년 연합학교(interdenominational school)라는 새로운 학교 형태가 출현하게 되었다(Helmreich, 1959, pp. 37-39). 형식적으로 볼 때 연합학교는 개신교도와 가톨릭교도 모두를 한 학교의 교사와 학생으로 받아들인 것에 불과한 것이었지만, 내용적으로는 후세를 위해 상당한 시사점을 안겨 준 학교정책이었다. 학교는 학생들로 하여금 종교 과목을 제외한 다른 모든 수업을 신앙에 상관없이 함께 수강하도록 했으며, 종교 과목만은 개신교와 가톨릭을 나누어 각각의 신앙 교리적 측면에서 종교교육을 실시하게 했다.[14] 당시 대부분의 공립학교가 하루 일과를 기도로 시작해서 기도로 끝맺었으며, 예배의식도 정기적으로 갖고 있었다. 따라서

14) 초기에는 법으로 중 · 고등학교 및 사범대학에서 기독교에 대한 일반적인 지식만을 가르치도록 했으나 1838년부터는 이 법이 폐지되고 각 종파의 고유한 신앙을 가르치도록 했다 (Helmreich, 1959, pp. 39-40).

개신교와 가톨릭을 모두 배려하는 공동 기도와 공동 예배예식의 기회가 늘어나게 되었으며, 이것은 서구 역사상 최초의 에큐메니컬(ecumenical) 신앙교육의 모습이었다고 할 수 있다. 아울러 서로 분리해서 진행하기는 했지만 학교의 종교 수업은 서로를 배려하고 이해하는 마음을 갖도록 교육하여 학교 구성원들을 통합하는 데 힘을 보태주었다. 연합학교는 종파 고유의 신앙고백과 교리를 무시하거나 제거하지 않으면서 서로가 공존할 수 있는 계기를 마련하게 해 준 종교교육의 모형이었다(Helmreich, 1959, pp. 39-40).

그러나 이러한 교파 간의 연합을 통한 종교교육의 시도와는 반대로 더 보수적이고 전통적인 모습으로 회귀하려는 입장도 있었다. 독일의 국왕 빌헬름 4세 때의 장관 슈틸(F. Stiel)에 의해서 1854년 입안된 규정은 더 이상 교육학에 국한되지 않고 그것에서 벗어나 철저한 성경교육 및 정통주의 신앙교육으로 귀환할 것을 천명하였다(Helmreich, 1959, pp. 43-45). 이를 위해 복음주의적 구원론, 성경 암송, 교리문답 교육이 강조되었다. 이 조례는 교사양성과정에서부터 교육학의 체계를 가르치지 못하도록 규정하고 있다. '교육 일반에 관한 한 미래의 초등학교 교사를 위해서는 성서에 포함되어 있으며 지금까지 필요한 기본 원칙을 정돈하고 설명하는 것으로 충분하다.' 고 믿었기 때문이다. "죄론, 인간 구원의 필요성, 율법, 하나님의 속죄, 성화 등의 가르침이 곧 하나의 교육학이며, 그것의 활용을 위해 초등학교 교사들은 단지 인간학과 심리학으로부터 몇 가지 보조정리가 필요할 뿐" (Stoodt, 1985, pp. 85-89; 윤응진, 1990, pp. 242-243) 이라고 가르쳤다.

(2) 독일제국의 종교교육

필앤스러피스트 운동의 영향으로 시작된 종교교육의 세속화(학교와 교회의 분리작업)는 독일연방 이후, 한 학교에 서로 다른 신앙을 갖는 학생들이 함께 생활하게 되면서 급물살을 타게 되었다. 급기야 1871년 독일제국이 세워지면서 이러한 분위기는 더 고조되었다. 공립학교교육의 일환으로서 종교교육의 정체성을 새롭게 하려는 학교의 입장과 전통적인 신앙교육을 유지하려는 교회의 입장 사이에서 크고 작은 갈등과 해결 모색이 계속되었다.

그러던 차에 1905년 작센 주 교사연합은 츠비카우(Zwickau)에서 선언문을 발표하며 종교교육 개혁안을 내놓았다. 선언문의 골자는 교육의 본질 회복을 위해 교회의 종교교육에 대한 지나친 간섭과 감독을 철회해야 한다는 것이었다. 츠비카우 선언문의 내용을 정리하면 다음과 같다(Thümmler, 1909, pp. 3-16).

① 종교는 교육을 위한 중요한 교과이며, 종교 수업은 공립학교의 독자적인 영역이다. ② 종교 수업은 예수의 정신이 아동의 삶 속에 살아 움직이게끔 해야 할 과제가 있다. ③ 교육과정 및 방법은 아동의 사고에 적합해야 한다. 그리고 그것에 대한 결정권은 전적으로 학교에 위임돼야 하고, 교회의 종교 과목에 대한 감독은 철회돼야 한다. ④ 교육 내용(자료)은 아동 종교적 · 도덕적 차원에서 경험할 수 있는 것이어야 한다. 교육 내용의 가장 중요한 핵심은 예수의 인격이다. 현대인의 종교적 · 도덕적 문화를 고려해 내용을 선별해야 한다. ⑤ 종교교육 면에서 교리적인 차원의 교육은 지양해야 한다. 고학년 학생에게 십계명이나 산상수훈, 주기도 등은 타당한 교육 내용이 될 수 있지만 루터의 교리문답은 청소년 교육의 기본으로 적절치 않다. ⑥ 암기의 과제는 심리학적 · 교육학적 원칙에 따라 제거 또는 축소돼야 한다. ⑦ 종교 수업은 3학년이 되기까지는 독립된 종교 수업으로 분리시켜서 시행할 필요가 없다. ⑧ 종교 수업

은 학문적 · 과학적 연구와 조화를 이루어야 하며, 우리 시대의 윤리적 영역과 공유되어야 한다.

츠비카우 선언문은 무엇보다 학교의 교육적 고유 권한과 책임을 강조하고 있다. 전통적인 교회의 간섭과 감독이 교사의 고유 권한을 침해하고 있었기 때문이다. 또 종교교육의 내용과 방법에 대한 성찰이 담겨 있다. 전통적인 교리문답 중심, 성경 암기 중심의 종교교육 대신에 청소년의 심리적 · 문화적 상황을 고려하고, 교육학적 · 심리학적 원칙(헤르바르트 학파의 영향)을 수용해야 한다는 것이다. 아울러 시대의 변화에 의한 새로운 과학적 연구 결과를 수용할 것을 제안하고 있다.

1909년 2월 작센 주 개신교총회는 특별 분과를 마련하여 츠비카우 선언문의 내용을 논의했다. 당시 교회 지도자들도 시대에 걸맞은 새로운 종교교육 교육과정을 원하고 있었기 때문에, 교리문답 교육에 대한 개혁의 필요성에는 긍정적인 입장을 표명했으나 종교교육 면에서 루터의 소교리문답을 대치하는 것에는 불가하다는 입장을 표명하였다. 또 개신교총회는 평신도(국가공무원)에게 학교교육의 전반을 감독하게 하는 것에 반대하였으며, 같은 지역 청소년의 교육을 책임진다는 점에서 학교와 교회의 연계성은 유지되어야 함을 강조했다(Helmreich, 1959, p. 98).

비록 츠비카우 선언이 즉각적인 효력을 발휘하지는 못했으나 이어지는 학교 종교교육의 변화에 계속적인 기반을 제공하게 되었다. 정리하면, 독일의 종교교육은 독일제국 시대를 거치면서 지금까지 기독교국가로서 교회의 강한 영향력 아래 유지되어 왔던 상황에서 벗어나 국가적 공립기관으로서 학교 고유의 체제를 수립하려는 거센 움직임을 형성했다.

4) 20세기 초: 바이마르 공화국과 제3제국의 종교교육 정책

(1) 바이마르 공화국의 종교교육

제1차 세계대전 후 독일에서는 공화정 체제 속에서 사회민주당(SPD)이 제1여당으로 의회를 장악하게 되었다. 사회주의자들은 자신들의 이념에 따라 학교정책에 대한 개혁의 움직임을 주도하였고, 이러한 개혁의 움직임 속에서 종교교육은 진통을 겪게 되었다.

프로이센의 교육부 장관이었던 호프만(A. Hoffmann)과 해니쉬(K. Haenisch)가 이러한 개혁을 주도했다. 1918년 11월, 이들은 부모의 강요에 의해 아동이 종교 수업에 참여할 의무가 없다는 골자의 교육령을 반포하였고, 얼마 후 학교 종교교육에 관한 구체적인 지침을 발표했다. 그 내용은 ① 학교 일과 전후에 드렸던 기도 금지, ② 학생의 교회 행사 및 종교 행사에 대한 의무적 참여 폐지, ③ 종교 과목에 대한 시험의 폐지(정식 과목에서 제외), ④ 학생의 종교 수업 참여 의무의 폐지(단, 14세 이하의 어린이는 부모의 결정에 따름), ⑤ 종교 수업의 과제, 예컨대 성경과 요리문답 등의 암기 폐지(Helmreich, 1959, pp. 105-106) 등이다.

이러한 정책에 대해 독일 종교계는 크게 반발하지 않을 수 없었다. 종교계는 이 정책을 학교에서 종교교육을 제거하기 위한 수순으로 간주했다. 그래서 신구교 지도자들은 이 정책에 공식적으로 항의하였고, 6만 명이 넘는 종교인들이 베를린 교육부 청사 앞에서 항의 시위를 벌였다. 결국 이러한 거센 항의 끝에 이 개혁안은 철회되었지만 1919년 4월 독일 의회는 자신의 의사와 상관없이 종교교육에 참여할 의무조항을 삭제하기에 이른다(Helmreich, 1959, p. 106). 이처럼 당시 사회주의자들을 중심으로 한 학교 종교교육정책과 종교지도자들 간의 대립은 대단했다. 사회주의자들은 교회와 국가의 철저한 분리를 원했고, 아울러 종교계의 영향을 받지 않는 공동학교, 즉 종교 및 신앙의 차이를 인정하지 않은 채 모두가 함께 동일한 교육과정을 이수하게 하는 교육체제의 설립을 원했다. 반면, 종교 지도자들은 전통적인 종교교육 및 공립학교의 종교적 분위기를 유지하고자 했다. 이러한 과정에서 정치인들은 정당에 따라 서로 다른 학교 모형을 제시했다. 사회민주당의 경우 종교(종파)와 상관없는 비종교학교(secular school) 모형을 주장한 반면, 독일민주당(DVP)은 연합학교(interdenominational school)를, 가톨릭 중앙당(BVP)은 전통적인 신앙고백적 종파학교(confessional school) 모형을 주장했다(Helmreich, 1959, p. 109).

이러한 이견과 대립은 1919년 「바이마르 헌법」이 통과되면서 일단락을 짓게 된다. 「바이마르 헌법」의 종교교육에 대한 법안이 중요한 이유는 현 독일 종교교육에 관한 법안의 모체가 되었기 때문이다. 「바이마르 헌법」은 근본적으로 국가와 교회를 엄격하게 구별하고 있으며, 종교 및 신앙의 강요를 기본적으로 철폐하였다(136조, 137조). 그리고 모든 학교가(교회가 아닌) 국가의 통일적인 규율과 감독하에 있으며, 학교교사는 국가공무원에 준하는 권리와 의무를 갖는다(143조, 144조)고 하였고, 특별히 149조는 종교교육에 대해서 다음과 같이 규정하고 있다.

> 종교교육(수업)은 비종교학교를 제외한 공립학교의 정규 교과목이다. 종교교육의 실시는 학교 입법으로 정한다. 종교교육은 국가의 감독권을 저해하는 바 없이 해당 종교단체의 기본 원리에 따라 실시한다. 종교교육의 실시와 예배는 교사의 의사에 위임하며, 종교교육 과목과 교회의 예전 및 행사 참가는 자녀의 교육 친권자(부모)의 의사를 따른다 (Grethlein, 2005, p. 52).

149조는 종교 과목이 학교의 정규 과목임을 분명히 명시함으로써 종교

과목의 존폐에 대한 논의를 일단락지었다. 흥미로운 사실은 「바이마르 헌법」의 종교교육 정책안이 다수당인 사회민주당의 비종교학교 설립에 '대항하는' 성격을 가지고 있다는 점이다. 「헌법」은 학교에 대한 국가의 주도권을 명시하고 있고, 종교교육 및 예전에 대한 권한을 교사에게 위임하지만 종교계와의 협력 관계를 여전히 인정하고 있다. 또 학생의 종교 수업 참여에 대한 결정을 부모에게 위임하고 있는 것도 주목할 만하다.

「바이마르 헌법」의 중요한 교육적 혁신을 살펴보면, ① 공교육 과정의 통일적이고 유기적인 형태를 확립하게 되었고, ② 종교교육의 감독권을 국가(정부)에 귀속시킴과 동시에 국가(정부)의 교육적 한계성을 인식하여 개별 학교 행정에 고유 권한을 부여하였으며, ③ 종교교육과 관련하여 연합학교(interdenominational) 체제가 학교 종교교육의 전형으로 자리 잡게 되었다(Helmrich, 1959, p. 137). 종교 수업 시간은 프로이센의 경우 1921년 규정에 따르면 초등학교 1학년이 주당 2시간, 2~4학년은 주당 3시간으로 규정되어 있다. 1923년 이후에는 1학년은 종교 수업 시간을 따로 두지 않았다가 2학년부터 주당 4시간의 종교 수업을 실시하였다.

바이마르 공화국을 거치면서 학교 종교교육은 통일된 틀을 마련하게 되었다. 지금까지 논의한 독일 학교 종교교육의 역사를 살펴보면, 학교와 종교교육은 깊은 연관성 속에 있었으며, 크게 세 가지 학교유형을 출현시켰다. 가장 처음에 등장한 형태는 '신앙고백적 종파학교'로서 학교의 체제 및 구성원 모두가 개신교 또는 로마 가톨릭 신앙고백의 틀 위에서 운영되었던 학교체제였다. 이러한 학교체제가 독일 연방과 제국의 시기를 거치면서 서로 다른 신앙을 가진 학생들이 함께 공부하는 '연합학교'를 등장하게 하였다. 그리고 근대화의 시기를 거치면서 종교 및 신앙으로부터 독립된 학교체제를 마련하려는 노력이 싹트게 되었고, '비종교(세속적)학교'의 체제가 등장하게 되었다.

〈표 5-1〉 학교교육 체제의 유형

(신앙고백적) 종파학교 confessional school (Konfessionelle Schule)	(종파) 연합학교 interdenominational school (Simultanschule)	비종교학교 secular school (Bekenntnisfreie Schule)
학교 공식적인 입장이 기독교 신앙(개신교, 가톨릭)의 기초 위에서 있는 학교	모든 다른 교육과정은 신앙에 상관없이 함께 수업에 참여하도록 하되, 종교 수업은 각 신앙 및 종교에 따라 분리해서 실시하는 학교	학교 내에서 어떤 형태로든 특정 종교 성향의 가르침과 행위가 이루어지는 것을 거부하는 학교

(2) 제3제국(나치정부)의 학교 종교교육(교회의 항거)

1929년 이후 독일의 바이마르 공화국은 경제적 공황이라는 큰 위기에 직면하게 되었다. 이러한 경제적 위기 속에서 1932년 7월 총선에서 승리한 국가사회주의당(나치)은 1933년 히틀러(A. Hitler)가 총통의 자리에 오르면서 독재체제(제3제국)를 이어가게 된다.

국가사회주의는 학교교육을 통해 국가사회주의적 이념에 합당한 인간을 양성하고자 노력했고, 이 과정에서 종교교육 역시 국가사회주의의 이데올로기(반유대주의)를 종교적으로 정당화하는 도구로 삼았다. 예를 들면, 구약성서의 내용을 소홀히 취급하도록 하거나 구약성서를 통해 유대인의 범죄성을 가르치도록 한 것이다. 또한 나치는 예수 그리스도를 영웅이나 탁월한 리더로 묘사하거나 유대교에 맞서는 전사로 묘사함으로써 히틀러와의 유비적인 연합을 시도하였다. 당시 학교에서 가르쳤던 내용의 일부를 보면, “지도자 예수는 우리를 하나님께 인도한다. 전사 예수는 하나님의 적과 맞서 싸운다. 영웅 예수는 하나님의 법으로 인간의 마음과 세계를 다스린다. 그분은 유일한 아버지의 영광스러운 사자이며, 싸우고 투쟁한다. 그만이 우리를 인도할 것이며 지상의 다른 어느 누구도 우리를 이끌고 인도할 수 없다.”(Wissmann, 1935, pp. 204-208)고 가르치고 있다.

이러한 위기 속에서 종교교육은 나치 이데올로기를 선전하는 심부름꾼 역할을 할 것인가, 아니면 이것에 저항할 것인가 하는 양자택일의 기로에 서게 되었다. 그래서 랑(M. Rang)과 함멜스벡(O. Hammelsbeck) 등 의식 있는 종교교육자들은 고백교회의 일원이 되어 이러한 국가사회주의의 종교교육에 대항하였다. 이 시기의 학교 종교교육은 거의 국가 이데올로기를 신앙적으로 강요하는 장이었으며 지금까지 역사적으로 진행되었던 종교교육의 논의가 사라졌던 시기다. 그러한 논의는 제2차 세계대전이 끝나고 회복되게 된다.

3. 독일 종교교육의 현황

1) 독일 종교교육의 법적 근거-학교와 교회의 긴장

제2차 세계대전이 막을 내린 후 독일(서독)은 1949년 새로운 「헌법」을 선포하는데, 「헌법」 제7조는 학교제도에 대해 다음과 같이 규정하고 있다. ① 모든 학교제도는 국가의 감독을 받는다. ② 교육친권자(부모)는 자녀의 종교 수업 참여 여부에 대한 결정권을 갖는다. ③ 종교 수업은 비종교학교를 제외한 공립학교의 정규 교과목이다. 종교교육은 국가의 감독권을 저해하지 않는 범위에서 해당 종교단체의 근본원리에 따라 실시한다. 어떤 교사도 자신의 의사에 반하여 종교 수업을 행할 의무를 지지 않는다(강용원, 2004, p. 304).

종교교육과 관련하여 「바이마르 헌법」 149조의 내용을 거의 그대로 수용한 독일 「헌법」은 국가(학교)와 교회 사이의 긴장감을 유지하려는 흔적이 보인다. 한편으로는 학교를 국가의 감독 아래 둠으로써 종교적 중립성을 표명한 반면, 국가는 국민의 신앙과 종교, 양심의 자유를 보장해야 할 의무(제4조)를 명시하고 있다. 특별히 종교교육과 관련하여 주목할 만한 사항은 다음과 같다. 첫째, 종교교육(수업)이 국가적 책임 아래 있는 '정규 교과목' 임을 명확히 하고 있다. 정규 교과목으로서 종교 수업은 다른 과목과 동등한 자격을 가짐으로써 국가가 충분한 자질의 교사 양성에 힘써야 하고 학교는 적절한 시수와 필요한 교재 및 자료 등을 개발하고 제공할 의무를 갖게 되었다. 정규 교과목으로서 종교 수업은 '교육적' 수업이어야 했다. 1973년 독일행정재판소는 종교 수업이 '학교 안의 교회' 의 성격이 되어서는 안 된다고 못 박았다. 교회에서 설교하듯이 수업을 인도하거나 일방적이고 비이성적인 강요가 이루어져서는 안 되며, 학생의 깨달음과 지식이 소통되는 수업이 이루어져야 한다(Grethlein, 2005, pp. 54-56).

둘째, 종교 수업은 종교단체(교단)의 근본 원리에 따라 실시된다. 이는 종교단체가 실시하는 종교 수업의 목적과 내용 및 종교교사에 대한 책임과 의무를 말하는 것으로서, 종교교육이 교회의 협력을 통해서 이루어질 수 있음을 명시하는 대목이다. 또한 1987년 2월 독일 헌법재판소가 발표한 '종교교육(수업)의 성격' 에 따르면, 종교 수업은 신앙고백을 초월하여 비교 관찰이 가능한 종교적 이론이나 교리 또는 윤리 · 도덕 교육을 말하지 않는다. 또 중립적인 종교학 강의나 종교사, 성서역사를 말하지 않는다. 종교교육의 내용은 '각 종교의 근본 원리' 를 말한다. 종교 수업은 '신앙적 참여(konfessionelle Gebundenheit)' 를 전제로 하며, '진리의 전달' 이 종교 수업의 과제다(Grethlein, 2005, pp. 57-58). 따라서 종교교육은 국가의 책임 아래 있으나 신앙과 거리를 두는 중립적 교과목이 아니다.

셋째, 종교 수업은 정규 교과목이긴 하지만 개인의 의사에 따라 그것을 거부할 수 있다. 종교교육 참여에 대한 시행령에 따르면, "특정 종교단체(교파)에 속해 있는 학생은 기본적으로 자신이 속한 종교단체의 종교교육에 참여할 의무가 있다." 그러나 만 14세가 지나면 서면으로 종교교육 불참 의사를 제출할 경우 종교교육에 참여하지 않을 수 있다. 그리고 불참 의사를 제출하였어도 다시 종교교육에 참여하기 원하면 참여할 수 있다(강용원, 2004, pp. 306-307).

전체적으로 보면, 현재의 독일 「헌법」은 국가와 교회의 상호 연관 속에서 이루어진 종교교육의 전통을 회복시키고자 했다. 종교교육은 교회의 신앙을 학교 안에 심으려는 시도가 아니라 공교육에 대한 교회의 기여라는 생각을 바탕으로 하고 있다(Meyer-Blanck, 2012, p. 161).

2) 학교 종교교육의 유형

독일의 종교교육은 기독교 신앙교육이다. 최근 들어 정교회와 유대교, 이슬람 종교교육을 특정 지역에서 도입하고 있지만 어디까지나 예외적인 경우다. 그렇다고 해서 학교 종교교육에 대해 명시하고 있는 독일 「헌법」 제7조 제3항이 독일의 모든 주에 동일하게 효력을 끼치는 것은 아니다. 각 주정부는 이 「헌법」을 각 주의 헌법과 상황에 맞게 수용하여 시행하고 있다. 대부분의 주정부는 종교교육에 있어서 개신교와 가톨릭 종교교육을 함께하는 것이 불가능하다는 인식 아래 종교 수업을 분리해서 실시하고 있다. 종교 수업의 유형도 주마다 차이가 있다. 대부분의 주는 독일 「헌법」 제7조 제3항을 그대로 받아들여 '신앙고백적' 종교교육을 실시하고 있는 실정이지만 몇 개의 주에서 독자적인 종교교육 방침을 세우고 시행 중이다. 대표적인 주(특별시 포함)가 브레멘, 베를린, 브란덴부르크 등이다. 〈표 5-2〉는 현재 독일 주정부의 방침에 따라 초·중등학교에서 시행하고 있는 기독교교육 수업의 방향성을 정리한 것이다.

〈표 5-2〉 독일 학교 종교교육의 유형

학교 종교교육 모형	교회 주도적 종교교육	신앙고백적 종교교육	신앙고백적-협력적 종교교육 (개신교-가톨릭)	간종교적 종교교육 (개신교)	신앙 중립적 성서역사교육	생활태도/윤리/종교 (LER)
지역 (주/특별시)	베를린	베를린, 브란덴부르크, 브레멘을 제외한 모든 주	바덴-뷰르텐베르크, 니더작센	함부르크	브레멘	브란덴부르크
특징	교회의 신앙 책임	「헌법」 제7조 제3항에 근거	에큐메니컬 성격	'모두를 위한' 종교	'역사로서 성서'	윤리적 · 중립적 종교교육
성격	신앙고백적 ⟵⟶ 신앙 중립적					

출처: Meyer-Blanck (2012), p. 170.

(1) 전형적인 형태로서 신앙고백적 종교교육

현재 독일 16개 주 가운데 12개 주가 신앙고백적 종교 수업을 실시하고 있다. 가톨릭은 가톨릭 신앙의 교사, 학생, 교리의 삼위일체를 강조하고 있는 반면, 개신교는 개신교 신앙의 교사와 교리에 근거한 내용은 강조하지만 학생의 참여 조건으로는 반드시 개신교 신앙인이 아니어도 허락하고 있다. 개신교 종교교육은 '모든 사람을 위한 종교교육'을 표방하고 있기 때문이다. 즉, 복음에 근거하여 모든 한 사람 한 사람을 복음의 책임성 아래 교육한다는 취지다. 전반적으로 교육 내용은 복음을 통한 실제적인 삶의 의미 해석을 주로 하고 있다(Meyer-Blanck, 2012, pp. 163-164).

한편, 바덴-뷰르텐베르크주와 니더작센 주의 여러 학교에서는 에큐메니컬 성격을 강화하기 위해 개신교와 가톨릭 종교 수업을 연합으로 하는 '신앙고백적-협력적 종교교육'을 시도하고 있다. 이것은 간종교적(interreigious) 종교교육과는 엄격하게 구별되는 것으로서, 서로의 신앙적 특성과 교리의 독특성을 인정하지만 함께 팀티칭 등을 통해 신앙적 협력

관계를 도모하는 종교교육 모형이다(Meyer-Blanck, 2012, p. 169).

(2) 브레멘: 신앙 중립적 성서역사교육

브레멘(Bremen)은 전체 인구의 30% 정도가 외국인으로 구성되어 있는 다문화 도시다. 브레멘에는 이미 1905년부터 (기독교) 종교교육의 학교 교과목에 대한 의문이 제기되었다. 브레멘의 교사들은 국가에 공립학교에서 종교 수업을 삭제할 것을 요구하거나 교회의 가르침이 아닌 일반종교 교육 또는 도덕 교육으로 축소시키자는 의견을 제출하기도 했다. 그 결과 현재 브레멘은 특정 기독교 종파의 신앙에 근거하지 않고, 중립적이고 일반적인 차원에서 기독교의 성서 역사를 가르치는 수업을 진행 중이다. 성서를 윤리적 · 문화사적 · 미학적 문서로 접근함으로써 학생들에게 기독교 및 성서에 대한 긍정적인 영향을 끼치고자 한다. 따라서 브레멘의 종교교육은 탈교회적 · 탈신앙고백적 성격을 강하게 띠고 있으며, 생활태도–윤리–종교(LER)와 마찬가지로 모든 학생에게 의무 참여를 요구하지 않는다. 물론 브레멘의 학교에도 교회에 근거한 신앙고백적인 종교교육이 존재하고 있지만 대부분 학교 방과 시간 이후에 진행되고 있으며 참여율도 저조한 편이다(Meyer-Blanck, 2012, p. 165; Grethlein, 2005, pp. 67-68).

(3) 베를린: 교회의 책임적 신앙교육

놀랍게도 독일의 수도인 베를린(Berlin)에서의 종교 수업은 학교의 정규 과목이 아니다. 베를린 학교 법령에 따르면, 종교 수업은 오로지 종교단체의 관할 사항이다. 수업의 내용, 과정(커리큘럼), 교사의 양성 및 검증 등의 모든 것이 교회의 책임 아래에 있다. 교사는 종교교육을 위해 지역교회가 파송한 자들이고, 학교는 종교교육을 위해 교실과 수업을 위한 제반 사항을 무료로 제공한다. 현재 베를린의 학교에서 종교 수업은 매주 2시간씩 진행되고 있고, 학생 자신의 신청을 통해 참여하고 있다. 2008년부터 2009년까지 종교 수업을 「헌법」에 따라 정식 과목으로 편입시키려는 여러 노력이 있었으나 투표에서 기대할 만한 성과를 이루지 못했다. 내용적으로 교회의 전적인 책임과 노력에 의해 신앙이 교육되고 있다는 점에서 교회와 가장 가까운 종교교육이라고 할 수 있다(Meyer-Blanck, 2012, p. 166; Grethlein, 2005, p. 68-69).

(4) 브란덴부르크: LER(생활태도-윤리-종교)

구 동독에 속했던 브란덴부르크(Brandenburg) 주는 통일 이후에도 종교 수업을 제대로 시행하지 못하고 있었다. 그러다가 1990년대에 들어 모든 청소년에게 주요 종교와 윤리적 태도에 대한 기초적 이해를 제공하는 취지에서 LER(Lebensgestaltung-Ethik-Religionskunde), 즉 '생활태도-윤리-종교'의 약자로 이루어진 교과목 신설이 추진되었다. 1992~1993년부터 3년간 44곳의 학교에서 시험적으로 실시한 후 1995년에 학교의 정규 교과목이 되었다. LER은, 그 표현 자체에서 드러나듯이, 특정 종교의 진리를 가르치는 것이 아니라 삶과 윤리적 차원에서 종교를 다루려는 의도를 가지고 있다. 타인(타종교)에 대한 관용과 대화 능력을 증진시킨다는 긍정적 평가가 있긴 하지만, 개신교 및 가톨릭 교회 그리고 기독교 정당(CDU/CSU)과 학부모 연대는 세계관적으로 중립적인 LER이 이미 구 동독시절에 나타났던 탈기독교화 현상을 부추길 것을 우려하며, LER 대신에 「헌법」이 규정하는 종교 과목을 필수 과목으로 지정할 것을 요청하였다. 이러한 논쟁은 결국 법정 소송까지 이르게 되었고, 2001년 헌법재판소의 절충안을 통해 2002년 양측의 합의가 이루어졌다. LER은 정규 필수 과목으로 존속하며, 종교는 필수 과목이 아닌 선택 과목으로 도입한다는 것이다. 아울러 종교 수업도 성적을 부여하는 과목으로 지정되었다 (Meyer-Blanck, 2012, pp. 166-168; Grethlein, 2005, pp. 69-71).

(5) 함부르크: 간종교적 종교교육

함부르크(Hamburg)는 법적으로 개신교교회의 책임 아래 신앙고백적 종교교육을 실시하고 있으나 실제로는 간종교적(interreligious) 종교교육을 실시하고 있다. 함부르크는 전체 인구의 40%가 비종교인으로서 개신교인(33%), 가톨릭교인(10%)보다 많은 수를 차지하고 있다. 게다가 함부르크 내에는 106개의 다양한 종교단체가 공존하고 있고, 185개국의 247,000명에 달하는 외국인이 살고 있다. 그들이 사용하는 언어의 수만도 100개에 달한다. 이러한 상황을 직시한 함부르크 개신교 교회는 1995년 '간종교적 종교교육을 위한 모임'을 구성하고 개신교 종교교육안에 가능하면 다양한 종교인을 참여시키고 그들의 삶에 긍정적 영향을 줄 수 있는 방법을 강구하였다. 그래서 '모든 사람을 위한' 종교교육을 함부르크에서는 비기독교인 종교에까지 확대했으며, 그것을 위한 종교교육과정을 구상하였다. 이 종교교육은 단순히 다양한 종교에 '대해서' 소개하는 차원을 넘어서서 다양한 종교로부터 간종교적으로 배울 수 있는 것이 무엇인지를 구상하였다(Doedens/Weiße, 1997, pp. 59-69).

4. 나가는 말

독일의 학교 종교교육은 역사와 깊은 관련이 있다. 중세까지 교회는 주로 성직자 양성을 위한 교육에 관심을 기울였으나 종교개혁가들은 종교를 학교교육의 장으로 옮겨 놓음으로써 학교교육 발전의 기틀을 마련하게 되었다. 이처럼 일반 교육을 포함한 독일 종교교육은 교회의 영역에서 출발하였으나 점차 국가의 영향력이 증가하면서 국민교육의 책임을 국가가 위임받게 되었고, 급기야 종교교육 정책 또한 국가의 감독하에 진행되었다. 그러나 제2차 세계대전 이후 이러한 흐름에 역전을 가져오게 되었다. 교회가 다시금 종교교육(수업)에 대한 권한과 의무를 나누어 지게 된 것이다. 오늘날 독일의 종교교육은 국가와 교회가 협력하는 체제를 유지하고 있다.

우리나라 학교의 종교교육은 최근 국가와 교회 사이에서 많은 갈등과 논의를 겪고 있다. 건전한 대화를 통해 해결을 모색하기보다는 공방과 대결 구도를 이루고 있어 안타까울 뿐이다. 비록 종교 및 교육의 역사와 배경에서 큰 차이를 보이지만 우리나라 종교교육이 나아가야 할 실마리를 독일의 학교 종교교육의 역사와 현재의 모습에서 찾을 수 있기를 바란다.

토론문제

1. 독일 종교교육의 역사적 변천 과정에서 주목할 만한 사건에는 어떤 것이 있었는지 이야기해 보자.
2. 〈표 5-2〉에 제시된 독일 학교 종교교육의 유형 중 자신이 가장 관심을 갖는 유형은 어떤 것이고, 왜 그런지 이야기해 보자.
3. 독일 학교에서의 종교교육이 우리나라 종교교육 정책에 주는 시사점에 대해 논의해 보자.

참고문헌

강용원(2004). 기독교교육의 과제와 전망. 서울: 한국기독교교육학회.

오인탁, 주선애, 정웅섭, 은준관, 김재은(1992). 기독교교육사. 서울: 교육목회.

윤응진(1990). 기독교교육과 정치-독일의 기독교(종교)교육사 개관. 한신논문집, 7, 233-270.

Doedens, F., & Weiße, W. (1997). (Hg). *Religionsunterricht für alle. Hamburger Perspektive zur Religionsdidaktik*, München.

Grethlein, C. (2005). *Fachdidaktik Religion*. Goettingen: Vandenhoeck & Ruprecht.

Helmreich, E. C. (1959). *Religious Education in German Schools. An Historical Approach*, Cambridge, MA: Harvard University Press.

Meyer-Blanck, M. (2012). Formen des Religionsunterrichts in den Ländern der Bundesrepublik Deutschland. Rothagnagle, M. Adams, G., & Lachmann, R. (Hg.). *Religionspädagogisches Kompendium*, Göttingen: Vandenhoeck & Ruprecht, 160-174.

Stoodt, D. (1985). *Arebitsbuch zur Geschichte des evangelischen Religionsunterrichts in Deutschland*. Münster: Comenius Institut.

Tümmler, T. (1909). *Die Zwikauer Leitsätze und der ministerielle Lehrplan*, Dresden: Evangelisch-lutherischer Schulverein.

Wissmann, E. (1935). Jesus der Führer und Gottesstreiter. Winke für eine neue Sicht und Auswahl der Jesusgeschichten im evangelischen Religionsunterricht der Volksschule, *Pädagogische Warte XLII*, 204-208.

Religious Education

제3부

기독교학교에서의 종교교육

Religious Education

제 6 장

한국 학교 종교교육의 변천

1. 들어가는 말

오늘날 우리나라 학교에서 종교교육은 위기에 처해 있다. 기독교 신앙교육을 목표로 설립된 기독교학교에서도 신앙교육으로서의 종교교육을 실시하기가 어려운 상황이다. 이러한 상황에서 기독교학교들은 정체성을 어디에서 찾을 것인지 심각하게 고민하고 있다. 오늘날 기독교학교에서 종교교육을 어떻게 실시하는 것이 기독교학교로서의 정체성을 유지하는 동시에 학생을 위한 올바른 교육이 될 것인지에 대해서는 많은 논의가 필요하다. 이 장에서는 현재의 기독교학교에서 종교교육이 어떻게 이루어지는 것이 바람직한지를 알기 위해 과거 우리나라 기독교학교에서 종교교육이 어떻게 실시되었는지를 살펴보고자 한다. 우리나라 기독교학교들에 대한 역사적 고찰은 오늘날 기독교학교가 직면한 어려움을 극복하는 데 도움이 되는 시사점을 줄 수 있으리라 기대된다.

이 장에서는 기독교학교의 역사를 크게 해방 전과 해방 후로 나누었고, 해방 전 역사는 대한제국 말기 기독교학교와 일제식민지하의 기독교학교로 구분하였다. 그리고 해방 후 역사에서는 사학의 종교교육에 중요한 영향을 끼친 고교평준화 정책의 도입 이후를 주로 다루었다. 일제의 외적 탄압 속에서 기독교학교가 신앙교육을 지키기 위해 펼쳤던 노력과 오늘날 정부의 규제 가운데 기독교학교들이 추구하는 신앙교육의 모습은 좋은 비교가 된다. 또한 대한제국 말기 기독교학교에서의 통합적인 신앙교육의 모습은 오늘날 기독교학교에서 종교교육의 방향을 설정하는 데 유익한 시사점을 제시할 수 있을 것이다.

2. 대한제국 말기 기독교학교에서의 종교교육[15)]

우리나라 기독교학교의 역사는 외국의 선교사들에 의해 시작되었다. 대한제국 말기 격동의 시기였던 1885년에 아펜젤러(H. G. Appenzeller)에 의해 배재학당이 설립되었고, 1886년 언더우드(H. G. Underwood)에 의해 언더우드학당이, 스크랜튼(M. F. Scranton)에 의해 이화학당이 설립되었다. 이들을 필두로 기독교학교들은 이 땅에 매우 활발하게 꽃을 피우기 시작했다. 선교사들이 설립한 기독교학교들의 건학 정신은 분명했다. 즉, 기독교 신앙을 토대로 민주적이고 인문적인 교육을 실시하여 민족과 국가를 위해 헌신할 수 있는 인재를 기르는 것이었다. 예를 들면, 이화학당의 교육 목적은 "우리는 다만 한국인을 더 나은 한국인으로 만드는 것

15) 강영택(2012a)의 내용을 수정 · 보완하였다.

으로 만족한다. …… 나아가서는 그리스도와 그의 교훈을 통하여 완전무결한 한국을 만들고자 희망하는 바다."라고 적고 있다. 선교사들이 세운 기독교학교의 건학정신은 사랑과 봉사와 자유를 표방하는 기독교정신을 학생들에게 가르쳐서 이웃과 사회, 나아가 민족과 국가를 위해 헌신하고, 봉건적 사회질서를 개혁하여 민주사회를 건설하는 자주적이고 자립적인 인재를 만드는 것이었다.

이 시기의 기독교학교가 외국의 선교사들에 의해서만 설립된 것은 아니다. 우리나라 초창기의 토착 교회와 성도들도 기독교학교의 설립에 강한 의지를 보였다. 1895년 서울의 새문안교회가 영신학당을 세웠고, 평안도 용주군의 신창교회, 정주군의 정주읍교회, 박천군의 남호교회도 각각 사숙(私塾)을 설립하였다. 1898년에는 평양의 장대현교회와 의주군의 남산교회가 사숙을 설립하였다. 이러한 '사숙'은 이후 정부의 인가와 함께 정식 '학교'로 발전했다. 이처럼 교회를 중심으로 한 기독교학교의 설립은 1908년까지 매우 열정적으로 이루어졌다. 학교 설립에 가장 적극적이었던 장로교파의 경우 1908년에 소학교가 542개, 중학교가 17개나 있었다(임희국, 2007). 이러한 수치는 교회 수 대비 학교 수가 60%나 되는 것으로 당시 우리나라 교회가 기독교학교에 얼마나 큰 관심을 갖고 있었는지를 잘 보여준다. 이 기독교학교들은 수적으로 당시 학교의 중요한 부분을 차지하고 있었을 뿐 아니라 사회에 미친 영향력 면에서도 매우 중요한 역할을 차지했다. 1904년 서울의 상동교회가 설립한 청년학원은 교육구국운동의 중심지로서 핵심적인 역할을 수행했다. 그리고 이동휘의 보창학교, 이준의 보광학교, 이승훈의 오산학교, 안창호의 대성학교 등 애국구국운동에서 중심적 역할을 한 학교 배후에는 상동교회와 기독교인이었던 안창호의 리더십에 의해 형성된 신민회가 자리 잡고 있었다. 그러므로 선교사들과 우리나라 토착 교회가 세운 학교들뿐 아니라 애국지사들이 세운 학교들도 기독교적 영향을 강하게 받았다고 할 수 있다.

선교사들에 의해 설립된 기독교학교들이 선교적 목적과 더불어 신앙을 토대로 민주 · 자유 정신을 함양함으로써 사회에 공헌하는 인재를 배출하는 것을 목적으로 하였다면, 우리나라의 교회 및 애국지사가 설립한 기독교학교들은 신앙을 바탕으로 애국계몽활동을 통해 국권을 회복하는 데 강한 목적을 두고 있었다. 그래서 기독교학교에서 강조했던 과목은 한글교육, 역사교육, 체육교육(군사훈련) 등이었다(손인수, 1971).

대한제국 말기의 초기 기독교학교들이 외국 선교사에 의해 설립되었든 한국인에 의해 설립되었든 공통적으로 갖는 교육 목적은 신앙을 가진 교양인을 양성하여 민족을 위해 봉사하는 지도자를 기르는 데 있었다. 기독교학교에서 가르친 신앙은 전인적 삶의 변화를 내포하는 포괄적인 개념으로 이해되어 사회에 대한 봉사의 정신과 민족운동에의 헌신으로 나타났다. 그러므로 기독교학교에서의 신앙교육을 성경교육이나 예배 의식과 같은 종교적 활동으로만 제한하기는 어렵다.

기독교학교에서의 신앙교육은 매우 광범위하게 이루어졌지만, 직접적으로는 교육과정에 포함되어 있는 성경수업과 예배 시간을 통해 이루어졌다. 성경 과목은 대부분 기독교학교에서 가장 중요하게 가르쳤으며, 여기서의 성경수업은 학생에게 기독교 신앙과 민족의식을 고취시키는 주요 수단이었다. 우리말로 번역된 성경을 읽고 배우는 것은 기독교 신앙을 갖게 할 뿐 아니라 우리나라의 전통문화를 계승 · 발전시키는 데 도움을 주었다(한규원, 2003, p. 154). 모세가 이스라엘을 해방시키는 출애굽기의 이야기나 다윗과 골리앗의 이야기도 민족정신을 고취시키는 방향으로 가르쳤다. 또한 기독교학교에서는 "너희가 열심으로 선을 행하면 누가 너희를 해하리요"라는 베드로전서 3장 13절의 말씀과 "의를 위하여 핍박을 받은 자는 복이 있나니 천국이 저희 것임이라"라는 마태복음

5장 10절의 말씀을 가르침으로써 실의에 빠진 우리 민족에게 용기를 주기도 했다(손인수, 1971, p. 81). 학교 예배는 대부분의 기독교학교에서 정기적으로 드려졌다. 학교에 따라 학생들은 예배에 자율적으로 참석하기도 하고 예배 참석이 의무화되기도 했다.

음악 시간 역시 신앙을 가르치는 중요한 과목으로 기능했다. 개화기에 국민이 즐겨 불렀던 것이 창가인데, 창가는 찬송가를 모방하여 생겨난 것이다. 당시 기독교학교들이 창가를 정식 교과과정으로 채택함으로써 찬송가의 보급은 더욱 활발하게 일어났다. 배재학당이나 이화학당은 존스(George Jones)가 1896년에 편찬한 『찬송가』를 음악 시간에 가르쳤다. 당시 기독교학교에서 많이 불렀던 '주의 군대여 앞으로 나가자' '다 깨어라 주의 군대여' '그리스도 군병가' 등의 찬송가는 신앙의 고백으로서뿐만 아니라 민족정신을 고취하는 수단으로서도 중요한 역할을 했다(한규원, 2003, pp. 156-161). 당시 많은 창가를 지어서 불렀는데 대개 내용은 자주독립과 충군애국을 노래한 것이 많았다. 1896년 배재학당의 문경호가 지어 『독립신문』에 게재한 '자주독립가'는 민족정신의 고취와 신앙이 결합되어 있는 예라 할 수 있다.

> 우리나라 독립되니 팔괘긔가 기운나네/ 팔괘긔를 놉히다니 셰계상에 뎨일일세
> 죠흘시고 죠흘시고 독립문이 죠흘시고/ 독립문에 세야 우리나라 힘써보세
> 사마다 널리와 우리나라 힘써보세/ 나라돌맘 업스면은 금슈만도 못니
> 우리나라 위라면 하님 긔도야/ 지혜와 힘을 비러 우리나라 도와보세
> 『독립신문』 1권 9호, 1896. 8. 21, 한규원, 2003, p. 296에서 재인용)

기독교학교의 학생들은 성경 과목과 예배 시간을 통해 신앙교육을 직접 배우게 되고 음악 시간을 통해 기독교적 문화를 접하게 되었다. 또한 체육활동과 실업교육은 기독교학교에서 실시한 중요한 교육활동으로 기독교 정신이 토대가 되었다. 기독교학교에서는 지육, 덕육과 더불어 체육을 강조함으로써 전인교육을 균형 있게 시키고자 했다. 교과과정에 체육시간을 포함시킬 뿐 아니라 운동회를 통해 개인의 건강과 더불어 국민의 협동심을 길러서 국권 회복의 기틀을 마련하고자 했다. 실업교육은 오랫동안 우리 사회에서 경시되어 왔던 것이지만 기독교정신에서는 노동 혹은 직업을 하나님의 소명으로 보기 때문에 기독교학교에서는 실업교육을 매우 중요하게 다루었다. 이것은 교과과정에 수공, 가사, 재봉 등의 이름으로 편성하여 가르쳤고, 학교 안에 자조부(自助部)를 설치하거나 공장을 두어 일을 하면서 학비를 벌고 취업을 준비할 수 있도록 하기도 했다(한규원, 2003).

기독교학교에서 가르친 신앙은 예배나 기도와 같은 종교적 영역에만 국한되는 것이 아니고 삶의 전 부분과 관련되는 것으로 이해되었다. 다시 말하면, 신앙교육은 하나님에 대한 믿음을 토대로 하여 어려움 가운데 처해 있는 우리 민족과 사회에 봉사하는 삶을 살도록 가르친 것이다. 이처럼 신앙을 폭넓게 이해하였기 때문에 신앙을 교육하는 것도 성경 과목 시간이나 예배 시간에만 이루어진 것이 아니라 역사, 음악, 체육 등의 교과 수업 시간에도 이루어졌고, 학생 동아리나 학생회 활동과 같은 교과 외 활동을 통해서도 이루어졌다. 그리고 무엇보다 신앙심이 투철한 교사와 학생의 만남을 통해 신앙이 학생들에게 전승되었다는 점이 중요하다. 믿음의 스승을 통해 학생이 배운 신앙은 하나님을 사랑하는 것과 민족과 사회를 위해 봉사하는 것이 분리되지 않은 것이었다. 도산 안창호의 말대로, 그리스도인이 되는 것은 실천적 사랑의 생활을 하고 삶의 모든 부분에서 새로워져서 조국 땅에 하나님 나라를 건설하는 것으로 이해한 것이 당시 기독교학교의 신앙교육의 본질이었다(이만열, 2002).

그런데 기독교학교 가운데 선교사들이 세운 종립학교와 우리나라 지도자들이 세운 기독교학교에는 약간의 차이점을 보이기도 했다. 먼저 선교사들이 세운 미션학교인 배재학교와 경신학교 등에서는 신앙교육을 가장 중시하면서 더불어 민주주의 정신을 지닌 교양인 양성을 강조했다. 반면, 한국인들이 세운 기독교학교인 대성학교[16]와 오산학교는 신앙을 토대로 한 민족교육을 강조하여 민족주의 정신을 중요시하였다. 그래서 이 학교들 사이에는 신앙과 애국심에 대한 우선순위에서 미묘한 차이가 나타나기도 했다. 즉, 배재나 경신학교는 신앙을 우선시한 반면, 대성이나 오산학교는 애국심을 우선시하는 분위기가 있었다. 그리고 배재나 경신학교와 같은 종립학교에서는 성경 과목이 다양하게 개설되었고, 정규적인 채플시간과 교목이 있었으며, 기독학생회 활동이 활발하게 이루어지는 등 종교교육이 체계적으로 이루어졌다. 하지만 오산학교나 대성학교에서는 공식적인 교과과정보다는 교과 외 활동을 통해 신앙을 학생에게 교육했다. 특히 도산 안창호, 남강 이승훈, 고당 조만식 같은 걸출한 신앙적 지도자들의 삶의 모습이 학생에게 강력한 신앙적 영향을 끼쳤다.

기독교학교에서 이루어진 이러한 신앙교육은 각 학교의 설립정신의 작은 차이에도 불구하고 이 학교들이 기독교학교의 정체성을 분명하게

16) 도산 안창호가 설립한 대성학교를 기독교학교 범주에 포함할 수 있는가에 대해서는 이론의 여지가 있을 수 있다. 대성학교가 외형적으로 기독교학교를 표방하지 않았고, 교과과정 상에 성경 과목이나 예배 시간을 공식적으로 두지 않았다는 점에서 기독교학교로 보기 어렵다는 견해도 가능하다. 하지만 학교 설립과 운영에 결정적인 역할을 한 도산이 평생 신실한 기독교인으로 살았고, 그가 대성학교에서 기독교교육을 구현하기 위해 노력했다는 점에서는 기독교학교의 한 모형으로 볼 수도 있다. 보다 자세한 내용은 강영택의 연구(2012a)를 참고하기 바란다.

갖고 있었음을 알려 준다. 하나님에 대한 믿음 및 민족과 사회에 대한 봉사를 통합한 신앙교육의 추구는 당시 기독교학교의 정체성의 핵심이었다. 기독교학교들이 신앙교육을 실시하고 일제의 탄압에 맞서 정체성을 지키기 위해 노력한 결과 당시 사람들은 기독교학교에 높은 관심을 갖고 있었고, 그 사회적 영향력 역시 지대했다. 당시 우리 사회에서 기독교인의 수는 소수였지만 그들의 영향력이 매우 클 수 있었던 데는 기독교학교의 기여가 컸다고 할 수 있다(이만열, 2003). 기독교학교는 신앙교육을 통해 신앙과 민족정신이 통합된 인재를 양성함으로써 당시 우리 사회가 요구한 시대적 과업을 감당했던 것이다.

3. 일제강점기 기독교학교에서의 종교교육[17)]

대한제국 말기에 매우 적극적으로 이루어지던 기독교학교교육은 우리나라에서 일제의 영향력이 강해짐에 따라 점차 위축되어 갔다. 강화되는 일제의 강압적 억압 속에서 기독교학교를 비롯한 사학들은 점차 쇠퇴할 수밖에 없었다. 1910년에 일반 사립학교 1320개, 종교계 사립학교 778개였던 것이 1923년에는 일반학교 376개, 종교학교 273개로 축소되었다. 불과 13년 사이에 학교의 수가 30% 수준으로 감소하고 말았다(손인수, 1971, p. 129).

일제강점기 기독교학교의 신앙교육을 알기 위한 대표적인 예가 될 수 있는 경신학교의 교육활동을 살펴보면 다음과 같다. 우선, 1920년대 경신학교는 학년에 따라 10~14개의 교과목을 개설했다. 모든 학년에서 성

17) 강영택(2012a)의 내용을 수정 · 보완하였다.

경을 배우도록 하였고, 역사 · 지리, 국어(일본어), 조선어 · 한문, 수학, 박물, 이화(물리, 화학), 법제, 영어, 실업, 도서, 체조, 창가, 품행 등의 과목이 개설되었다. 또한 경신학교는 학교 초창기부터 실업부를 운영했는데, 이를 통해 학교의 운영 경비를 줄였으며, 동시에 학생에게 노동의 신성함을 알고 자립정신을 기르는 것이 기독교 정신에 부합한 삶이라는 것을 가르쳐 주고자 했다. 1913년에는 경신학교 수공부(手工部)를 두고 직조과, 염색과, 자수과, 양말과, 재봉과, 죽물과 등 6개 분과를 두어 체계적인 실업교육을 실시했다. 경신학교는 신앙교육을 위해 성경 과목을 다양하게 개설하여 가르쳤다. 1902년 예수교중학교 때에는 성경 과목이 '그리스도의 생애' '요한복음' '신구약' '로마인서' '에베소서' '주기도문' '사도신경' '십계명' 등으로 개설되었다. 학생들의 신앙교육을 보다 체계적으로 실시하기 위해 1916년부터는 교목 혹은 성경교사를 두고 예배를 인도하거나 성경을 가르치게 하였고, 1920년대 초에는 매일 아침 2층 기도실에서 교직원 및 학생 전원이 참석하는 예배를 드렸다. 또한 1926년에는 매주 2시간씩 성경 과목을 두어 1학년 누가복음, 2학년 요한복음, 3학년 고린도서, 4학년 잠언, 5학년 로마서 등을 가르쳤다.

경신학교에서 신앙교육은 학교에서의 성경교육이나 예배뿐 아니라 '경신기독교청년회'라는 클럽 활동과 학생회활동 그리고 교회와의 밀접한 관계에서도 활발하게 이루어졌다. 경신기독교청년회(KS YMCA)는 1910년 YMCA에 근거를 두고 조직되었는데, 배재, 상동, 한영 등의 기독교청년회와 함께 연합 토론회와 성경반을 운영했다. 기독교청년회는 전도 강연, 주일학교 및 하기학교 인도 등의 종교활동과 친교, 교육, 체육 활동 등을 하다가 1920년대 이후 사회 변화에 깊은 관심을 갖는 기독학생 운동으로 변화되어 갔다. 경신학교 학생회는 농촌마을로 전도 활동을 다니고 노회 앞에서 전도 현황을 보고하기도 했다.

경신학교를 비롯한 기독교학교들은 일제강점기도 이와 같이 신앙교육을 실시하기 위해 많은 노력을 기울였다. 그러나 종교학교에 대한 일제의 탄압은 갈수록 강화되었다. 일제의 탄압정책에 기독교학교들은 때로는 강력하게, 때로는 소극적으로 맞서 싸웠다. 1915년 3월 총독부가 제정한 「개정사립학교규칙」은 우리나라의 종교계 사립학교를 탄압한 대표적인 사례라 할 수 있다. 「개정사립학교규칙」은 사립학교의 설치(2조), 설치인가 사항의 변경(3조), 교과과정(6조 2항), 교과서(9, 10조), 교직원 자격(10조 2항) 등을 총독부가 규정한다는 것으로서, 이는 사학에 대한 탄압을 목적으로 한 규정이었다. 이 법령은 민족애국운동의 중심적 역할을 해 온 다수 기독교학교를 포함한 사립중학교를 고등보통학교로 승격하도록 요구하면서 민족교육을 학교에서 완전히 제거하려는 의도가 강했다. 개정규칙으로 말미암아 총독부가 통제하기 어려운 외국 선교사 교장들이 다수 교체되었고, 일본인 교사들이 대부분 사립학교에 채용되어 한국인 교사들을 대신하게 되었다. 또한 교과과정에서 역사와 지리 교과를 가르치는 것을 금지함으로써 민족교육을 못하게 막았고, 성경 과목 및 학교 행사로서의 종교의식을 금지함으로써 민족교육의 근원적인 힘을 차단하고자 하였다.

무엇보다 기독교학교들이 가장 받아들이기 어려웠던 부분은 「개정사립학교규칙」 제6조 제2항 교과과정에 나와 있는 성경 과목과 종교의식의 금지에 대한 부분이었다. 이러한 종교교육의 금지 조항은 기독교학교의 존재 자체를 부정하는 것으로 심각한 논란을 불러일으켰다. 기독교학교의 정체성의 위협에 직면한 기독교학교들은 일제히 총독부에 항의하면서도 정책에 대응하는 방식은 두 갈래로 나뉘었다. 우선, 배재학당과 이화학당을 비롯한 감리교 계통의 학교들은 개정 규칙을 수용하고 정부인가 고등보통학교로 승격하는 것을 선택했다. 그 학교들은 비록 학교에서 성경교육이나 예배의식을 직접 행하지 못해도 기독교인 교사들의 인격적인 지도로 신앙교육이 실현될 수 있다고 보고 학교의 존속 자체를 중요하게 여겼다. 반면, 장로교계 학교들은 종교교육을 하지 못한다면 학교 존립의 의미가 없다는 입장을 가져 이 규칙을 거부한 채 스스로 문을 닫거나 상급학교 진학이 되지 않는 잡종(雜種)학교로 남아 졸업생이 진학과 취업에 어려움을 겪기도 했다.

배재학당은 「개정사립학교규칙」에 대해 심각하게 고민한 끝에 그 규칙을 받아들이고 배재고등보통학교 인가를 신청하기로 결정했다. 학교를 폐교시켜 학생을 일본인이 운영하는 관공립학교에서 교육받게 하기보다는 정규시간 외에라도 신앙교육을 시킬 수 있는 학교를 유지하는 것이 좋다는 판단이었다. 실제 배재학교가 고등보통학교로 인가받은 후 정규 교과목에서는 성경 과목이 빠지게 되었지만 방과 후나 저녁에 과외로 원하는 학생들에게는 성경을 가르쳤고, 예배는 학교가 아닌 가까운 교회에서 드렸다. 그리고 총독부가 유예기간으로 준 1925년까지는 배재고등보통학교와 함께 기존의 배재학당을 병설 운영하기도 했다.

한편, 경신학교는 일제가 성경 과목과 예배 시간을 교과과정에서 배제하고 고등보통학교로 인가받도록 했을 때 이를 끝까지 거부했다. 다른 많은 사립학교가 고등보통학교로 인가받음에 따라 총독부의 압력뿐 아니라 학생들의 요구도 거세어졌다. 학생들은 학교 인가를 요구하며 동맹휴학을 감행하기도 했다. 고등보통학교로 인가받지 않아 졸업생들이 상급학교 진학이나 취업에 어려움을 겪었기 때문이었다. 이러한 위기 속에서 학생 수가 점차 감소하여 1918년에는 졸업생을 한 명도 배출하지 못하는 상황에까지 이르렀다. 그럼에도 학교 당국은 성경 과목과 예배 시간을 끝까지 고수했다. 마침내 총독부는 1923년 지정학교라는 제도를 채택하여 경신학교에 조선총독부 지정 사립 경신학교라고 인가를 내주면서 대학 예과 및 전문학교의 입학 자격을 부여했다.

1920년대를 매우 힘들게 보낸 기독교학교들은 일제강점기 말기에 다시 극심한 핍박을 받게 되었다. 1930년대 중반부터 1945년까지 일제는 한국인에게 일본의 신사에 참배하도록 강요함으로써 교회와 기독교학교에 심각한 타격을 주었다. 신사참배를 하든지, 그렇지 않으면 학교의 문을 닫으라는 요구였다. 이 문제로 기독교학교들은 다시 심각한 고민에 빠졌고, 대응 방식은 1915년 「개정사립학교규칙」 때와 유사하게 이루어졌다. 배재학교를 비롯한 감리교 학교들은 신사참배를 종교의식이라기보다 국가의식으로 받아들이고 학교를 폐교하는 대신 학교교육을 계속하기로 결정했다. 반면, 장로교 선교회에서는 우상숭배임이 분명한 신사참배를 절대 받아들일 수 없다고 가결하여 평양의 숭실전문학교와 숭의여학교 등 많은 기독교학교가 스스로 학교의 문을 닫았고, 광주 수피아여학교와 숭일학교 및 목포 정명여학교와 영흥학교는 신사참배에 참가하지 않았다는 이유로 폐교 처분을 받았다. 이렇게 신사참배를 거부했다는 이유로 1937년 한 해에만 20여 개의 기독교학교가 폐쇄되었다(백승종, 2008, p. 240). 그리고 경신학교처럼 외국의 선교회에서 한국인으로 경영자를 바꾸어 학교를 존속시키는 경우도 있었다. 일제강점기가 끝날 때까지 기독교학교에서의 신앙교육은 매우 어두운 암흑기를 지나게 되었다.

4. 해방 후 기독교학교에서의 종교교육[18)]

기독교학교에서의 종교교육은 교육제도의 변화에 민감할 수밖에 없

18) 강영택(2011)과 강영택(2012b)의 내용을 수정 · 보완하였다.

다. 특히 1974년에 도입된 고교평준화 정책은 우리나라 기독교학교를 포함한 모든 사립학교에 큰 변화를 가져 왔다. 오늘날까지 지속되고 있는 고교평준화 정책이 어린 학생들을 고교 입시 경쟁으로 벗어나게 해 주었다는 긍정적인 성과가 있는 반면, 종교교육의 측면에서는 많은 문제점을 야기했다. 그전까지 누려 왔던 학교의 학생 선발권과 학생의 학교 선택권에 큰 제약을 받게 된 것이다. 이는 다수의 학생들이 자신의 종교와는 다른 종립학교에 다닐 가능성이 있게 되었음을 말한다. 많은 종립학교가 종교교육을 실시하는 것을 학교의 중요한 성격으로 규정하고 있음을 고려할 때 학교와 학생의 갈등이 충분히 예상되는 조치였다. 실제 많은 종립학교에서 학생의 신앙 여부에 관계없이 종교 과목을 운영하거나 종교활동 프로그램을 실시하고 있어 학생들과의 마찰이 있는 실정이다(고병철, 2005). 현재의 국가교육과정인 7차 교육과정에 나와 있는 종교 과목 운영의 원칙에 따르면, 종교 과목의 목표를 다음과 같이 기술하고 있다.

> 종교에 대한 폭넓고 균형 있는 지식을 습득하여 건전한 종교관을 정립하고, 일상생활에서 부딪히는 어려운 인생문제를 극복할 수 있는 성숙한 신앙심을 확충하며, 다른 종교를 포용하고 국가 사회의 발전에 기여할 수 있는 종교인으로서의 바람직한 생활태도를 기른다.

그리고 종교 과목의 내용체계는 '인간과 종교' '종교 경험의 이해' '서로 다른 종교적 전통' '세계 종교와 문화' '인간과 자연에 대한 종교적 이해' '한국 종교와 문화' '종교 공동체' '특정 종교의 전통과 사상'과 같은 여덟 개의 영역으로 구성되어 있다(교육과학기술부, 2010). 한편, 7차 교육과정을 통해 본 정부의 종교교육에 대한 이해는 다음의 세 가지로 요약할 수 있다. 첫째, 종교교육은 이를 통한 온전한 인격 형성과 바람직한 사회 구성원의 양육이라는 교양교육의 일환으로 시행되어야 한다. 둘째, 종단의 신앙을 가르치는 신앙교육적 성격보다 종교학적 성격을 강화하여 잘못된 편견과 신념에서 벗어나는 비판적 사고를 하게 하는 것이 종교교육의 목적이어야 한다. 셋째, 지식 중심의 내용보다는 일상생활의 문제와 쟁점을 소재로 교과를 구성하는 것이 바람직하다. 그러나 종립학교측은 이러한 견해가 종립학교의 설립 목적을 부인하는 것이라고 보고, 보다 직접적인 신앙교육적 성격의 종교교육을 실시하기를 원한다. 그래서 현재 우리나라의 종립학교에서 이루어지는 종교교육은 교양교육의 일환으로 교육하도록 요구하는 정부의 입장과 신앙교육적 측면에서 교육하기를 원하는 종립학교 측의 입장 사이의 긴장 가운데 존재한다. 현재 실시되고 있는 우리나라 종립고등학교에서의 종교교육의 성격에 대해 고병철은 "학교 선택권과 학생 선발권이 주어지지 않은 상황에서 특정 신앙교육을 받아 온 종교교사들이 특정 신앙이 강조된 교과를 토대로 신자와 비신자로 구성된 학생들에게 특정 신앙을 강조하여 신앙인으로 육성하려는 교육" (2005, p. 113)이라고 비판적으로 규정하기도 한다.

여기서는 오늘날 기독교학교의 신앙교육에 대한 학교 구성원들의 인식을 소개하고자 한다. 오늘날 기독교학교의 교장, 교사, 학생 등 학교 구성원들은 학교의 교육 목표를 대체로 '하나님을 사랑하고, 이웃을 사랑하는 사람 양성' 혹은 '기독교 정신으로 봉사하는 인재 육성' 등으로 표현하고 있다. 이는 대한제국 말기의 초기 기독교학교의 교육 목표와 큰 차이를 보이지 않는다. 그런데 현재 기독교학교에서 실시되고 있는 신앙교육에 대해 긍정적으로 평가한 이들은 주로 신앙교육을 학교 채플, 절기 예배, 학급 경건회, 교사 기도회, 신앙 수련회, 종교 수업 시간, 찬양집회 등과 같은 종교적 활동과 농촌/해외 봉사활동, 교내외 불우이웃돕기 등과 같은 봉사활동 등에서 찾고 있었다. 반면, 기독교학교의 정체성에 대해 부정적으로 답한 사람들은 자신의 학교가 외형적으로는 기독교학교의 모습을 띠지만 학교행정이나 교육과정 전반에 기독교정신이 담겨 있지 않으므로 신앙교육이 제대로 이루어지지 못한다고 말했다. 많은 기독교학교 교원과 학생들은 신앙교육이 주로 예배나 성경 시간과 같은 종교활동을 통해 이루어진다고 보았고, 일반적인 학교 행정이나 교육과정 전반에서의 기독교교육는 크게 관심을 두지 않았다. 따라서 학교의 교육활동 전반에서 기독교학교의 정체성을 확인하고자 하는 교사들의 눈에는 기독교학교가 기독교정신을 제대로 구현하지 못하고 있는 것으로 비쳤다.

이러한 기독교학교에서의 신앙교육의 모습은 강영택과 이종철의 연구(2007)에서도 확인되었다. 2007년 두 기독교학교의 교육목표에 대한 질적연구에서 밝혀진 연구결과를 소개하면 다음과 같다. 학교의 역사가 매우 오래된 A고등학교의 교훈은 '기독교적 인격'이다. 이 교훈은 학교의 교육목표에 직접적인 영향을 주고 있다. 많은 교사와 학생이 학교교육의 목표를 학교의 교훈을 토대로 한 '기독교적 인격 함양'으로 보고 있었다. 기독교적 인격함양이 무엇을 의미하는가에 대한 질문에 교사와 학생들은 '예수님의 형상을 닮아 가는 것'이나 '기독교의 정신을 실천하는 것' 혹은 '성경 말씀대로 살아서 사회에 영향력을 끼치는 인재가 되는 것' 등으로 답변했다. A고등학교의 경우 학교교육의 목표에 대해 일반적인 면에서는 구성원들이 공유하고 있지만 구체적인 면에서는 학교의 교육목표가 분명하지 않다고 할 수 있다. 그리고 기독교적 인격 함양이라는 교육목표가 교육되는 방식은 주로 예배 시간이나 종교 과목 수업을 통해서 이루어지고 있었다. 학교의 다른 정규 교과수업에서는 일반학교와 별 차이 없이 입시 준비 교육을 중심으로 교육이 이루어졌다. 즉, 기독교적 인격 함양이라는 신앙교육의 목표와 입시 준비라는 일반 교과교육의 목표가 병존하고 있는 것이 A고등학교의 실태임을 알 수 있었다.

비교적 최근에 설립된 B고등학교의 교훈은 '하나님을 경외하고 이웃을 사랑하자.'다. 그리고 이 학교 홈페이지에서 밝히고 있는 학교의 설립 이념은 '기독교정신을 바탕으로 지역사회의 발전에 이바지하고 통일시대를 대비하며 세계화 시대에 미래를 이끌어 갈 유능한 인재를 육성한다.'다. 이러한 학교의 설립 정신을 대부분의 학교 구성원은 이해하고 있고, 그들은 학교교육의 목표를 '실력 있는 신앙인 양성'으로 간단하게 요약했다. 그래서 이 목표를 위해 학교는 신앙교육과 학업교육을 동시에 열심히 한다고 하였다. 여기서 신앙교육은 개인적인 경건 생활, 즉 기도, 찬양, 예배 생활, 봉사 등을 강조했고, 학업교육은 입시 준비 교육으로 이해되고 실시되고 있었다. 나아가 이 학교에서는 신앙교육을 통한 신앙의 성장이 학업 신장에도 도움을 준다고 믿고 양자를 동시에 강조하고 있었다.

앞의 조사들을 종합해 볼 때 오늘날의 기독교학교는 학교의 교육목표 설정에서 초기 기독교학교와 마찬가지로 기독교적 정신이 잘 나타난다고 할 수 있다. 그러나 교육목표의 구현이 주로 예배와 종교 수업 시간 등과 같은 종교 영역에 집중되고 그 외의 일반적인 교육활동에서는 기독교학교의 정체성과 관계가 적은 입시교육이 주요 목표가 되고 있음을 알 수 있다. 이러한 이원론적 기독교학교교육은 기독교학교의 정체성을 약화시키는 지름길이 된다. 이는 초기 기독교학교가 보여 주었던 신앙과 민족정신의 통합을 지향하는 교육으로부터 후퇴한 것이라고 할 수 있다.

고교평준화 제도 이후 오늘까지 기독교학교에서 종교교육이 약화되어 가는 이유가 교육제도에 의한 제약이나 정부의 교육과정에 대한 통제 때문만은 아니다. 점점 강화되고 있는 입시교육에 대한 부담감으로 기독교학교 스스로 종교교육을 간과하는 경향도 있고, 종교교육을 위한 교육과정 개발이나 유능한 교사양성을 위한 투자에 소홀히 한 면도 있다. 이러한 요소들은 결국 기독교학교에서 기독교교육의 기반이 되는 신앙적 열정의 약화에서 비롯되는 것으로, 이것이 기독교학교에서 종교교육이 쇠퇴하게 되는 내적 요인으로 작용하고 있는 셈이다.

기독교학교에서의 종교교육은 학교가 처한 사회적 분위기와 제도적 · 법적 환경에 따라 달라질 수밖에 없다. 한말에는 기독교학교의 자율성이 인정되어 종교교육을 전적으로 학교의 뜻에 따라 실시할 수 있었지만 일제강점기나 고교평준화 이후에는 종교교육에 대한 당국의 규제가 강화되어 종교교육이 제한될 수밖에 없었다. 한말 기독교학교에서의 종교교육은 당시 사회가 요구했던 민족교육과 결부되어 학생과 국민의 지지를 받을 수 있었다. 종교교육이 한 사회에서 최소한의 사회적 승인을 획득하기 위해서는 지나친 종파주의로 흐르지 않고 사회적 공공성을 확보하는 것이 중요한 것임을 이 시기 기독교학교를 통해 배울 수 있다. 일제강점기 기독교학교들은 종교교육에 대한 탄압정책에 결연히 맞섰고, 결국 많은 기독교학교가 상급학교 진학의 특혜가 주어지지 않는 잡종학교로 남더라도 학교에서 종교교육을 실시하겠다는 의지를 보여 주었다. 이러한 기독교학교들의 대응 방식은 오늘날 정부가 학교에 제공하는 특혜를 포기하는 형태로 종교교육을 지킬 수 있는 가능성을 보여 준다. 예를 들면, 정부의 재정 지원이나 학력 인정이 주어지지 않는 대안학교의 형태로 학교인가를 받아 종교교육을 실시한 다음 충실한 교육을 통해 사회적 승인을 얻어서 결국 정부의 지원을 얻어 내는 형태를 생각해 볼 수도 있다.

5. 나가는 말

이 글은 기독교학교에서 종교교육이 어떻게 실시되어 왔는지 대한제국 말기, 일제강점기, 고교평준화 제도 이후 등으로 시기를 나누어 살펴보았다. 기독교학교의 정체성이 신앙교육을 실시하는 데 있음은 두말할 나위가 없다. 그러나 신앙교육에 대한 이해와 실천 방식은 시대와 상황에 따라 달라져 왔다. 신앙교육을 예배나 성경 시간 등과 같은 종교적 활동에 국한하여 생각하기도 했고, 모든 교과 수업을 포함한 학교의 교육활동 전반에 걸친 것으로 이해하여 보다 광범위하게 신앙교육을 실시하기도 했다. 그리고 신앙교육이 단순히 기독교인을 만드는 것을 넘어서 신앙을 토대로 사회에 봉사하는 인물을 양성하는 것임을 초기 기독교학교들은 잘 보여 주었다. 또한 기독교학교의 외부 환경들, 특히 정부의 교육정책은 기독교학교의 종교교육에 매우 큰 영향을 미쳐 왔다. 일제강점기의 종교교육 금지 정책이나 해방 후 고교평준화 정책들은 기독교학교로 하여금 자신의 존재 의미에 대해 심각한 질문을 제기하도록 만들었다.

그러나 이 장에서 살펴보았듯이, 기독교학교의 신앙교육은 외부적인 요소보다 교육당사자들의 신앙교육에 대한 열의와 헌신이 가장 중요함을 알 수 있다. 학교의 성격과 정부의 정책에 따라 정규 교육과정에 종교교육 시간을 갖는 기독교학교도 있을 수 있고 그렇지 못한 기독교학교도 있을 수 있다. 학교의 교과 시간에 종교교육을 실시할 수 있는 기독교학교들은 보다 적극적이고 체계적으로 신앙교육을 실시해야 할 것이다. 종교교육시간뿐 아니라 모든 교육활동에서 신앙교육이 바탕이 되도록 노력해야 한다. 많은 비신앙인 학생으로 구성되어 있거나 정부의 엄격한 정책 등으로 신앙교육을 정규 교과 시간에 포함하기 어려운 기독교학교도 있을 수 있다. 그러나 그런 학교들도 대한제국 말기에 일부의 기독교 학교들이 보여 준 것처럼 헌신된 교사의 신앙에 의해 자연스럽게 학생에게 신앙의 영향을 미치도록 해야 할 것이다. 우리는 시대가 어려울 때 우리 사회를 위해 자신을 희생하며 헌신했던 많은 위대한 신앙 선배의 전통을 갖고 있다. 그러한 좋은 전통의 바탕에 기독교학교가 있었음을 기억해야 한다. 그것이 바로 오늘날 기독교학교가 분발해야 할 이유다.

토론문제

1. 외국의 선교사들이 세운 기독교학교에서의 신앙교육과 민족지도자들이 세운 기독교학교에서의 신앙교육의 차이점과 공통점이 무엇인지 설명해 보자.
2. 일제하 학교에서의 종교교육 금지령에 대해 일부 기독교학교는 그것을 수용하고 학교 운영을 지속한 반면, 일부 기독교학교는 그것을 거부하고 학교를 폐쇄하거나 인가를 받지 못했다. 양측의 입장을 설명하고, 자신은 어떤 입장을 지지하는지 의견을 개진해 보자.
3. 학교의 학생선발권을 제약하는 오늘날, 기독교학교에서 종교/신앙교육을 어렵게 하는 요인은 무엇인지 설명하고, 그에 대한 대책 안을 마련해 보자.

참고문헌

강영택, 이종철(2007). 기독교학교의 교육 목표와 대학입시. 신앙과 학문, 12(3), 9-47.

강영택(2011). 기독교학교에서 종교교육의 방안에 대한 고찰. 기독교교육논총, 27, 193-216.

강영택(2012a). 초기 기독교학교의 신앙교육 비교 고찰. 신앙과 학문, 17(2), 7-37.

강영택(2012b). 기독교학교의 정체성 재정립을 위한 시도. 기독교교육정보, 34,

145-180.

고병철(2005). 한국종교교육의 정황과 방향: 종립고등학교의 경우를 중심으로. 종교교육학연구, 21, 109-139.

교육과학기술부(2010). 제7차 교육과정.

백승종(2008). 그 나라의 역사와 말. 홍성: 그물코.

손인수(1971). 한국근대교육사 1885-1945. 서울: 연세대학교출판부.

이만열(2003). 한국기독교와 민족운동. 한국기독교와 역사, 18, 115-147.

임희국(2007). 한국교회 초기 기독교학교 설립. (기독교학교교육연구소 편저), 평양대 부흥운동과 기독교학교. 서울: 예영.

한규원(2003). 한국기독교학교의 민족교육 연구. 서울: 국학자료원.

Religious Education

제 7 장

한국 기독교학교에서 종교교육의 가능성

1. 들어가는 말

초 · 중등학교에서 이루어지는 종교교육은 휴지기에 있는 활화산처럼 항상 폭발의 가능성을 지니고 있는 문제다. 지난 2004년 서울 대광고등학교의 강의석 군 '종교교육사건'이 그 단적인 사례에 해당한다. 이 사건은 1심, 2심, 대법원의 판결이 연달아 뒤집히면서[19] 우리 사회 종립학교에서의 종교교육에 대해 많은 관심과 논란을 불러일으키는 계기가 됐다.

강의석 군의 '종교교육사건'이 발생한 이후 2006년에 교육부(당시 교육인적자원부)는 한국교육법학회에 '초 · 중등학교에서의 종교교육 개선

19) 강의석 군의 종교교육사건의 판결은 다음과 같다. 즉, 1심 재판부는 강의석 군의 손을 들어줬고, 2심 재판부는 학교 측의 손을 들어 주었다. 하지만 대법원에서 다시 강의석 군 편이 승소하였다.

방안 연구'[20]를 의뢰했다. 당시 새로운 국가 교육과정을 개발하는 중이었기 때문에 새 교육과정에서는 정책연구의 결과를 반영하여 종립학교에서의 종교교육에 대해 좀 더 진전된 내용(지침)을 포함할 것으로 기대되었다. 그러나 2007년 2월 28일에 고시된 국가 교육과정에서 학교 종교교육 관련 지침은 전혀 달라지지 않았다. 그리고 이후 2009 및 2011 개정 교육과정에서도 학교에서의 종교교육 관련 지침에는 어떠한 변화도 없었다.

강의석 군 종교교육사건에 대한 대법원의 판결, 학교에서의 종교교육 관련 지침을 포함하는 시 · 도 교육청의 인권조례 제정, 이명박 정부에서 학생의 학교 선택권을 확대한 자율형 학교의 급격한 증가 등 최근 들어 전개된 종교교육 환경의 커다란 변화에도 불구하고 정부의 학교에서의 종교교육에 대한 정책(지침)에는 어떠한 변화도 없었다. 이런 현상을 어떻게 이해해야 하는가? 정부가 학교에서의 종교교육에 대한 근본적인 해결책을 마련하기 위해 적극적인 노력을 수행할 것이라고 기대할 수 있는가? 교육부는 언제쯤 학교 종교교육과 관련하여 문제가 발생하지 않거나 발생하더라도 그것이 빨리 가라앉기만을 기대하는 원시적이고 수동적인 태도에서 벗어나 종교교육에 대한 보다 적극적인 정책을 만들 수 있을 것인가? 우리 사회가 종교 다원적인 사회이고, 더 나아가 종교에 대한 열정이 매우 강한 사회이며, 그래서 종교 간의 갈등을 암시하는 여러 징후를 어렵지 않게 발견할 수 있다는 점을 고려할 때, 정부는 학교 종교교육에 대해 근본적이고 적극적인 정책 방안을 시급히 마련할 필요가 있다.

20) 이 연구의 책임자는 이화여자대학교 법학전문대학원의 김유환 교수였고, 공동연구자는 한양대학교 법학전문대학원의 박종보 교수와 영남대학교 교육학과의 김재춘 교수였다.

이 장에서는 2013년 대한민국이라는 시공간적 맥락에서의 종립학교 종교교육의 가능성과 한계를 분석하고, 우리나라 교육제도 안에서의 기독교학교의 다양한 존재 가능 방식을 탐색하고자 한다. 이를 위해서 ① 종교의 자유와 종교교육의 자유라는 기본권 간의 갈등의 성격을 분석하고, ② 종립학교에서 실행 가능한 종교교육의 유형과 우리나라의 학교 종교교육 허용 규정을 분석하며, ③ 종립학교에서의 종교교육을 위한 제도 개선 방안을 탐색하고자 한다. 이러한 논의 과정을 통해 우리나라 교육제도 안에서 가능한 기독교학교의 다양한 존재 방식이 자연스럽게 드러날 것이다.

2. 신앙의 자유 대 종교교육의 자유

사례 1: 집안 대대로 독실한 불교신자인 갑은 서울특별시내 고등학교 입학을 위한 연합고사에 합격한 후 자신의 의사와는 관계없는 ××고등학교에 배정되었다. 그러나 이 학교는 기독교재단이 운영하는 학교이기 때문에 학교예배(일명 채플)를 반드시 이수하도록 되어 있다. (성낙인, 1995, p. 160)

사례 2: 평준화 지역인 ○○시에 위치한 한 불교계 고등학교의 이야기다. 모든 학생은 불교 과목을 이수해야 하고, 매주 1회 법회에 참석해야 하며, 매일 아침 조회 시간에 스피커를 통해서 불경 외는 소리를 경청해야 한다. 학교에서는 사람을 만나면 두 손을 모아 합장하는 인사를 해야 한다. 하지만 이 학교 재학생의 약 20% 정도가 자신의 종교 란에 기독교라고 표시하였다. (김재춘, 2006, ○○종립학교 방문기록)

앞의 두 사례에서 우리는 매우 서글픈 '우리 학교에서의 종교교육의 현실'을 볼 수 있다. 사례 1에서는 독실한 불교 신자가 기독교학교에서 겪는 종교적 갈등을 읽을 수 있으며, 사례 2에서는 많은 기독교 학생들이 불교계 학교에서 종교갈등으로 얼마나 힘들어하는지 공감할 수 있다. 인생의 가장 예민한 시기인 사춘기에 있는 학생들이 자신의 종교와 다른 종교학교에 강제 배정됨으로써 학교에서 겪을 갈등과 아픔을 생각하면 한편으로는 동정과 연민의 정을, 다른 한편으로는 자책감과 동시에 책무성을 느끼지 않을 수 없다. 선진국에서는 감히 상상도 할 수 없는 일, 즉 신앙의 자유라는 개인의 기본권을 침해하는 일이 우리나라 종립학교에서는 언제나 발생할 수 있다. 더 나아가 수많은 학생과 학부모가 경험하고 있는 이런 아픈 현실에도 불구하고 정부는 종립학교에서의 종교교육을 '정상화'할 수 있는 대안을 마련하려는 어떠한 노력도 기울이고 있지 않다. 종립학교에서 종교를 편성할 때에는 복수 과목을 편성하라는 지극히 소극적인 지침만을 되뇌고 있을 뿐이다.

학교에서의 종교교육 문제에 대해 좀 더 냉정하게 분석해 보자. 가장 근본적인 문제는 무엇일까? 그것은 종립학교가 학교 설립의 취지에 따라 종교교육을 실시하는 과정에서 일부 학생들의 신앙의 자유가 침해되고 있다는 점이다. 일반적인 용어로 진술하자면, 종립학교의 '종교교육의 자유'와 학생의 '신앙의 자유'가 충돌하고 있다. 우리는 이러한 갈등 사태를 어떻게 해결해야 할 것인가?

이 문제 사태를 해결하기 위해서는 두 가지 접근 방식을 생각해 볼 수 있다. 먼저, 주어진 상황(사례 1, 사례 2) 속에서 문제를 해결하고자 하는 접근 방식이 있다. 그리고 (그러한 갈등을 초래하는 원인을 찾아 제거함으로써) 특정 상황 자체가 발생하지 않도록 문제를 근본적으로 해결하고자 하는 접근 방식이 있다. 전자는 발생한 문제 자체의 해결에 일차적인 관심을 갖는다는 점에서 '현상적 문제해결 방식'이라고 명명할 수 있다면, 후자는 갈등과 문제 발생의 뿌리를 찾아 제거하려고 노력한다는 점에서 '근원적 문제해결 방식'이라고 명명할 수 있다. 각각의 문제해결 방안을 좀 더 자세히 살펴보면 다음과 같다.

현상적 문제해결 방식의 경우 문제해결 방안은 비교적 분명해 보인다. 상식적인 수준에서 보더라도 신앙(종교)의 자유는 「헌법」 제20조 제1항에 명시적으로 언급되어 있다. 그러나 종교교육의 자유는 「헌법」에서도 명시적으로 언급되어 있지 않을 뿐만 아니라 「교육기본법」에서도 명시적으로 기술되어 있지 않다(「교육기본법」 제6조 제2항에서 소극적으로 기술되어 있을 뿐이다.). 따라서 상식적인 관점에서 볼 때 신앙의 자유와 종교교육의 자유가 충돌한다면 신앙의 자유를 일차적으로 존중해야 하는 것이 적절해 보인다.

상식은 법률 해석과 정책 결정의 배경으로 작용한다는 점에서 매우 중요하기는 하지만 상식은 어디까지나 상식이다. 그러므로 이 문제에 대한 법적 논의를 살펴볼 필요가 있다. 「헌법」에서 보장하는 종교의 자유에는 신앙의 자유, 종교적 행위의 자유 및 종교적 집회결사의 자유가 포함된다고 볼 수 있으며, 종교적 행위의 자유에는 종교의식의 자유, 선교의 자유 그리고 종교교육의 자유가 포함된다고 볼 수 있다(성낙인, 1995; 박종보, 2007). 따라서 종교교육의 자유는 종교적 행위의 자유에 속하며, 이는 다시 종교의 자유에 속하기 때문에 종교교육의 자유는 「헌법」이 보장하는 기본권이다. 이 경우 신앙의 자유와 종교교육의 자유가 모두 「헌법」이 보장하는 종교의 자유에 속하는 기본권이라고 볼 수 있으며, 따라서 앞서 언급한 문제 사태는 「헌법」이 보장하는 기본권 간의 갈등으로 볼 수도 있다(박종보, 2007; 김유환, 2008). 그렇다면 이런 기본권 간의 갈등을 어떻게 해결해야 하는가?

기본권 간의 갈등이 일어나는 경우에는 기본권의 위계질서 이론과 실제적 조화이론을 주로 사용한다(박종보, 2007). 신앙의 자유는 어떠한 경우에도 제한될 수 없는 절대적 기본권에 해당하는 데 비해, 종교교육의 자유는 타인의 권리를 침해할 수 있기 때문에 기본권 제한의 일반 원리에 입각하여 제한될 수 있는 상대적 기본권(혹은 상대적 자유권)이라고 볼 수 있다(성낙인, 1995; 박종보, 2007). 강의석 군 종교교육사건에 대한 대법원의 판결은 양 기본권 간의 실제적 조화를 모색하는 실제적 조화이론을 따른 것으로 해석된다. 대법원의 판결은 신앙의 자유를 인정할 뿐만 아니라 종교교육의 자유도 인정했다. 따라서 학교의 설립 이념인 '특정 종교 교리를 전파하는 종파교육 형태의 종교교육'을 실시하기 위해서는 학생의 동의를 구하고 대체 과목을 선택하거나 그 교육에의 참여를 거부할 수 있는 여건을 마련할 필요가 있다고 제시했다. 이렇게 볼 때 신앙의 자유와 종교교육의 자유가 갈등할 때에는 필연적으로 신앙의 자유를 우선적으로 존중해 줄 필요가 있음은 분명해 보인다.

신앙의 자유와 종교교육의 자유가 갈등하는 사태, 즉 현상적 문제해결 방식에서는 강의석 군 종교교육사건의 판례에서 명시된 것처럼, 학생들의 신앙의 자유를 해치지 않는 범위나 조건하에서만 종교교육의 자유는 존중될 수 있다. 이런 맥락에서 볼 때 정부의 종교교육에 대한 현재의 정책 및 지침은 타당한 것이라고 볼 수 있다. 그러나 다른 한편으로 생각해 보면 국민의 권익을 최대한 보호해야 할 국가와 정부는 기본권 간의 갈등이 발생하는 상황(사례 1 또는 사례 2와 같은 상황) 자체를 해결하려는 노력을 부단히 수행할 필요가 있다. 따라서 정부는 이미 발생한 그리고 앞으로도 계속 발생할 문제 사태를 해결할 수 있는 현상적 문제해결 방식만을 제시하는 데 만족해서는 안 되고, 문제를 발생시키는 상황 자체를 근본적으로 해결하려는 '근원적 문제해결 방식'을 채택할 필요가 있다.

그렇다면 신앙의 자유와 종교교육의 자유라는 기본권 간의 갈등을 해결할 수 있는 근원적인 방안은 무엇인가? 종립학교에서의 종교교육과 관련하여 기본권 간의 갈등을 해결할 수 있는 근원적인 방안은 앞에서 살펴본 사례 1 또는 사례 2에서와 같은 사태가 발생하지 않도록 선제적으로 필요한 조치를 취하는 것이다. 예를 들면, '특정 종교'를 싫어하는 학생을 해당 종립학교에 배정하지 않는 방안이 있다. 그러나 2013년 현재 전국의 어느 지역에서도 고등학교 배정에서 이런 배정 원칙을 채택하는 곳은 없다. 즉, 종교는 학생 배정 시 고려되어야 할 주요 변수로 인정받지 못하고 있다. 학교 배정 시 종교(혹은 종교 간의 갈등회피)가 통학거리보다 더 중요하게 간주되지 않는다는 발상 자체가 인권 후진국의 면모를 보여 준다.

종교교육과 관련한 일련의 사태를 겪으면서 신앙의 자유를 보호하기 위해 종교교육의 자유가 불가피하게 제한을 당하게 되자 많은 기독교계 관련 인사가 평준화 정책에 대한 한풀이성 비판을 쏟아 내는 경향이 있다. 물론 1974년에 도입된 평준화 정책을 계기로 신앙의 자유와 종교교육의 자유가 갈등할 수밖에 없는 장이 형성되었고, 이런 갈등 상황에서 종교교육의 자유가 제한을 받게 된 것 또한 사실이다. 그렇다고 해서 현 시점에서 평준화 정책의 폐기만이 종립학교의 종교교육의 자유를 확보할 수 있는 유일한 방안인 것은 아니다. 기독교계에서 종교교육의 자유를 확보하기 위해 평준화 정책의 폐기를 주장하는 것은 고등학교 입시 정책에 대한 일반적인 국민 정서와도 배치될 뿐 아니라 기독교학교에서 종교교육의 자유를 위해 대법원 판결에서조차 그 불가피성을 인정한 교육 정책과도 전면전을 벌이자는 것과 같은 무모성을 지닌다.

이미 잘 알다시피, 2008년 헌법재판소 판결에서 평준화 정책은 위헌적인 것이 아님이 드러났다. 더 나아가 지역을 불문하고 우리 국민의 약

2/3는 평준화 정책을 지지한다. 상당수의 국민은 평준화 정책의 부분적인 수정에 찬성하지만 이들도 대부분 평준화 정책의 폐기에는 반대한다. 이런 상황에서 우리는 '승산이 없는 싸움에서는 싸우기 전에 사신을 보내 화친을 청하라'는 성경 말씀[21]을 되새길 필요가 있다. 우리 사회의 특성상 필요할 뿐만 아니라 다수의 국민이 지지하며 불가피한 정책이라고 판결이 나기도 한 평준화 정책을 상대로 싸움을 걸기보다는 학교 배정 방식의 일부 변경 또는 종립학교의 예외 인정을 통해 문제를 해결하려는 방향을 모색하는 것이 더욱 지혜로운 전략이라고 볼 수 있다.

그렇다면 평준화 정책을 건드리지 않으면서 신앙의 자유와 종교교육의 자유라는 기본권 간의 갈등을 초래하지 않게 하는 방안에는 어떤 것이 있을까? 우리 사회에서 종교 관련 기본권 간의 충돌 없이 종교교육의 문제를 해결할 수 있는 방안으로는 ① 학교 배정 방식의 부분적인 변화를 통해 문제를 해결하는 방안, 그리고 ② 종립학교에 학생 선발권을 돌려주는 방안 등을 생각해 볼 수 있다. 이를 좀 더 자세히 살펴보면 다음과 같다(김재춘, 2006).

첫째, 종교를 학교 배정의 주요 변수로 간주하여 이를 반영하는 종교회피제도를 도입하는 방안이 있을 수 있다. 이 방안은 평준화 정책의 근간을 유지하면서도 배정 방식의 변경을 통해 종교교육의 문제를 해결할 수 있다는 점에서 곧바로 시행 가능한 방안이다. 일반적으로 종립학교에는 세 종류의 학생들이 존재한다. 즉, ① 신앙교육을 적극 희망하는 부류의 학생, ② 신앙교육에 특별한 반응을 보이지 않는, 적극적인 관심도 갖고 있지 않지만 그렇다고 불쾌감을 느끼지도 않는 부류의 학생, ③ 자

21) '또 어느 임금이 다른 임금과 싸우려 갈 때에 먼저 앉자 일만으로서 저 이만을 가지고 오는 자를 대적할 수 있을까 헤아리지 아니하겠느냐 만일 못할'터이면 저가 아직 멀리 있을 동안에 사신을 보내어 화친을 청할지니라' (누가복음 14: 31-32)

신의 종교와 다른 신앙교육에 불편해하거나 저항하는 부류의 학생 등이다. 이러한 세 부류의 학생들 중에서 세 번째 유형의 학생은 신앙의 자유와 종립학교 종교교육의 자유 간의 갈등을 경험할 가능성이 있다. 따라서 세 번째 유형의 학생들, 즉 특정 종교의 신앙교육을 희망하지 않는 학생을 해당 종립학교에 배정하지 않는다면 종교적 갈등에서 비롯되는 문제가 발생할 가능성이 줄어들 것이고, 종립학교의 종교교육의 자유도 제한할 필요가 없게 될 것이다.

학생의 신앙의 자유와 종립학교의 종교교육의 자유 간의 갈등을 피하고, 두 기본권 모두를 최대한 신장하기 위해 학생 배정 시 학생이 싫어하는 종립학교는 회피하게 해 주는 '종교회피제도'를 도입할 필요가 있다. 이는 각 종립학교가 신앙교육의 대강의 계획을 미리 밝힌 다음, 이에 동의하지 않는 학생들은 해당 종립학교의 배정을 회피하도록 신청할 수 있게 허용하는 제도다. 특정 종교계 학교에 진학을 희망하는 학생을 해당 종립학교에 배정하는 것(포지티브 배정 원칙)은 수요와 공급의 불일치 등으로 실행하기가 쉽지 않지만, 특정 종교계 학교에 진학을 꺼려 하는 학생을 관련 종립학교에 배정하지 않는 것(네거티브 배정 원칙)은 실행하기가 비교적 용이하다. 그리고 입학 후에 개종하거나 종교교육에 대한 견해를 바꾼 경우 다른 학교로 전학할 수 있는 방안을 마련해 주면 된다.

둘째, 종립학교에서 종교에 기반한 학생을 선발할 수 있도록 학생 선발권을 돌려주는 방안이 있다. 이 방안은 종립학교가 종교교육을 시행하는 특수성을 지닌 학교라는 점을 근거로 전기 선발 학교로 지정하는 방안이다. 1974년 이래 평준화 정책을 지속적으로 시행해 오면서 평준화 예외 학교인 이른바 전기 선발 학교의 수가 계속해서 늘어났다. 현 평준화 체제에서도 특성화고등학교, 과학고등학교, 외국어고등학교, 국제고등학교, 자율고등학교, 과학중점학교 등 다양한 형태의 전기 선발 고등학교가 존재한다. 종립학교에게도 종교교육이라는 학교 설립의 목적 실현을 돕기 위해 종교에 근거한 학생 선발권을 돌려주는 방안을 마련할 필요가 있다.

이 경우 종립학교는 설립 목적에 따른 종교교육을 희망하는 학생들을 선발할 수 있는 권한을 가지며, 학생은 자신의 종교와 배치되는 학교를 선택하지 않는 권한을 행사하여 종교 관련 기본권 간의 충돌을 피할 수 있게 된다. 학생이 종교적 차이에도 불구하고 특정 종립학교를 자발적으로 선택했다면 종립학교와 학생 간에는 사법적 계약관계가 성립되기 때문에 학생은 학교가 실시하는 종교교육을 성실히 받아야 할 의무를 지닌다. 이처럼 종립학교가 종교에 근거하여 학생을 선발할 수 있는 권한을 돌려받게 된다면 학교는 종교교육의 자유를, 학생은 신앙의 자유를 향유할 수 있게 된다.

지금까지 살펴본 것처럼, 정부의 평준화 정책에 대한 근본적인 변경 없이도 종교 관련 기본권인 학생의 신앙의 자유와 종립학교의 종교교육의 자유를 보장해 줄 수 있음에도 정부가 현상적인 문제해결 방식만을 제시하고 근원적인 문제해결 방식을 모색하지 않는다면 이는 정부의 직무유기이자 인권의식의 부족이라고 비난받아 마땅하다. 정부는 하루 속히 학생의 신앙의 자유와 종립학교의 종교교육의 자유를 보장해 줄 수 있는 종교교육 방안을 마련할 필요가 있다.

3. 종립학교에서 종교교육의 가능 근거

우리나라 대부분의 종립학교에서는 종교교육을 실시하고 있다. 그러나 종립학교 관계자가 희망하는 만큼 종교교육을 실시하지는 못하고 있다. 그 이유는 무엇인가? 이 문제에 접근하기 위해서는 먼저 종립학교에서 종교교육을 실시할 수 있는지, 실시할 수 있다면 그 근거는 무엇인지를 살펴볼 필요가 있다.

그런데 유감스럽게도 우리나라 종립학교에서 종교교육을 실시할 수 있는 근거를 찾기는 쉽지 않다. 종립학교에서의 종교교육에 대한 법적 근거도 그렇게 명확하지 않다. 「헌법」 제20조 제1항에 종교의 자유가 포괄적으로 제시되어 있을 뿐이다. 물론 종교의 자유 속에 종교교육의 자유가 한 요소로 포함되어 있다는 해석에 이의를 제기하는 사람은 거의 없다. 교육의 중립성을 규정하는 「교육기본법」 제6조 제2항은 "국가 및 지방자치단체가 설립한 학교에서는 특정한 종교를 위한 종교교육을 하여서는 아니된다."라고 규정함으로써 종립학교의 경우 '특정한 종교를 위한 종교교육'을 할 수 있다는 가능성을 소극적으로 표현하고 있다. 사학의 육성을 규정하는 「교육기본법」 제25조에서는 "사립학교의 다양하고 특성 있는 설립 목적이 존중" 되어야 한다고 포괄적으로 규정하고 있다. 요약하면, 우리나라의 경우 종립학교의 종교교육과 관련하여 어떠한 적극적인 법규도 존재하지 않는다.

그렇다면 학교교육을 실질적으로 규제하는 국가 교육과정에서는 종립학교의 종교교육과 관련하여 어떤 규정이나 지침이 존재하는가? 사실 국가 교육과정 문서에서도 종교교육과 관련한 지침은 고등학교를 제외하고는 찾아볼 수 없다. 2011년 개정 교육과정을 중심으로 각 학교급별 종교교육 관련 지침을 분석하면 다음과 같다.

1) 초등학교에서 종교교육의 가능 근거

국가 교육과정은 초등학교에서 종교교육을 할 수 있는지에 대해 어떠한 언급도 하고 있지 않다. 따라서 종립초등학교에서 종교교육을 할 수 있는 근거가 다른 학교급에 비해 더 없는 실정이다. 왜냐하면 국가 교육과정에 종립초등학교에서 종교교육을 할 수 있다는 표현은 어디에서도 찾아볼 수 없기 때문이다.

'2011년 개정 교육과정'에서 명시한 초등학교에서의 종교교육 가능 근거는 다음과 같은 매우 추상적인 두 가지 밖에 없다. 첫째, 국가 교육과정은 모든 학교가 따라야 할 최소한의 규정과 지침이기 때문에 국가 교육과정 외에 학교가 필요하다고 판단하는 시수와 내용을 '+α'로 가르칠 수 있다는 해석이 가능하다. 여기서 '+α'로 종교를 가르칠 수 있다. 이 경우 종교교육은 '+α'로 이루어지는 것이기 때문에 국가 교육과정에 제시된 연간 수업시수에 포함할 수 없다. 더 나아가 초등학교에서 국가 교육과정에 제시된 연간 수업시수에 '+α'를 가르칠 수 있는가에 대해서도 논란이 있을 수 있다. 왜냐하면 국가 교육과정에서 중 · 고등학교의 경우 시수의 증감이나 과목 신설에 대한 (허용) 규정이 있는 데 비해 초등학교의 경우에는 이런 규정 자체가 없기 때문이다. 달리 말하면, 초등학교에서는 국가 교육과정에 제시된 연간 수업시수에 추가하여 가르칠 시수나 내용에 대한 근거 규정 내지 지침 자체가 없기 때문에 '+α'로 종교를 가르치는 것의 정당성에 대해서도 논란의 여지가 있다. 둘째, 다소 억지로 보일 수도 있지만 창의적 체험활동의 하나로 종교를 가르칠 수 있다. 초등학교교육과정 편성 · 운영의 중점 중 "정보통신활동교육, 보건교육, 한자교육 등은 관련 교과(군)와 창의적 체험활동 시간을 활용하여 체계적인 지도가 이루어질 수 있도록 한다."라는 지침이 있다. 초등학교에서 종교교육의 근거를 굳이 찾자면 앞의 지침에서 '등'에 종교교육이 들어갈 수 있는 여지가 있다고 해석할 수도 있다. 그러나 '등'에 종교교육이 포함될 수 있다는 주장이 문맥상 올바른 해석이라고 보기 어렵다는 반론이 얼마든지 가능하다.

요약하면, 국가 교육과정에서 초등학교에서 종교교육의 가능 근거를 찾는 것은 쉽지 않다. 따라서 종립초등학교에서 종교교육은 중 · 고등학교보다 더 많은 논란의 가능성을 지닌다. 다만 종립(사립)초등학교의 경우 학생과 학부모의 학교 선택권이 100% 보장된다는 점, 사립초등학교 진학이 특권으로 여겨져서 학생과 학부모가 종교교육에 대해 문제를 제기하지 않고 있다는 점이 다행이라고 볼 수 있다. 그러나 관점을 달리하면 바로 이런 점 때문에 종립(사립)초등학교에서의 종교교육의 문제는 휴화산과 같은 상태에 놓여 있다고 볼 수 있다. 누군가가 건드리기만 하면 언제나 터질 수 있는 문제를 안고 있지만 다행스럽게도 아직까지는 아무도 건드리지 않고 있다는 것이다. 따라서 종립(사립)초등학교에서 종교교육의 가능 근거를 조속히 마련할 필요가 있다.

2) 중학교에서 종교교육의 가능 근거

국가 교육과정은 종립중학교에서의 종교교육 가능 근거 역시 찾을 수 없다. 그럼에도 중학교에서는 초등학교에서보다 종교교육의 가능 근거를 마련하기가 좀 더 용이해 보인다.

중학교에서 종교교육의 가능 근거는 선택과목에서 찾을 수 있다. 즉, 중학교에서는 선택과목으로 종교를 가르칠 수 있다. 일단 중학교 교육과정 편제에는 "교과(군)는 국어, 사회, …… 선택으로 한다. 선택은 한문, 장보, …… 진로와 직업 등 선택 과목으로 한다."는 지침이 있으며, 중학교 교육과정 편성 · 운영의 중점에는 "학교는 필요한 경우 새로운 선택 과목을 개설할 수 있다."고 언급하고 있다. 이러한 지침에 근거할 때 중학교에서는 종교 과목을 선택 과목으로 개설할 수 있다. 다만 학교급별 공통 사항에 나와 있는 지침에 따라 "학교가 종교 과목을 개설할 때에는 종교 이외의 과목을 포함, 복수로 과목을 편성하여 학생에게 선택의 기회를 주어야 한다."

요약하면, 중학교 교육과정에서도 종교교육의 가능 근거를 구체적으로 언급하고 있지는 않다. 다만 시·도 교육청의 교육과정 편성·운영 지침에 의거하여 사전에 필요한 절차를 거쳐서 선택과목으로 종교 과목을 개설할 수 있으며, 종교 과목을 개설할 때에는 종교 이외의 과목을 포함, 복수로 과목을 편성하여 학생에게 선택 기회를 제공해야 한다.

다. 중학교 교육과정 편성·운영의 중점

(6) 선택과목을 개설할 경우, 학교는 2개 이상의 과목을 개설함으로써 학생들의 선택권이 보장되도록 한다.

(7) 학교는 필요한 경우 새로운 선택 과목을 개설할 수 있다. 새로운 과목을 개설하여 운영하고자 할 경우에는 시도 교육청의 교육과정 편성·운영 지침에 의거하여 사전에 필요한 절차를 거쳐야 한다.

3) 고등학교에서 종교교육의 가능 근거

종립학교에서 종교교육의 가능 근거를 가장 명시적으로 제시하고 있는 학교급이 고등학교다. 초등학교와 중학교에서는 종교 과목을 가르칠 수 있는 어떠한 명시적인 언급도 없는 반면에 고등학교에서는 종교 과목(종교학, 5±1 단위 가능)이 생활·교양 영역의 선택 과목으로 제시되어 있다. '종교학'은 집중이수의 예외로 인정받아 여러 학기에 걸친 분산 이수가 가능하다. 예를 들면, 1단위 증배한 6단위로 편성하여 6학기에 걸쳐 학기당 1단위씩 분산 이수하는 것이 가능하다. 다만 종교 과목을 개설할 때에는 종교 이외의 과목을 포함, 복수로 과목을 편성하여 학생에게 선택의 기회를 제공해야 한다.

지금까지 살펴보았듯이, 국가 교육과정에서는 고등학교급에서만 종교 과목을 가르치는 것이 가능함을 명시적으로 언급하고 있을 뿐, 초등학교와 중학교에서는 종교 과목에 대한 어떤 언급도 하지 않고 있다. 우리나라 국가 교육과정은 종립학교에도 적용되는 고시 문서임에도 종교교육에 대한 언급의 부재 또는 최소화로 인해 종교교육의 원칙이나 지침이 불충분하다는 근본적인 문제를 지니고 있다.

(3) 보통교과 (편제표)

고등학교 보통교과 편제표에 '생활 · 교양' 영역에 선택과목으로 '종교학' 과목이 편성되어 있다.

다. 고등학교교육과정 편성 · 운영의 중점

(마) 선택 과목은 학교의 실정과 학생들의 요구를 반영하여 편성하되, 학교는 필요에 따라 이 교육과정에 제시되어 있는 과목 외에 새로운 과목을 개설할 수 있다. 새로운 과목을 개설하여 운영하고자 할 경우에는 시 · 도 교육청의 교육과정 편성 · 운영 지침에 의거하여 사전에 필요한 절차를 거쳐야 한다.

4. 학교급별 공통 사항

가. 편성 · 운영

(7) 학교가 종교 과목을 개설할 때에는 종교 이외의 과목을 포함, 복수로 과목을 편성하여 학생에게 선택의 기회를 주어야 한다.

4. 학교 유형별로 가능한 종교교육 방안

앞 절에서 살펴보았듯이, 우리나라에는 종립학교가 종교교육을 할 수 있는 근거가 그다지 분명하지 않다. 그럼에도 우리 사회는 종교 다원 사회이며, 많은 국민이 종교적으로 열심이어서 종교 간 갈등이 발생할 소지가 많은 사회다. 이런 상황을 고려할 때 무엇보다도 종립학교에서 어떤 형태의 종교교육이 가능하지를 먼저 분명히 밝힐 필요가 있다.

1) 학생 선발권과 학교 선택권에 따른 고등학교 유형 분류

우리나라 고등학교는 학생을 선발하는 시기에 따라 전기 (선발) 고등학교와 후기 (선발) 고등학교가 있다. 다시 말하자면, 평준화 고등학교가 후기 선발 고등학교에 속하며, 나머지 고등학교가 전기 선발 고등학교에 해당한다. 그러나 학생과 학부모, 더 나아가 우리 사회 일반인에게 의미 있는 고등학교 유형은 평준화 · 비평준화 · 전기 선발 고등학교 및 (인가) 대안학교 등이 존재한다. 각 학교 유형은 학교의 학생 선발권과 학생의 학교 선택권의 소유 정도가 서로 다르다. 우리나라의 종립고등학교도 한 가지 유형으로 존재하기보다는 앞서 언급한 여러 유형의 학교로 존재한다.

먼저, 학교의 학생 선발권과 학생의 학교 선택권의 정도와 관련하여 각각의 고등학교가 어떤 특징을 지니는지 살펴보면 다음과 같다.

첫째, 평준화 고등학교다. 주로 대도시에 위치한 평준화 고등학교, 즉 일반고등학교에서는 학생의 거주지나 교통 편의 등을 고려한 컴퓨터 추첨을 통해 학생을 배정한다. 1990년대 중반 이후 대부분의 평준화 지역에서는 학생의 선지원을 받아 학교를 배정하려는 노력을 하고 있지만 상당수의 학생들은 여전히 자신의 희망과 다른 고등학교에 배정되고 있다. 이런 이유로 종교 관련 기본권 간의 갈등 사태가 종종 발생하는 학교 유형이다. 학생의 선택이나 희망과는 관계없이 강제 배정되는 학생들이 많은 학교 유형인만큼 평준화 지역의 종립학교에서는 종교교육도 매우 제한받을 수밖에 없는 실정이다.

둘째, 비평준화 고등학교다. 비평준화 고등학교란 주로 농산어촌이나 중소도시 등 비평준화 지역에 위치한 일반고등학교로서 학교가 학생 선발권을 행사하는 학교를 의미한다. 비평준화 고등학교는 학생이 지원할 학교를 선택하고 학교가 가르칠 학생을 선발한다는 점에서 평준화 고등학교보다는 종교교육과 관련하여 사적 계약 관계가 성립될 가능성이 더 많은 학교다. 그러나 실제적으로 비평준화 지역에서는 (중소도시의 경우) 진학할 학교가 학생의 성적순으로 결정되거나 (농산어촌의 경우) 지역에 학교가 하나밖에 없기 때문에 학생들에게 실질적인 학교 선택권은 없는 실정이다. 따라서 비평준화 지역 종립학교의 종교교육도 상당히 제한받을 수밖에 없다.

셋째, 전기 선발 고등학교다. 앞서 살펴본 평준화 고등학교와 비평준화 고등학교가 후기 배정 고등학교라면, 특수목적고등학교, 자율고등학교, 특성화고등학교(구 실업고등학교, 전문고등학교) 등이 전기 선발 고등학교에 해당한다. 전기 선발 고등학교는 학생의 학교 선택권과 학교의 학생 선발권이 앞에서 살펴본 평준화 · 비평준화 고등학교 유형보다 더 많이 주어진 학교라고 볼 수 있다. 그러나 특성화고등학교는 직업 훈련을 위한 특별 교육과정을 운영하는 학교이며, 특수목적고등학교와 자율고등학교 등은 대부분 명문학교로서 학생들이 진학을 희망하는 소수의 학교라는 점에서 종교에 근거한 학생의 학교 선택권 및 회피권이 충분히 보장된 학교라고 보기 어렵다. 따라서 전기 선발 고등학교인 종립학교의 종교교육도 일정 부분 제한받을 수밖에 없다.

넷째, 대안고등학교다. 대안고등학교는 대부분 국가의 학력 인가를 받지 않는 학교로 출발하였고, 따라서 교육과정을 포함한 제반 교육활동을 자유로이 수행할 수 있는 학교였다. 그러나 최근 들어 교육부는 대안학교 중 일정 조건을 충족한 학교를 학력 인정 대안학교로 인정하고, 필요한 재정을 일부 지원해 주고 있다. 인가 여부와 관계없이 대안학교는 지원자가 일반학교 지원자와 다른 특징 때문에 상대적으로 제한을 받지 않고 종교교육을 자유롭게 실시하고 있다.

지금까지 살펴본 고등학교 유형을 학교의 학생 선발권 및 학생의 학교 선택권의 정도와 관련하여 정리하면 〈표 7-1〉과 같다.

〈표 7-1〉 학교의 학생 선발권과 학생의 학교 선택권 수준에 따른 고등학교 유형

학교 / 학생	학교의 학생 선발권 (×)	학교의 학생 선발권 (O)
학생의 학교 선택권 (× 또는 △)	평준화 고등학교	비평준화 고등학교
학생의 학교 선택권 (△ 또는 O)	(해당 고등학교 사례 없음) 특수교육 대상자	전기 선발 고등학교 (특수목적고등학교, 자율고등학교, 특성화고등학교 등) 대안학교

2) 종립학교에서 실행 가능한 종교교육의 유형

종립학교에서 종교교육을 실시하는 방안, 즉 종교교육의 유형에는 어떤 것들이 있을 수 있는가? 여기서는 종립학교에서 실행 가능한 종교교육의 유형만을 간단히 살펴보고자 한다.

종립학교에서 종교교육을 실시하는 방법으로는 간접 신앙교육이 있을 수 있다. 이는 학교에서 학생을 대상으로 성경교육이나 예배의식을 직접적으로 시행하지는 않지만, 종립학교의 문화나 교사의 신앙에 근거한 생활지도 등을 통해 간접적으로 종교교육을 실시하는 방식이다. 일제강점기 일본 총독부의 종교교육 금지 정책에 대한 대응이라는 특수한 맥락에서이기는 하지만 배재학당, 이화학당, 정의여학교 등 감리교 계통의 종립학교는 이런 종교교육을 시행한 사례라고 볼 수 있다(손인수, 1971). 그리고 현재의 상당수의 가톨릭 계통의 학교가 이런 유형의 종교교육을 실시하고 있다.

종립학교에서 종교교육을 간접적인 방식이 아니라 직접적인 방식으로 실시하는 방법도 있다. 여기서 종교교육을 직접적으로 실시한다고 할 경우 교양 성격의 종교교육과 신앙교육 성격의 종교교육이 있을 수 있다. 전자가 다양한 종교를 가르치는 종교학교육의 성격을 지닌다면, 후자는 특정 종교 교리나 신앙을 가르치는 종파교육의 성격을 지닌다. 종립학교에서 종교학교육을 실시해야 하는지, 아니면 신앙교육을 실시해야 하는지는 종립학교의 성격이나 종교교육을 바라보는 사람의 신앙관 및 교육관에 따라 다를 수 있다.

지금까지의 논의를 종합하면, 종립학교에서 실행 가능한 종교교육의 유형은 간접 신앙교육, 직접 신앙교육 그리고 종교학교육이 있다. 각 종립학교에서 어떤 유형의 종교교육을 실시하는 것이 바람직한지는 각 종립학교의 교육관이나 선교 전략에 따라 다를 수 있다. 그러나 각 종립학교가 어느 유형의 종교교육을 선택하더라도 선택한 종교교육을 실행할 수 있는 자유는 보장될 필요가 있다.

앞서 살펴본 고등학교 유형과 종교교육 유형을 교차시키면 〈표 7-2〉와 같다.

〈표 7-2〉 학교 유형별 실행가능한 종교교육 방안

종교교육 유형 / 학교 유형	간접신앙교육(A)	직접신앙교육(B)		종교학교육(C)
		현재	미래(개선)	
평준화 고등학교	○	×	△	○
비평준화 고등학교	○	×	△	○
전기 선발고등학교	○	×	○	○
대안학교	○	△	○	○

이 표를 통해 종립학교에서 종교교육의 가능성을 검토해 보면 다음과 같다. 일단 정부는 A와 C 유형의 종교교육을 공식적으로 모든 학교에 허용하고 있다. 사실 A 유형의 종교교육은 간접적인 종교교육에 해당하는 유형이기 때문에 종교교육을 허용한다는 말 자체가 별 의미가 없다. C 유형의 종교교육은 '종교 이외의 과목을 포함, 복수로 과목을 편성'하는 조건으로 종교교육을 허용하고 있다. 사실, C 유형의 종교교육도 종립학교에서만이 아니라 모든 학교에서 원칙적으로 실시할 수 있다.

여기서 우리의 관심사는 B 유형의 종교교육을 각 유형별 종립학교에서 실시할 수 있는지의 문제다. 고등학교에서는 정부가 명시적으로 종교 과목을 가르칠 수 있도록 허용하고 있지만 C 유형의 종교교육은 허용하고 B 유형의 종교교육은 원칙상 금지하고 있다. 다만 (비인가) 대안학교의 경우 원칙상 정부의 간섭을 받지 않기 때문에 B 유형의 종교교육을 자유롭게 실시할 수 있다. 이런 원칙과는 달리, 현실적으로는 정부가 C 유형의 종교교육을 권장하고 B 유형의 종교교육에 대해서는 애매한 입장을 취하고 있다.

사실 종립학교는 설립 이래로 B 유형의 종교교육을 실시해 왔으며, 현재에도 대부분의 종립학교는 B 유형의 종교교육을 실시하기를 희망하고 있다. 그러나 정부는 B 유형의 종교교육에 대해 애매한 입장을 취하고 있다. 실질적으로는 특정 조건만 갖추면 B 유형의 종교교육을 할 수 있도록 허용하면서도 원칙적으로는 종립학교에서 C 유형의 종교교육만을 허용하고 있다.[22] 이에 따라 종립학교 역시 애매한 형태로, 즉 이중 교육과정 편성이라는 변칙적 방식으로 B 유형의 종교교육을 실시하고 있다. 종립학교가 B 유형의 종교교육을 실시할 경우 학생의 학교 선택권이 상대적으로 적은 평준화 고등학교에서는 종교교육과 관련한 갈등이 발생할 가능성이 가장 높고, 학생의 학교 선택권이 상대적으로 큰 대안학교에서는 갈등이 발생할 가능성이 가장 낮다. 정부가 종립학교에서의 종교교육에 대한 규정이나 지침을 명확하게 제시하지 않음으로써 종립학교는 학생에게 떳떳하지 못한 방식으로 종교교육을 실시하고 있다. 즉, 공식적으로는 종교학교육 성격의 교육과정과 교과서를 가지고 C 유형의 종교교육을 진행한다고 하면서 실질적으로는 B 유형의 신앙교육을 수행하는 모순을 감내하고 있는 것이다.

앞의 논의에서 알 수 있듯이, 정부는 종립학교에서의 B 유형의 종교교육 실행 가능성 여부와 관련해 어떠한 지침도 명시적으로 제시하지 않고 있다. 모든 학교에 대한 일반적인 지침만을, 그것도 B 유형의 종교교육이 아니라 C 유형의 종교교육에 대한 지침만을 제시하고 있다. 강의석 군 종교교육사건을 치렀고, 종교교육에 대한 정부 차원의 정책연구도 수행했고, 강의석 군 사건의 대법원 판결도 있었다. 특히 강의석 군 사건에서는 특정 조건만 충족하면 '특정 종교 교리를 전파하는 종파교육 형태의 종교교육'을 실시하는 것이 적법하다고 판결했다. 이런 일련의 과정

22) 정부는 종교학 교육과정에서 종교학 과목을 다양한 종교를 이해하는 교양 성격의 과목으로 규정하면서, 다른 한편으로는 종교적 경험을 통한 신앙의 육성이라는 종교적 행위를 위한 과목으로 규정하는 애매모호한 입장을 취하고 있다(김재춘, 2006).

을 경험하고서도 교육부는 여전히 종립학교에서 B 유형의 종교교육 실행 가능성 여부에 대해 어떤 분명한 정책이나 지침도 제시하지 않고 있다. 정부는 모든 학교에서의 C 유형 종교교육에 대한 일반적인 지침이 아니라 종립학교에서의 B 유형 종교교육의 실행 가능성 여부에 대한 지침을 조속히 마련하여 제시할 필요가 있다.

5. 종립학교에서 종교교육 개선 방안

여기서는 종립학교의 종교교육을 위한 제도 개선 방안을 탐색한다. 제도 개선은 단기적인 방안과 중장기적인 방안으로 나누어 제시하고자 한다. 여기서 단기적인 방안과 중장기적인 방안의 구분은 단순히 시간이 적게 걸리거나 많이 걸린다는 사실에만 근거한 것은 아니다. 즉, 단기적인 방안은 종립학교가 국가나 정부에 마땅히 요구할 수 있으며 요구해야 한다는 의미에서 우선적으로 필요한 제도 개선 방안이라는 의미도 지니며, 중장기적인 방안은 정부나 국민을 설득하는 데 논리적 · 시간적으로 상당한 준비가 필요한 제도 개선 방안이라는 의미를 지닌다. 이들 각 제도 개선 방안을 살펴보면 다음과 같다.

1) 단기적 제도 개선 방안

단기 방안 1: 종립학교가 정부에 신앙교육(즉, B 유형의 종교교육)을 위한 근거인 정책이나 지침을 명시적으로 만들어 줄 것을 요구해야 한다.

앞서 살펴본 것처럼, 정부는 종립학교에 종교교육 실행에 대한 어떠한 명시적인 지침도 지금까지 제시한 적이 없다. 모든 종류의 학교에 적용할 수 있는 교양 성격의 종교교육(C 유형)에 대한 일반 지침만을 제시하고 있을 뿐이다. 더 나아가 교양 성격의 C 유형 종교교육조차도 단수 편성이 아니라 복수 편성을 요구하고 있다. 따라서 일반학교가 아닌 종립학교를 위한 신앙교육 지침을 학생의 학교 선택권이 허용된 종립학교부터 단수로 편성하여 교육할 수 있도록 허용해 줄 것을 요구해야 한다.

그렇다면 어떤 종류의 지침을 요구해야 하는가? 신앙교육을 시행할 수 있는 종교 과목의 개설권 및 학교행사 등을 통해 신앙교육을 실시할 수 있는 근거나 지침을 제시해 줄 것을 요구해야 한다. 이를 위해서는 현재의 종교학 과목 대신에 성경 등 신앙 과목을 가르칠 수 있는 종교교육의 자유를 요구해야 한다. 예를 들면, 종립학교에서는 종교학 대신에 성경 등을 자유로이 편성하여 가르칠 수 있는 종교교육과정 편성 · 운영의 자유가 허용되어야 한다. 종립학교에서는, 강의석 군 사건의 대법원 판결에서 나타난 것처럼, 학생의 신앙의 자유를 존중한다는 조건만 충족시키면 신앙교육을 자유로이 수행할 수 있다. 이러한 신앙교육의 근거를 국가 교육과정이나 교육 관련 법령으로 마련해 줄 것을 요구해야 한다.

단기 방안 2: 각 시 · 도 교육청이 종립학교에서 종교교육의 자유를 최대한 향유할 수 있도록 종교를 고려한 학생 배정 방식(예: 종교회피제도)을 도입할 것을 요구해야 한다.

중앙정부든 지방정부든 간에 정부는 국민의 자유를 최대한 실현시키려고 노력해야 할 임무가 있다. 정부는 학생의 신앙의 자유와 종립학교의 종교교육의 자유가 갈등하지 않도록, 그리하여 학생과 학교 모두의 자유를 최대한 보장하기 위해 노력해야 한다. 학생을 배정할 때 학생이 회피하고자 하는 '종교 학교'에 대해서는 배정을 안 하도록 조치함으로써 불필요한 종교적 갈등을 사전에 예방할 수 있을 뿐만 아니라 학생의 신앙의 자유와 종립학교의 종교교육의 자유 모두를 신장시킬 수 있다.

학생의 학교 배정 시 학생이 회피하고자 하는 '종교 학교'에는 배정하지 않는 종교회피제도는 정부의 의지만 있다면 큰 비용이나 행정상의 어려움 없이 당장에라도 실시할 수 있다. 그럼에도 정부가 종교회피제도를 도입하지 않는다면, 그래서 「헌법」과 「교육기본법」에 보장된 종립학교의 종교교육의 자유를 신장시키려고 노력하지 않는다면 정부는 직무를 유기한 것으로 비판받아 마땅하다. 따라서 종립학교가 종교교육의 자유라는 기본권을 충분히 발휘할 수 있도록 정부가 학생의 학교 배정 시 종교를 고려한 배정 방식(즉, 종교회피제도)을 당장 도입할 것을 촉구할 필요가 있다. 최근 들어 평준화 지역에서도 학생의 희망(1, 2, 3 순위 등)을 반영하여 배정하는 방식의 확대로 대부분의 학생이 회피하는 종립학교에 배정될 확률이 줄어든 것은 사실이다. 이 경우 소수의 강제 배정자도 자신이 회피하기 희망하는 종립학교에 배정되지 않도록 노력하고, 피치 못할 경우 종교적 이유로 전학이 가능하도록 필요한 조치를 취할 필요가 있다.

2) 중장기적 제도 개선 방안

중장기 방안 1: 정부가 종립학교를 학교의 학생 선발권과 학생의 학교 선택권이 보장된 전기 선발 학교로 인정해 줄 것을 요구해야 한다.

종립학교는 종교교육이라는 특정한 설립 목적을 지닌 학교다. 이러한 설립 목적을 실현하기 위해서 종립학교는 종교교육의 자유를 최대한 향유할 수 있어야 한다. 그러나 학생이 강제 배정되는 후기 배정 학교 체제에서는 종립학교가 설립 목적에 부합하는 종교교육의 자유를 최대한 향유할 수 없다. 따라서 종교교육이라는 특수한 설립 목적을 지닌 종립학교에 대해서는 종교를 기준으로 학생 선발이 가능하도록 전기 선발 학교로 인정해 줄 필요가 있다.

최근 들어 정부는 고등학교 다양화라는 명분으로 여러 유형의 학교에 학생 선발권을 허용하고 있다. 정부가 진정으로 고등학교 다양화를 원한다면 종교교육이라는 특수한 설립 목적을 지닌 종립학교에 학생 선발권을 허용해 주어야 한다. 종립학교는 종교교육을 수행한다는 것 자체만으로도 일반학교와는 차별화된 교육을 수행한다고 볼 수 있으며, 그만큼 고등학교 다양화에 기여할 것이기 때문이다.

중장기 방안 2: 정부의 재정 지원이 일부 이루어지는 종립학교에서도 신앙교육이 이루어질 수 있는 제도적 장치를 마련해야 한다. 종립학교에서의 신앙교육은 정부의 재정 지원과는 별개의 문제로 다루어져야 하기 때문이다.

사실 종립학교에 대한 정부의 재정 지원 문제는 각 국가의 전통이나 문화에 따라 다르다. 영국 국교를 피해 미국에 정착한 청교도는 무엇보다도 정치로부터 종교의 자유를 원했다. 바로 그런 이유 때문에 미국은 정교분리 정책을 매우 엄격하게 고수했으며, 그 결과 종교교육을 실시하는 학교에 대해서는 정부의 재정 지원을 철저히 금지하고 있다.

그러나 많은 유럽 국가는 종교교육을 실시하는 사립학교, 즉 종립학교에도 정부의 재정을 지원하고 있다. 예를 들면, 네덜란드는 1920년부터 종교계 사립학교가 공립학교와 동등한 지위를 갖는 것으로 간주하고 동일한 재정 지원을 하고 있으며(조성국, 2009), 호주는 2000년대 들어 기독교계 사립학교에도 정부의 재정 지원을 늘리고 있다. 우리나라 대부분의 종립학교들은 일제강점기나 해방 후 국가가 어려운 시기에 국가 발전을 위해 학교교육을 시작한 학교들이다. 이러한 특수성을 고려할 때 정부가 재정을 일부 지원한다고 해서 종립학교의 종교교육을 금지하는 것이 타당한지에 대해 재검토할 필요가 있다. 미국과는 다른 전통과 문화를 지닌 우리나라에서 미국만을 모델로 삼아 종교교육을 실시하는 종립학교에 정부의 재정 지원을 할 수 없다는 입장을 고집하는 것은 타당하지 않을 수 있다는 것이다. 국가가 어려움에 처했을 때 학교교육을 시작한 종립학교에 대해 정부가 그 설립 목적에 부합하는 종교교육을 간섭하지 않고 재정 지원하는 방안을 긍정적으로 검토할 필요가 있다.

6. 나가는 말

인간의 삶에서 종교는 매우 중요하다. 그래서 우리 「헌법」에서도 신앙의 자유와 종교교육의 자유를 기본권으로 보장하고 있다. 특히 우리나라는 종교 인구도 많을 뿐만 아니라 종교에 대한 열정도 대단하다. 이처럼 종교가 대단히 중요한 나라임에도 학교교육에서 종교교육에 대한 제도나 정책은 거의 마련되어 있지 않다. 종교교육과 관련한 유일한 정책 또는 지침은 '종교 관련 과목을 개설할 때 복수로 편성하여 선택권을 제공'하라는 국가 교육과정의 지침뿐이다.

정부는 「헌법」이 보장하고 있는 국민의 기본권인 종교의 자유를 신장하기 위해 노력해야 한다. 학생의 신앙의 자유와 종립학교의 종교교육의 자유가 갈등하거나 훼손되는 상황을 최소화하고 두 기본권을 최대한 신장시킬 수 있는 제도적 방안을 마련하여야 한다. 특히 종립학교가 학생의 신앙의 자유를 침해하지 않으면서도 종교교육의 자유를 향유할 수 있는 제도를 만들기 위해 노력할 필요가 있다. 따라서 단기적으로는 각 학교급별 종립학교에서의 신앙교육에 관한 정책이나 지침을 개발하여 제시할 필요가 있으며, 학생의 신앙의 자유와 종립학교의 종교교육의 자유의 갈등을 예방하기 위해서라도 학생의 학교 배정 시 종교회피제도를 도입할 필요가 있다. 또한 중장기적으로는 종교교육이라는 특수한 설립 목적을 지닌 종립학교를 종교를 기준으로 학생 선발이 가능하도록 전기 선발 학교로 인정해 줄 필요가 있다.

종교교육이라는 특수한 설립 목적을 지닌 종립학교가 상당수에 이름에도 정부는 종립학교에서의 신앙교육에 대한 어떠한 명확한 정책이나 지침도 제시하고 있지 않다. 다만 모든 학교를 대상으로 하는 지극히 일반적이고 형식적인 지침, 그것도 교양 성격의 종교학만을 편성할 수 있도록, 심지어 고등학 교 수준에서만 명시적인 지침을 제시하고 있다. 정부는 종립학교에서의 신앙교육을 위한 지침을 교과교육을 위한 지침과 학교행사 등과 관련한 지침으로 구분하여 구체적이고 명시적으로 제시해야 할 것이다. 학교 설립 목적에 따라 신앙교육을 하기 희망하는 종립학교에는 그런 교육을 할 수 있는 법적 · 제도적 장치를 마련해 줄 필요가 있다.

한편, 이번 기회에 종립학교도 종교교육에 대한 관점의 전환을 시도하여야 한다. 종립학교가 설립된 이래로 많은 시간이 흐르면서 학생도 달라졌고 교육환경도 변했다. 따라서 종교교육의 내용과 방법에 대한 재점검도 필요해 보인다. 종교 교리를 강제로 주입하려는 구시대적인 교수법을 과감히 벗어던지고 '교육'의 성격에 충실한 종교교육을 실시하고자 노력하여야 할 것이다. 교육은 학습자의 자발성을 전제하고 사유를 통한 인지적 안목을 형성하려는 인류의 과업이다. 따라서 종립학교에서의 종교교육도 강요보다는 자발성을, 주입보다는 사유를 중시하는 방향으로 나아갈 필요가 있다. 학생이 기독교적 안목으로 세계를 이해할 수 있도록 교육하는 일, 즉 기독교적 세계관을 가질 수 있도록 교육하는 것이 종립학교가 진정으로 수행해야 하는 종교교육이라고 볼 수도 있다.

요약하면, 정부는 종립학교가 신앙교육을 포함하여 희망하는 유형의 종교교육을 수행할 수 있도록 필요한 법적·제도적 장치를 마련해 주어야 한다. 그리고 종립학교는 원칙상 학교의 설립 이념에 따라 학교가 희망하는 유형의 종교교육을 실시할 수 있어야 한다. 그러나 종립학교 역시 학교가 실시하려는 종교교육이 오늘날의 학교에서 종교교육의 성격에 적합한지, 진정으로 성경적 세계관을 지닌 기독인을 길러 내는 데 적합한 종교교육을 실시하고 있는지 끊임없이 자문해 보아야 할 것이다.

토론문제

1. 학생의 '종교의 자유'와 종립학교의 '종교교육의 자유'가 갈등을 일으킬 때, 이 갈등을 해결하기 위해 적절한 단계적 방안은 무엇인지 이야기해 보자.
2. 비평준화 지역에 소재한 종립학교에서 학생의 종교의 자유를 침해하지 않으면서 신앙교육을 할 수 있는지 여부를 그 이유와 함께 이야기해 보자.
3. 종교학교육과 신앙교육의 장단점은 무엇인지, 그리고 기독교인은 왜 종립학교에서 신앙교육이 필요하다고 보는지 이야기해 보자.
4. 종립학교에 신앙교육을 허용하는 국가 교육과정 지침을 만들어 보고, 각 지침이 필요한 이유를 설명해 보자.

참고문헌

강영택(2011). 기독교학교에서 종교교육의 방안에 대한 고찰. 기독교교육논총, 27.

김유환(2008). 초 · 중등학교 종교교육의 문제점과 해결방향. 공법학연구, 9(1).

김재춘(2006). 초 · 중등학교에서의 종교 교과 및 교과외 활동 시행 방안 탐색. 한국교육법학회 2006년 정기학술대회 겸 공청회 자료집.

김재춘(2006). 초 · 중등학교에서의 종교교육의 허용 범위와 한계. 한국교육법학회 2006년 정기학술대회 겸 공청회 자료집.

박종보(2007). 사립학교에서 종교교육의 자유와 학생의 신앙의 자유. 법학논총, 24(3).

성낙인(1995). 宗敎의 自由와 學校에서의 宗敎敎育. 考試界, 95(10).

손성현(2009) 최근 독일의 종교교육학 스케치-오늘 우리의 교회교육을 성찰하기 위하여-. 월례포럼, 2009-11.

손원영(2010). 기독교계사립학교에서의 종교교육-초.중등교육법 일부 개정법률안과 관련하여-. 종교교육학연구, 32.

임지봉(2011). 사립고등학교에서의 종교교육과 학생의 인권. 세계헌법연구, 17(2).

조성국(2009). 네덜란드 기독교학교 운동의 역사가 한국 기독교학교의 과제에 주는 함의. 기독교교육논총, 20.

홍은숙(2009). 민주사회에서의 중등학교 종교교육의 문제와 방향 고찰. 기독교교육논총, 21.

Religious Education

제 8 장

종립학교의 종교교육의 자유와 학생의 종교교육 거부의 자유

1. 들어가는 말

「헌법」 제20조 제1항은 "모든 國民은 宗教의 自由를 가진다."라고 규정하여 종교의 자유를 보장하고, 제2항은 "國教는 인정되지 아니하며, 宗教와 政治는 分離된다."라고 규정하여 국교 부인 및 정교 분리(영어식 표현으로는 'separation between church and state', 즉 교회와 국가의 분리)의 원칙을 선언하고 있다.[23)]

23) 이러한 우리 「헌법」 제20조의 구조는 미국 「연방헌법」 개정 제1조의 '종교의 자유' 부분과 유사하다. 동조는 "연방의회는 종교를 설립하거나 종교의 자유로운 행사를 금지하는 …… 법률을 제정할 수 없다."고 규정하고 있다. 미국에서는 앞부분을 '국교 부인 조항(establishment clause)', 뒷부분을 '종교의 자유로운 행사 조항(free exercise clause)'이라고 부른다. 미국 헌법 이론에서는 종교를 설립하지 말라는 명제와 종교를 방해하지 말라는 명제가 서로 긴장관계에 있는 것으로 이해한다(John & Rotunda, 2004, p. 1408).

국교(national church)의 부인과 정교의 분리란 일종의 동어 반복이라고 할 수 있는데, 국가를 비롯한 공권력 주체가 종교에 대하여 중립성을 유지해야 한다는 원칙이다. 즉, 이 원칙에서 파생되는 대표적인 문제가 국가가 종교단체를 지원할 수 있는가 하는 것과 국공립학교에서 종교교육을 실시할 수 있는가 하는 것이다.

종교의 자유는 신이나 절대자 등 초월적 존재를 신앙할 자유를 말한다. 종교의 자유를 보장하는 국가는 개인에게 특정 종교를 믿으라고도, 믿지 말라고도 강요할 수 없다. 아무 종교도 믿지 않는 것 역시 자유다. 그런데 「헌법」이 보장하는 종교의 자유가 초월적 존재를 신앙하는 데 그치지 않고 자기의 신앙을 전파하는 자유까지 포함한다면 이 선교의 자유는 종교를 믿지 않는 다른 사람의 자유와 충돌할 수 있다. 또한 이 선교의 자유가 학교를 설립하여 종교교육을 할 자유를 포함한다면 이 종교교육의 자유는 학생의 종교교육을 받지 않을 자유와 충돌할 수 있다. 여기까지는 국가의 개입이 없는 순수한 사인(私人) 간의 기본권 충돌이다. 그러나 학생이 그 학교를 자발적으로 선택한 것이 아니라 공권력에 의해서 배정받았다면 이 사인 간의 기본권 충돌의 원인 제공자는 국가다. 여기서 우리나라 사립학교에서의 종교교육 문제의 복잡성이 발생한다.

사립학교에서의 종교교육을 논하다 보면 필연적으로 중등학교 평준화 제도의 위헌 여부가 문제된다. 그러나 이 글의 주요 목적은 중등학교 평준화 제도의 옳고 그름을 검토하는 것이 아니라 현재의 교육제도 아래에서 허용되는 종교교육의 범위를 헌법 이론적 차원에서 검토하는 것이다. 그러므로 평준화 제도 문제는 종교교육의 허용 범위를 논증하는 데 필요한 한도 내에서만 다루기로 한다.

2. 종교의 자유의 의의와 보호 영역

1) 종교의 자유의 개념과 보호법익

(1) 종교의 자유의 개념

동서양을 막론하고 종교는 법률 이전의 개념이기 때문에 다양한 의미로 사용될 수 있다. 헌법학자들은 대체로 종교를 인간의 상념의 세계에서만 존재할 수 있는 신이나 절대자 등 초월적 존재를 신봉하고 그것에 귀의하는 것이라고 이해한다(권영성, 2010, p. 489). 이러한 견지에서 종교의 자유는 절대자에 대한 귀의 또는 신과 내세(피안)에 대한 내적 확신의 자유다. 그러므로 아무리 내적 확신에서 나온 것이라 하더라도 신과 피안에 대한 관련성이 없는 한 하나의 사상일 수는 있어도 종교는 아니라고 본다(허영, 2013, p. 420).

이러한 다소 기독교적 우주관에 근거한 종교개념에 비하여 종교를 넓은 의미의 영적인 세계로 이해하는 견해도 있다. 즉, 종교를 초자연적 · 초인격적 존재나 본질에 대해 숭배하고 경외하는 개개인의 주관적 확신과 그에 기초한 행위라고 정의한다. 그리고 여기서 존재자는 인격적 존재일 수도 있고 비인격적 존재일 수도 있으며, 영적인 삶이 현세적일 수도 있고, 내세적일 수도 있다는 것이다. 이런 견지에서는 신의 존재를 부정하는 무신론(humanism)을 믿는 것도 종교에 해당한다. 그 대상은 太極, 無極, 無, 空 등과 같이 존재하지 않는 존재일 수도 있다(정종섭, 2013, p. 561).

종교의 개념 정의가 현실적인 문제가 될 수 있는 예로 종교적 확신(religious belief)에 따라 「형법」을 위반한 경우에 처벌할 수 있는지 여부를 들 수 있다(Nowak & Rotunda, 2004, p. 1481). 이와 관련하여 미국 연방대법원은 특정 약물이 종교적인 이유로 사용되는 경우에도 종교의 자유가 특정 약물을 금지하는 법률로부터 면책되는 사유가 될 수 없으므로, 정부는 금지 약물 사용자를 처벌할 수 있다고 판시하였다(Employment Division v. Smith, 494 U.S. 872[1990]). 그러나 미국 연방대법원은 종교의 개념을 적극적으로 정의하려고 시도한 적이 없다. 즉, 신 중심(theocratic)의 확신이어야 종교적 확신인지, 아니면 전지전능한 존재의 관념에 근거하지 않아도 종교 체계라고 할 수 있는지를 판시한 경우가 없다. 또한 합리적인 사람이라면 진실이라고 믿지 않을 신념은 종교가 아닌지 여부도 분명히 밝힌 바 없다. 다만 진지한 종교적 확신에 따라 퇴직하였다는 이유만으로 실업수당을 받을 자격을 박탈할 수 없다는 형식으로 판시한다(Thomas v. Review Board, 450 U.S. 707, 715[1981]).

서양 헌법사에서 종교의 자유는 양심의 자유와 밀접한 관련을 가지고 있으나 우리 「헌법」은 제19조에서 양심의 자유를 별도로 보장하는 체계를 가지고 있다. 신앙과 양심의 자유는 국가와 교회 및 종교개혁파 간의 투쟁에서부터 점진적으로 발전해 온 것이다. 역사적 발전 과정을 더듬어 보면 처음에 국가와 교회의 분리가 먼저 확립되고 이 원칙으로부터 종교의 자유가 도출되었다. 양심의 자유는 종교의 자유를 매개로 하여 발전하다가 다시 세속화되면서 종교와 분리되었다.[24)]

신앙의 자유(즉, 종교나 세계관적 신념)와 양심의 자유를 독일의 이론은 다음과 같이 구별한다.[25)] 종교와 세계관적 신념은 형이상학적 사유체계,

24) 독일과 미국을 중심으로 종교 및 양심의 자유를 헌법에서 보장하는 역사를 개관한 것으로는 박종보(2002), pp. 244-246; Axel Freiherr von Campenhausen (2008). "Religionsfreiheit", §136, Rn. 6ff.; Martin Morlok (2004). "Art. 4" Rn. 1f.; Reinhold Zippelius (2004), "Art. 4" Rn. 2f., 17f.; Christian Starck (2010), "Art. 4" Rn. 1f.) 등을 참조하기 바란다.

즉 인간의 본질과 인간을 둘러싼 세계를 '더 높은' 차원에서 이해하는 사유체계다. 이와는 달리 양심은 윤리의 영역에 속하는 것으로서, 일정한 정황이나 과정을 '더 높은 곳에서' 이해하는 방법을 명하는 것이 아니라 오히려 인간이 일정한 상황에서 '바르게' 자기 구속을 하는 방법을 명하는 인간 '내면의' 법정이다.[26] 구체적인 양심상 결정이 반드시 일반적이고 포괄적인 형이상학적 사유체계로 귀속하여야 하는 것은 아니기 때문에 양심은 많은 경우에 종교나 세계관과 결합하지 않는다고 한다(Starck, 2010, Rn. 13).

(2) 종교의 자유의 보호법익

종교의 자유는 인격권의 중요 요소다(Morlok, 2004, Rn. 41). 양심의 자유와 더불어 신앙의 자유는 우리 「헌법」 제10조(독일 「기본법」 제1조)의 인간 존엄성의 핵심 요소를 보장하는 것이며(Herzog, 2005, Rn. 11), 인간 존엄성을 구체화하는 것이다(Zippelius, 2004, Rn. 56). 또한 종교의 자유는 자유민주주의의 기능적 전제조건이기도 하다(Morlok, 2004, Rn. 46).

25) 독일 「기본법」 제4조는 "(1) 신앙(Glauben)과 양심(Gewissen)의 자유 그리고 종교적 및 세계관적 신념고백(Bekenntnis)의 자유는 불가침이다. (2) 방해받지 않는 종교실행(Religionsausübung)이 보장된다. (3) 누구도 양심에 반하여 집총병역(Kriegsdienst mit der Waffe)을 강제 당하지 않는다. 자세한 것은 연방법률로 정한다."고 규정하고 있다. 신념고백의 자유와 종교실행의 자유가 신앙의 자유에 포함되는 것으로 이해되고, 종교와 세계관도 하나의 권리로 통합될 수 있기 때문에 「기본법」 제4조는 세 기본권, 즉 종교와 세계관의 자유, 양심의 자유 그리고 병역거부의 자유의 복합체로 이해된다.

26) Roman Herzog (2005), "Art. 4" Rn. 125 및 주 97. 원칙적으로 확립된 판례이자 통설이라고 한다.

2) 종교의 자유의 보호 영역과 제한: 종교교육의 자유와 소극적 신앙의 자유

종교 및 세계관의 자유와 양심상 결정의 자유는 객관적으로 정할 수 없다. 종교의 자유의 보호 영역도 구체적인 경우에 주관적 기준, 즉 기본권 주체의 자기이해(Selbstverständnis)에 따라 정할 수밖에 없다(Morlok, 2004, Rn. 55).

우리나라 헌법학자들은 대체로 종교의 자유의 보호 영역을 내심의 영역인 신앙의 자유와 외부적 표현 행위인 신앙 실행(종교적 행위)의 자유로 대별하고(허영, 2013, pp. 421-422; 정종섭, 2013, p. 564), 신앙 실행의 자유를 다시 다양하게 분류한다. 이렇게 구분한다면 신앙실행의 자유에는 종교적 행사(종교적 의식 · 집회)의 자유, 종교적 결사의 자유 그리고 선교와 종교교육의 자유가 포함된다.[27)]

한편, 기본권은 일차적으로 국가에 대한 방어권이므로 행동 자유의 개념에는 소극적 권능이 내재해 있다. 그러므로 종교의 자유에는 적극적 자유뿐만 아니라 소극적 자유가 보장되며, 이것은 종교의 자유의 내용인 신앙의 자유와 신앙 실행의 자유 모두에 적용된다.

27) 독일에서는 대체로 신앙고백의 자유를 별도로 분류하여, 종교의 자유의 내용을 신앙의 자유, 신앙고백의 자유, 신앙실행의 자유로 대별한다. Juliana Kokott, "Art. 4" Rn. 25ff.; Morlok(2004), Rn. 67ff. 그밖에 종교적 결사의 자유를 별도로 구분하여 덧붙이기도 한다. v. Campenhausen (2008), Rn. 41ff. 우리나라 학자들도 신앙고백의 자유가 헌법상 종교의 자유의 일부로서 보호받는다는 데는 이견이 없고, 대체로 그것을 신앙의 자유의 내용으로 설명한다(권영성, 2010, pp. 490-491; 김철수, 2013, p. 809; 허영, 2013, pp. 421-422). 그런데 신앙고백의 자유를 종교적 행위의 자유의 내용으로 분류하는 견해도 있다(정종섭, 2013, p. 564).

(1) 신앙의 자유

신앙의 자유는 종교의 자유의 핵심이다. 신앙의 자유는 내심(forum internum)을 보호한다(v. Campenhausen, 2008, Rn. 41). 신앙의 자유는 적극적으로 믿을 자유뿐만 아니라 소극적으로 믿지 않을 자유도 보장한다(Kokott, 2011, Rn. 26). 소극적 신앙의 자유는 신앙의 자유의 출발점이자 핵심이다(BVerwG DVBl. 1999, 1581; 1586). 신앙의 자유에는 신앙의 형성, 변경, 포기 및 불신앙의 자유가 포함된다.[28)]

이러한 신앙의 자유는 인간의 내심의 영역에 속하기 때문에 어떠한 경우에도 제한될 수 없다는 것이 통설적 견해다(권영성, 2010, pp. 490-491; 정종섭, 2013, p. 564). 대법원은 "종교의 자유는 인간의 정신세계에 기초를 둔 것으로서 인간의 내적 자유인 신앙의 자유를 의미하는 한도 내에서는 밖으로 표현되지 아니한 양심의 자유에 있어서와 같이 제한할 수 없는 것이지만 그것이 종교적 행위로 표출되는 경우에 있어서는 대외적 행위의 자유이기 때문에 질서 유지를 위하여 당연히 제한을 받아야 하며 공공복리를 위하여서는 법률로써 이를 제한할 수도 있다."는 것을 근거로 삼아 "기망당한 신도들로부터 헌금 명목으로 고액의 금원을 교부받은 것을 형법상 사기죄에 해당한다고 하여 처단한 것이 헌법상 종교의 자유나 양심의 자유에 관한 법리를 잘못 오해한 데 기인한 것이라고 할 수 없다."(대법원 1995. 4. 28. 95도250[승리제단 사기죄 사건])고 판시하였다. 그러나 이러한 논증 방식에는 다소 문제가 있어 보인다. 인간의 내적 자유인 신앙의 자유가 제한할 수 없는 권리라는 설명은 무방하지만 사기죄로 처벌하는 부분은 위와 같은 내심-표현 이분론보다는 미국 판례법에서와 같이 일반적으로 적용되는 법적 책임을 면제받기 위한 목적으로 종

28) 앞서 설명하였듯이, 신앙고백의 자유를 신앙의 자유에 포함시킬 수도 있다.

교의 자유를 주장할 수 없다는 원칙에서 접근했어야 한다.[29)]

(2) 신앙고백의 자유

내면적 신앙을 적절하게 보호하기 위해서는 표현의 자유도 보장되어야 한다. 신앙고백의 자유는 내심의 신앙을 적극적으로 외부에 표출하는 자유와 소극적으로 자신의 신앙을 외부에 나타내지 않을 자유를 포함한다. 신앙의 자유는 "믿는지 믿지 않는지 여부와 무엇을 믿거나 믿지 않는다는 것을 말하든지 침묵하든지 여부를 선택할 수 있도록"(BVerfGE, 12, 4) 허용한다. 소극적 신앙고백의 자유는 자기의 신앙에 대해 침묵할 자유다.

종교의 자유의 제한과 관련해 헌법재판소는 내심-표현 이분론에 입각하여 "종교적 행위의 자유는 신앙의 자유와는 달리 절대적 자유가 아니"(헌법재판소 2001. 9. 27. 2000헌마159[사법시험 일요일 시행 사건])라고 본다. 대법원도 "종교의 자유, 양심의 자유, 학문 예술의 자유 등 인간의 정신생활에 관한 기본권은 인간의 내적 · 정신적 면을 규제할 수 없으므로 그 성질상 어떠한 법률에 의하여서라도 이를 제한할 수 없다고 할 것이나 이미 내적 · 정신적 영역을 떠나 외부적으로 나타나는 종교적 행위, 종교적 집회의 결사 또는 학문 예술 활동, 학술 및 예술적 집회와 결사 등에 이르러서는 이는 이미 인간의 내적 정신적 문제가 아니라 대외적인 것이며 ……「헌법」이 보장하는 신앙과 양심 그리고 학문의 자유에 관한

29) 대법원이 "종교교육 및 종교지도자 양성은 종교의 자유의 한 내용으로서 보장되지만 그것이 학교라는 교육기관의 형태를 취할 때에는 교육기관 등을 정비하여 국민의 교육을 받을 권리를 실질적으로 보장하고자 하는 교육제도 등에 관한 법률주의에 관한 헌법규정 및 이에 기한 교육법상의 각 규정들에 의한 규제를 받게 된다."(대법원 1989. 9. 26. 87도519)고 본 것은 이런 점에서 타당하다. 비슷한 사례로 대법원 2001. 2. 23. 99두6002가 있다.

것이라고 하여 「국가보안법」의 적용을 배제할 수 없다."(대법원 1982. 7. 13. 82도1219)고 판시해 왔다. 만약 이러한 기준을 신앙고백의 자유에 그대로 적용한다면, 신앙고백의 자유는 상대적 자유가 될 것이다.[30]

그런데 이러한 논증 방식은 기본권의 분류 방법으로서 법률로 제한할 수 없는 절대적 기본권을 논하는 것이 아니라 특정 기본권의 내용을 '질적으로' 분해하여 그 기본권의 어떤 부분(예: 양심상 결정, 종교선택, 연구와 창작 자체 등 '침해할래야 침해할 수 없는' 내심의 작용)은 절대적 권리이고 나머지 부분(예: 양심상 결정, 신앙 등 내심의 외부적 표현, 연구결과의 발표, 예술작품의 전시)은 상대적 권리이므로 제한 가능하다는 논리 형식이다. 그런데 "기본권의 행사가 국가공동체 내에서의 타인과의 공동생활을 가능하게 하고 국가의 법질서를 위태롭게 하지 않는 범위 내에서 이루어져야 한다는 것은 모든 기본권의 원칙적인 한계"(헌법재판소 2004. 8. 26. 2002헌가1[양심적 집총거부 사건 1])라는 의미에서 모든 기본권은 상대적이다. 모든 기본권이 절대적 자유(무제한의 자유)가 아니라는 것은 자명한 것인데, 특별히 인간 존엄성의 핵심 요소이자 자유민주주의의 기능적 전제조건인 종교(양심)의 자유의 보호 영역을 '법질서'와 '타인의 권리'의 한계 내에서 강조하는 것은 오해의 소지가 있다. 질적으로 규명되어야 할 것은 사실상 침해가 거의 불가능한 내심의 결정이냐 아니냐가 아니라, 외부적 표현도 포함하여 보호받아야 할 종교(양심)의 자유의 본질적 내용은 무엇인가 또는 공익을 위하여 종교 실행(양심 실현)의 자유를

30) 내심-표현 이분론은 양심의 자유의 제한에 관하여 더 자주 언급된다. 헌법재판소는 "양심형성의 자유는 내심에 머무르는 한 절대적으로 보호되는 기본권이라 할 수 있는 반면, 양심실현의 자유, 즉 양심적 결정을 외부로 표현하고 실현할 수 있는 권리는 법질서에 위배되거나 타인의 권리를 침해할 수 있기 때문에 법률에 의하여 제한될 수 있는 상대적 자유"(헌법재판소 1998. 7. 16. 선고 96헌바35 결정[불고지죄 사건]; 2004. 8. 26. 2002헌가1[양심적 집총거부 사건 1])라는 판시를 반복해 왔다.

제한할 수 있는 '필요한 최소한'은 어디까지인가 하는 것이다.[31)]

다행히 종교의 자유에 관한 헌법재판소의 최근 판례는 과거의 경향을 극복하고, 그 '상대적 자유'를 제한할 수 있는 한계가 어디까지인가를 논증하고 있다. 사법시험을 토요일에 시행하는 것이 제칠일안식일예수재림교인의 종교의 자유를 침해한 것이라는 주장에 대하여 헌법재판소는 종교적 행위의 자유는 절대적 자유가 아니므로 질서유지나 공공복리를 위해 필요한 경우에 한하여 제한할 수 있다는 판단에 그치지 않고, 과잉금지원칙을 적용한 후 종교의 자유를 침해한 것이 아니라고 판단하였다(헌법재판소 2010. 6. 24. 2010헌마41[사법시험 토요일 시행 사건]).

(3) 선교와 종교교육의 자유

우리나라 헌법학계의 통설적 견해는 자신의 종교적 확신을 다른 사람에게 전파함으로써 실현하는 선교의 자유가 종교의 자유에 포함된다고 보는 데 이론이 없다. 대법원도 「헌법」 제20조 제1항이 보장하는 종교의 자유에는 자기가 신봉하는 종교를 선전하고 새로운 신자를 규합하기 위한 선교의 자유가 포함되며, 선교의 자유에는 다른 종교를 비판하거나 다른 종교의 신자에게 개종을 권고하는 자유도 포함되고(대법원 1996. 9. 6. 96다19246[타종교 비판 사건]),[32)] 공공장소 등에서 자신의 종교를 선전할 목적으로 타인에게 그 교리를 전파하는 것은 이러한 선교의 자유의 한 내용을 당연히 이루는 것이라고 판시하였다(대법원 2003. 10. 9. 2003도4148

---

31) 절대적 권리성을 강조하는 이러한 논리구성이 일견 내심의 자유를 적극적으로 옹호하는 것 같지만, 사실은 기본권의 보호범위를 축소시키는 위험한 이론이 될 수 있다는 비판은 박종보의 연구(2005b, pp. 301-304)를 참고하기 바란다.

32) 기도원 운영에 이단적 요소가 있음을 들어 한 비판 행위 및 이에 맞선 상대방의 광고행위 둘 다에 해당하는 종교적 비판의 표현 행위에 위법성이 없다고 본 사례다.

[선교행위 경범죄처벌 사건]).[33]

종교의 자유에는 종교교육의 자유가 포함된다고 보는 것에도 이론이 없다. 국가나 지방자치단체가 국공립학교에서 특정 종교를 위한 종교교육을 실시하는 것은 정교분리의 원칙에 따라 금지되지만 종교이념에 입각해서 설립된 사립학교 기타 육영기관에서 종교교육을 실시하는 것은 선교활동의 일환으로서 허용된다는 것이다(권영성, 2010, p. 492; 허영, 2013, p. 423). 대법원도 종교의 자유에는 종교를 위한 선전 및 포교의 자유가 포함되며 정교분리 원칙상 국공립학교에서의 특정 종교를 위한 종교교육은 금지되나 사립학교에서의 종교교육 및 종교지도자 육성은 선교의 자유의 일환으로서 보장된다고 본다(대법원 1989. 9. 26. 87도519; 대법원 1998. 11. 10. 96다37268[사립대학 종교교육 사건]).

그러나 사립학교라 하더라도 자신의 자발적 의사에 반하여 강제로 배정되어 입학한 경우에 그 학생에게 특정 종교를 교육하는 것은 그 학생의 종교의 자유를 침해할 가능성이 크다고 보는 견해가 있다(허영, 2013, pp. 423-424). 나아가 종립학교에 입학하기를 원하지 않는 학생을 종립학교에 강제 배정하는 것도 같은 이유로 헌법에 위반된다고 본다(정종섭, 2013, p. 568). 문제는 이런 양비론이 우리의 복잡하고 미묘한 현실 문제를 해결하는 데 적확한 지침이 되어 주지 못한다는 데 있다. 종립학교에서의 종교교육 문제는 주관적 권리로서의 종교의 자유뿐만 아니라 「헌법」상 교육제도와의 체계적인 관련 속에서 이해되어야 한다.[34]

33) 지하철 전동차 구내에서 한 선교행위를 「경범죄 처벌법」상 인근소란행위로 본 원심판결을 파기한 사례다.

34) 교육에 관한 「헌법」의 기본이념과 체계에 관해서는 박종보의 연구(2005a, p. 31; 2005c, p. 107)를 참고하기 바란다.

3. 종립학교 설립의 자유

1) 교육의 자주성

「헌법」 제31조 제4항은 교육제도에 관한 기본 원리로 '교육의 자주성, 전문성, 정치적 중립성'을 규정하고 있다. 여기서 자주성이란 외부의 지배를 받지 않는다는 독립성, 즉 부당한 간섭의 배제를 의미한다. 교육의 자주성은 우선 공교육제도 아래에서도 국가는 교육 내용에 대해 지배권을 행사할 수 없다는 것을 뜻한다. 그러므로 사립학교의 설립은 원칙적으로 자유로워야 한다. 사립학교는 사인(私人)에 의해 설립되고 운영되는 학교이며, 교육이 자신의 책임 아래에서 이루어지고 부모와 학생이 자유로이 선택할 수 있는 학교다(이광윤, 2003, p. 133).

교육의 자주성이 유지되기 위해서는 교육행정기관의 교육 내용에 대한 권력적 개입이 배제되어야 하며(김철수, 2013, pp. 990-991), 국가는 피교육자가 인간으로서의 존엄과 가치를 누리기 위해 교육받을 수 있는 환경을 조성할 의무를 지고 그를 위한 감독권만을 가진다. 그러나 국가의 감독권은 필요 이상으로, 또 합리적인 범위를 넘어서 교육의 자주성을 유린하는 것이어서는 안 된다(권영성, 2010, p. 269). 우리나라 「헌법」상 사립학교 설립의 자유는 이러한 교육의 자주성 원칙에 근거하고 있다.

사립학교의 특수성으로 들 수 있는 대표적인 것이 종교적 중립성의 요청을 받지 않는다는 것이다. 원론적으로 말하면, 사립학교 설립자는 사립학교 운영의 자유를 가진다. 여기에는 교육과정의 자유로운 형성이 포함되므로 사립학교 설립자가 자신의 교육적 · 종교적 · 세계관적 운영 구도에 따라 교육과정을 자유로이 운영해 갈 수 있는 자유를 누린다.

2) 교육의 종교적 중립성 배제

「사립학교법」 제1조는 "이 법은 사립학교의 특수성에 비추어 그 자주성을 확보하고 공공성을 함양함으로써 사립학교의 건전한 발달을 도모함을 목적으로 한다."라고 규정하고 있다. 「사립학교법」 제1조가 말하는 사립학교의 특수성이란 본래 국공립학교와 달리 사립학교에만 적용되는 고유한 특수성을 의미하는 것이다.[35] 이때 사립학교의 특수성으로 들 수 있는 대표적인 것이 종교적 중립성의 요청을 받지 않는다는 것이다.

「헌법」 제31조 제4항이 규정하는 교육의 정치적 중립성은 특정 정치세력에게 유리하거나 불리한 내용을 교육해서는 안 되며 교육 전문가로서의 양심에 따라 공정한 교육을 하여 객관적인 진리를 추구해야 한다는 의미로 이해된다(표시열, 2002, p. 103). 이러한 헌법정신은 "교육은 교육 본래의 목적에 기하여 운영·실시되어야 하며 어떠한 정치적·파당적(派黨的) 기타 개인적인 편견의 선전을 위한 방편으로 이용되어서는 아니된다."라고 규정한 「교육기본법」 제6조 제1항에 반영되어 있다. 「헌법」이 요구하는 교육의 정치적 중립성은 사립학교에도 그대로 적용된다. 그러나 종교적 중립성은 사립학교에 적용되지 않는다. 종립학교에서 종교교육을 할 자유는 사립학교제도의 본질적 요소다.

헌법재판소는 사립학교의 특수성을 다음과 같이 판시하였다. 일반적으로 국공립학교는 보편적인 교육이념과 교육의 기회균등 원칙에 따라 표준화된 교육을 실시해야 할 책무가 있으므로 학교 나름의 특성을 개발·배양하는 데 본질적인 한계가 있는 데 반하여, 사립학교는 그 설립자의 특별한 설립 이념을 구현하거나 독자적인 교육방침에 따라 개성 있

35) 이 문제에 관하여 자세한 것은 허종렬의 연구(2000, p. 285)를 참고하기 바란다.

는 교육을 실시할 수 있을 뿐만 아니라 공공의 이익을 위한 재산 출연을 통해 정부의 공교육 실시를 위한 재정적 투자 능력의 한계를 자발적으로 보완해 주는 역할을 담당한다는 것이다(헌법재판소 1991. 7. 22. 89헌가106).

교육제도를 규정하고 있는 독일 「기본법」 제7조 제4항은 사립학교 설립권의 보장을, 제5항은 그러한 사립학교의 종교교육과의 관계를 규정하고 있다. 독일 교육판례법상 교육의 기본 원칙은 중립성의 원칙과 관용의 원칙이다. 이 중 중립성의 원칙은 국가가 교육의 본질을 규정하는 기본적 가치에 대한 논쟁에서 당파성을 가져서는 아니 된다는 원칙이다. 교육에서의 국가의 중립성은 세 가지 측면, 즉 세계관적 측면, 정당정치적 측면 그리고 종교적 측면에서 요구된다. 국가는 세계관적으로나 정치적으로나 종교적으로 중립적이어야 한다. 그런데 국가의 중립성이 문제가 되는 곳은 공립학교다. 사립학교의 경우에는 설립자의 선교 목적에 따른 학교 설립의 자유가 보장된다(이광윤, 2003, p. 50).

독일에서는 「기본법」 제7조 제4항 1문에 의해 사립학교 설립자는 사립학교 운영의 자유를 가진다. 학교 운영의 자유에는 교과과정의 자유로운 형성과 교사의 자유로운 임용 및 학생의 자율적 선발에 대한 권리가 포함된다. 교과과정의 자유로운 형성이란 사립학교 설립자가 자신의 교육적·종교적·세계관적 운영 구도에 따라 교과과정을 자유로이 운영해 갈 수 있는 자유를 의미한다.[36] 그러므로 종립학교에서 종교교육을 할 자유는 사립학교제도의 본질적 요소다.

대법원도 "종립학교가 종파교육 형태의 종교교육을 실시한다고 하여 그 자체만으로 바로 강제로 배정된 학생들에 대한 관계에서 학교법인의

36) 다만 처음부터 기존의 공립학교를 대신하기 위해 설립된 사립학교의 자유에는 일정한 한계가 있다(이광윤, 2003, p. 139). 자세한 것은 Hans Heckel/Hermann Avenarius (1986), S. 145ff.를 참고하기 바란다.

종교교육의 자유나 사학의 자유의 한계를 넘은 것이라고 단정할 수는 없고", "학생 또한 피교육자의 입장에서 올바른 인성을 함양하고 민주 시민으로서 필요한 자질을 기르기 위하여 (일정한) 한계 내에서 실시되는 종교교육을 용인하여야 한다."(대법원 2010. 4. 22. 2008다38288[강의석 사건])고 판시하였다.

4. 종교교육의 자유와 소극적 신앙의 자유의 충돌

1) 기본권의 충돌 일반

지금까지 살펴보았듯이, 종립학교가 가지는 종교교육의 자유는 교육과정에서 포기할 수 없는 본질적 부분이다. 그런데 학생이 종교교육을 거부하는 경우 학교의 종교교육을 실시할 적극적 권리와 학생의 종교교육을 거부할 소극적 자유가 서로 충돌할 수 있는 것이다. 이것은 전형적인 기본권 충돌의 한 유형을 보여 준다.

기본권의 충돌이란 '복수의 기본권 주체가 동일한 생활관계에서 서로 대립되는 기본권을 적용해 달라고 국가에 대하여 주장하는 경우'를 말한다. 여기서는 사립학교의 적극적 종교교육의 자유와 학생의 소극적 신앙의 자유가 충돌한다.

기본권의 충돌은 넓은 의미의 규범 충돌의 한 경우라고 이해할 수 있으나, 이 경우에 통상 적용되는 상위법우선 · 특별법우선 · 신법우선의 원칙을 기본권 상호 간에 적용할 수 없기 때문에 문제된다. 기본권 충돌을 해결하기 위한 방법으로는 입법자유 영역 이론, 기본권의 위계질서 이론, 이익형량 이론, 실제적 조화 이론, 규범 영역 분석 이론 등이 제시되고 있으나, 보편타당한 원칙은 발견하기 힘들다. 우리나라 대법원과 헌법재판소가 채택하는 대표적인 방법은 기본권의 위계질서 이론과 실제적 조화 이론이다.

헌법재판소가 기본권의 충돌을 기본권 간의 위계질서로 해결한 예로는 지정된 금연구역에서 흡연하는 것을 금지하는 법령을 들 수 있다. 즉, 흡연자가 비흡연자에게 아무런 영향을 미치지 않는 방법으로 흡연을 하는 경우에는 기본권의 충돌이 일어나지 않지만 흡연자와 비흡연자가 함께 생활하는 공간에서의 흡연 행위는 필연적으로 흡연자의 기본권과 비흡연자의 기본권이 충돌하는 상황이 초래된다. 그런데 흡연권은 사생활의 자유를 실질적 핵으로 하는 것이고 혐연권은 사생활의 자유뿐만 아니라 생명권에까지 연결되는 것이므로 혐연권이 흡연권보다 상위의 기본권이라는 것이다. 이처럼 상하의 위계질서가 있는 기본권끼리 충돌하는 경우에는 상위 기본권 우선의 원칙에 따라 하위 기본권이 제한될 수 있으므로, 결국 흡연권은 혐연권을 침해하지 않는 한에서 인정되어야 한다고 판시하였다(헌법재판소 2004. 8. 26. 2003헌마457[금연구역 지정 사건]).[37] 그런데 우리의 문제는 충돌하는 기본권이 둘 다 종교의 자유이므로 이와 같이 기본권의 위계질서에 의하여 해결할 수 없다. 적극적 종교의 자유와 소극적 종교의 자유가 충돌하는 경우 어느 한쪽 자유가 항상 우선적으로 보호된다고 할 수 없다(Kokott, 2011, Rn. 27; 허영, 2013, p. 424). 종교의 자유는 원래 국가가 종교적으로 중립일 것을 요구한 데서 출발한 것이므로 소극적 신앙의 자유는 종교의 자유의 핵심적 내용이다. 그렇다고

37) 반면, 헌법재판소가 이 사건에 기본권 충돌 이론을 적용한 것이 적절한가에는 의문이 있다. 국가가 국민 건강권 보장이라는 공익을 달성하기 위해 입법권을 행사하여 이미 개입한 상태이기 때문에 사인 간의 '기본권 충돌'이 아니라 공권력 주체에 의한 '기본권 제한'이라는 구도하에서 문제를 해결하는 것이 옳았을 것이다.

하여 소극적 신앙의 자유가 어떠한 경우에도 종교교육의 자유보다 우위에 있다고 할 수는 없다.

대법원은 종교의 자유의 충돌이라고 볼 수 있는 사례에서 원칙적으로 실제적 조화 이론을 채택해 왔다. "다른 종교나 종교집단을 비판할 권리는 최대한 보장받아야 할 것인데, 그로 인하여 타인의 명예 등 인격권을 침해하는 경우에 종교의 자유 보장과 개인의 명예 보호라는 두 법익을 어떻게 조정할 것인지는, 그 비판 행위로 얻어지는 이익, 가치와 공표가 이루어진 범위의 광협, 그 표현 방법 등 그 비판 행위 자체에 관한 제반 사정을 감안함과 동시에 그 비판에 의하여 훼손되거나 훼손될 수 있는 타인의 명예 침해의 정도를 비교 · 고려하여 결정하여야 한다."(대법원 1996. 9. 6. 96다19246[타종교 비판 사건])라고 본 것을 그 예로 들 수 있다. 대법원은 학생이 가지는 소극적 종교행위의 자유와 학교법인이 가지는 종교교육의 자유 사이에서 위계질서를 논하기는 어려우며 추상적인 이익형량만으로는 우선하는 기본권을 정할 수 없다는 근본 입장을 취하고 있다(대법원 2010. 4. 22. 2008다38288[강의석 사건]).

헌법재판소도 반론보도청구권을 보장하는 법률이 신문사의 언론의 자유를 침해한 것인지 여부를 심사하면서 실제적 조화 이론을 적용하였다. 헌법재판소는 먼저 반론권이 단순히 법률상의 권리에 그치지 않고, 「헌법」상 보장된 인격권에 바탕을 둔 것이라는 점을 분명히 한 다음, 반론권은 보도기관이 사실에 대한 보도 과정에서 타인의 인격권 및 사생활의 비밀과 자유에 대한 중대한 침해가 될 직접적 위험을 초래하게 되는 경우 이러한 법익을 보호하기 위한 적극적 요청에 의하여 마련된 제도이지 언론의 자유를 제한하기 위한 소극적 필요에서 마련된 것이 아니라면서 반론권에 따라 언론기관이 누리는 언론의 자유에 대한 제약은 피해자의 반론권과 서로 충돌하는 관계에 있는 것으로 보았다. 이와 같이 두 기본권이 서로 충돌하는 경우에는 「헌법」의 통일성을 유지하기 위하여 상충하는 기본권 모두가 최대한으로 그 기능과 효력을 나타낼 수 있도록 하는 조화로운 방법이 모색되어야 한다는 것이다. 헌법재판소는 결론적으로 이러한 반론보도청구권은 언론의 자유를 일부 제약하는 성질을 가지면서도 반론의 범위를 필요·최소한으로 제한함으로써 양쪽의 법익 사이의 균형을 도모하고 있다고 판시하였다(헌법재판소 1991. 9. 16. 89헌마165[반론권 사건]).[38]

이와 같이 기본권 간의 실제적 조화를 추구할 때에는 그 기본권이 적용되는 구체적 사실관계를 고려하여 두 기본권이 조화되는 접점을 모색하여야 한다. 그런데 사립학교의 종교교육의 자유와 학생의 소극적 신앙의 자유가 실제적 조화를 이루는 접점은 학생에게 학교 선택권이 있는가에 따라 달라진다.

2) 자발적 입학의 경우

사립학교 선택의 자유가 보장되는 정상적인 교육체계에서라면 종립학교의 종교교육의 자유와 학생의 소극적 신앙의 자유의 충돌은 피교육자의 자발성에 의하여 조화적으로 해결될 수 있다. 학부모에게 실질적인 학교 선택권이 보장된다면 원칙적으로 사립학교에게 광범위한 종교교육의 자유가 허용된다고 보아야 한다. 이러한 교육체계에서 학생 또는 학부모는 사립학교의 설립 이념과 공개된 교육과정을 확인하고 학교를 선택한 후 입학계약을 체결한다. 입학 후 종교적 설립 이념과 교육과정

---

38) 반면, 헌법재판소가 이 사건에 기본권 충돌 이론을 적용한 것이 적절한가 하는 문제에 관해서는 앞서 살펴본 금연구역 사건에서와 같은 비판이 가능하다.

에 동의할 수 없는 학생은 계약을 철회하고 다른 학교를 선택할 수 있다. 이 경우 입학관계는 포괄적 학칙을 준수하겠다는 부합계약(附合契約)의 성격을 띤다. 미국 사립대학의 경우 학생의 입학 및 재학관계는 모두 이러한 계약상의 합의(contractual agreement)로 간주되며, 학교는 학칙 제정을 통하여 학생의 시민적 자유(civil rights)를 제한할 수도 있고, 종교행사 참석을 의무화할 수도 있다(이성호, 1998, pp. 68-71).

대법원은 대학예배 6학기 참석을 졸업요건으로 정한 사립대학교의 학칙이 학생들의 신앙을 가지지 않을 자유를 침해하는 위헌무효의 학칙인지 여부가 문제된 사건에서, 사립학교는 국공립학교와는 달리 종교의 자유의 내용으로서 종교교육 내지는 종교 선전을 할 수 있고, 학교는 인적・물적 시설을 포함한 교육시설로서, 학생들에게 교육을 실시하는 것을 본질로 하며, 특히 대학은 헌법상 자치권이 부여되어 있으므로, 사립대학은 종교교육 내지 종교선전을 위하여 학생의 신앙을 가지지 않을 자유를 침해하지 않는 범위 내에서 학생으로 하여금 일정한 내용의 종교교육을 받을 것을 졸업요건으로 하는 학칙을 제정할 수 있다고 보았다. 그런데 여기서 '학생의 신앙을 가지지 않을 자유를 침해하지 않는 범위 내에서' 대학이 종교교육의 자유를 행사할 수 있다는 논지는 논란의 여지가 있다. 학생의 소극적 신앙의 자유가 항상 사립대학의 종교교육의 자유보다 항상 우위에 있다는 논리로 볼 수도 있기 때문이다.

대법원은 기독교 재단이 설립한 이 사립대학의 대학예배가 목사에 의한 예배뿐만 아니라 강연이나 드라마 등 다양한 형식을 취하고 있고 학생에 대하여도 예배 시간의 참석만을 졸업의 요건으로 할 뿐 그 태도나 성과 등을 평가하지는 않는 사실 등에 비추어 볼 때, 이 사립대학교의 예배는 복음 전도나 종교인 양성에 직접적인 목표가 있는 것이 아니고 신앙을 가지지 않을 자유를 침해하지 않는 범위 내에서 학생에게 종교교육을 함으로써 진리 · 사랑에 기초한 보편적 교양인을 양성하는 데 목표를 두고 있다고 적시한 다음, 대학예배에의 6학기 참석을 졸업 요건으로 정한 위 대학교의 학칙은 「헌법」상 종교의 자유에 반하는 위헌무효의 학칙이 아니라고 판시하였다(대법원 1998. 11. 10. 96다37268[사립대학 종교교육 사건]). 대법원의 논지를 요약하면 선교를 직접 목표로 하지 않고 보편적 교양인을 양성하기 위한 종교교육을 실시했기 때문에 합헌이라는 것이다.

그러나 대법원은 이 사건에서 대학생에게 학교 선택권이 주어져 있기 때문에 종교의 자유의 보호 밀도가 낮아진다는 사실은 고려하지 않았다. 이 문제에 관하여 대학교육의 80% 이상이 사학에 의존하고 있는 현실에 학생에게 종교 문제까지 고려한 실질적인 학교 선택권이 보장되어 있지 않다는 이유로 학생의 재학관계를 단순히 사법상의 계약관계로 이해할 수 없다는 견해가 있다(성낙인, 1998, p. 48). 반대로 사립대학에서의 의무적 종교교육은 허용되어야 하지만 허용 기준은 이 교육이 학생의 무신앙의 자유를 침해하는지 여부가 아니라, 종교의식 및 종교교육에 불참할 자유를 침해하는지 여부이어야 하고, 이 자유의 침해 여부는 대학이 학칙을 학생에게 고지하였는지 여부로 판단하여야 한다는 견해도 있다(손희권, 2004, p. 149). 사립대학에서 순수한 종교행사에 참석하는 것을 졸업 요건으로 하는 것이 허용될 수 있는가에 관한 법원의 판단은 아직 내려지지 않은 셈이다(전광석, 2013, pp. 316-317).

3) 강제 배정의 경우

정교분리의 원칙 때문에 국공립학교에서는 종교교육을 실시할 수 없다. 그러므로 국공립학교에 학생을 강제 배정하더라도 종교의 자유 침해

문제는 발생하지 않는다. 그런데 사립학교에 학생을 강제 배정하는 때에는 학교의 종교교육의 자유와 학생의 소극적 신앙의 자유 간에 심각한 충돌이 일어날 수 있다. 현재의 중등학교 평준화 제도하에서는 학생이나 학부모가 학교를 자발적으로 선택한 것이 아니라 공권력에 의해서 배정받은 것이기 때문에 자발적 입학에 따르는 '포괄적 학칙을 준수하겠다는 부합계약'이 없다는 것이 근본적인 문제다.

첫째, 이 충돌은 사립학교가 국가나 지방자치단체로부터 보조금을 받는지 여부에 따라 해결될 수 없다. 사립학교가 보조금을 받는 것은 그 학교가 공교육의 일부를 담당하는 데 대한 일종의 반대급부에 불과하고, 사립학교를 공립학교로 전환하는 것은 아니기 때문이다. 종립학교가 정부 보조금을 수령한다 하더라도 사립학교로서의 특수성은 여전히 유지하며, 설립 이념에 입각한 종교교육을 실시할 자유는 이 사립학교의 종교의 자유의 핵심적 부분이다.

대법원은 종립학교의 종교교육을 금지하지 않으며, 오히려 제한된 범위 내에서 '종립학교가 종파교육 형태의 종교교육을 실시하는 것'을 공인하였다. 종교교육을 '보편적인 교양'의 범위로만 제한하려고 하는 일부 입장에 비하면, 대법원은 종립학교의 종교교육의 자유를 더 많이 허용하는 진취적인 원칙론을 전개하고 있다. 대법원은 "사학 운영의 자유에는 설립자나 학교법인의 종교적·세계관적 교육이념에 따라 교과과정을 자유롭게 형성할 자유가 당연히 포함되므로 종교단체가 설립한 사립학교, 즉 '종립학교'에서 '종교교육'(종교행사 및 종교 과목 수업)을 할 자유는 종교의 자유뿐만 아니라 사학의 자유라는 관점에서도 일반적으로 보장되어야 한다."고 언명하였다. 그러나 대법원은 학생에게 실질적인 학교 선택권이 보장되어 있지 않기 때문에 소극적 신앙의 자유를 보호하여야 할 필요성이 더 높다고 보는 듯하다. 그 중요한 근거는 「초·중등교육법」상 대부분의 사립고등학교가 교원, 교육 내용, 교과용 도서의 사용, 학교에 대한 공적 지도 · 감독 등 학교에 관한 사항에 관하여 국공립학교와 구분 없는 동일한 규율을 받고, 국가로부터 학교의 기본적 운영을 위한 재정결함보조금과 교육활동을 위한 기타 보조금 등의 재정 지원을 받는 등으로 공교육체계 내에 편입되어 있다는 점이다(대법원 2010. 4. 22. 2008다38288[강의석 사건]). 그러나 국고보조금을 받는 사기업이 국가기관이 아니듯이 사립학교가 국고 지원을 받는다고 하여 그 본질이 공립학교로 바뀌지는 않으며, 종립학교가 공교육체계 내에 편입되어 있다고 하더라도 국공립학교와는 다른 자주성, 즉 종교교육의 자유를 보장해야 한다는 점 또한 분명하다.

둘째, 이 충돌의 근본 원인은 학생의 강제 배정이라는 공권력의 개입이다. 학생에게 학교 선택권이 없기 때문에 소극적 신앙의 자유의 보호 밀도는 높아질 수밖에 없다. 그러므로 특정 종교교육을 필수로 하는 것이 학생의 종교의 자유와 양립되기 힘들어진다. 그러나 학생의 소극적 신앙의 자유를 보장하기 위하여 종교교육을 일절 실시하지 못한다고 하면 종립학교의 본질적 특수성인 종교교육의 자유를 완전히 부정하게 된다. 그런데 학생의 소극적 신앙의 자유를 부인하는 것은 사실은 종교교육을 실시하는 사립학교가 아니라 원치 않는 종립학교에 학생을 강제로 배정한 공권력이다. 그러므로 이 문제를 근원적으로 해결하려면 사립학교 학생의 강제 배정 제도를 폐지하여야 한다. 그런 의미에서 종립학교에 입학하기를 원하지 않는 학생을 종립학교에 강제 배정하는 것은 헌법에 위반된다는 주장(정종섭, 2013, p. 568)은 납득할 수 있다. 그러나 이러한 견해가 관철되려면 공립학교 시스템이 완비된 상태에서 설립된 사립학교의 특수성을 충분히 추구할 수 있는 교육환경이 갖추어져 있는가 하는 현실 여건도 고려해야 한다.

헌법재판소는 고교평준화 지역에서 일반계 고등학교에 진학하는 학생을 교육감이 학교군별로 추첨에 의하여 배정하도록 하는 「초·중등교육법 시행령」 조항이 학부모의 자녀 학교 선택권을 침해하지 않는다고 판시하였다(헌법재판소 2009. 4. 30. 2005헌마514[고등학교 평준화 사건]). 이 결정에서 종립학교의 종교교육의 자유 또는 학생의 종교교육 거부의 자유라는 문제는 본격적으로 논의되지 않았다. 그러나 종립학교에서의 종교교육을 둘러싼 갈등의 근본 원인이 중등학교 평준화에 있다는 것은 분명하다. 비록 평준화 정책이 합헌이라고 하더라도 종립학교의 교육과정에 대하여 공립학교와 똑같은 기준을 강요하는 것이 정당화될 수는 없다.

셋째, 평준화 제도하에서 종교교육의 자유와 소극적 신앙의 자유 중 일방이 희생되지 않으면서 양방이 실제적 조화를 이루는 접점은 우선 종교교육과 종파교육을 구별하는 데서 찾을 수 있을 것으로 보인다. 먼저, 종립학교는 종교인을 양성하거나 좁은 의미의 포교를 시도하는 데까지 종교교육의 자유를 행사할 수 없다. 반면, 소극적 신앙의 자유가 보장되어야 한다고 해서 학생이 종교 관련 교과를 일절 거부할 수는 없다고 보아야 한다. 종교란 원래 인간 본성의 중요한 요소이므로 일정 범위의 종교교육은 전인교육의 내용에 포함될 수 있다. 그러므로 교육이념으로서의 종교적 가치와 종파교육을 구분하여, 보편적인 전인교육 차원에서 실시하는 종교교육은 필수로 부과하여도 무방하다고 생각된다. 다만, 여기에 특정 종교의 교리를 집중적으로 가르치는 내용의 종파교육을 정규 교과에 포함시키는 것은 강제 배정된 학생의 소극적 신앙의 자유를 침해하므로 허용되기 힘들다고 본다. 종교 행사에 참여하는 것을 필수로 부과하는 것도 허용되기 힘들다고 본다. 종파교육이 아닌 전인교육으로서의 종교교육은 소극적 신앙의 자유를 침해하지 않을 수 있지만, 특정 종교의식 참여를 강제하는 것은 바로 소극적 신앙고백의 자유를 침해하기 때문이다. 물론 사립학교에서 특정 종교의 교리를 배우고자 희망하는 학생들에게는 특별활동 시간을 통하여 따로 교육하는 것은 아무 문제가 없다.

이 문제에 관한 대법원의 근본적인 입장은 "종립학교의 종교교육을 할 자유는 독립한 기본권의 주체인 학생들에 대하여 영향을 미치기 위한 것인 반면 학생의 종교교육을 거부할 자유는 소극적으로 자신의 권리를 지키기 위한 것인 점, 종립학교의 종교교육이 비판의식이 성숙되지 않은 학생에게 일방적으로 주입되는 방식으로 행해진다면 그 자체로 교육 본연의 목적을 벗어났다고 볼 소지가 높은 점, 그로 인해 학생이 입게 되는 피해는 지속적이고 치유되기 어려울 것이라는 점들을 고려한다면 종립학교와 학생 사이의 관계에 있어서 학생의 법익이 보다 두텁게 보호될 필요가 있다."는 관점이다. 최종적으로 대법원은 "비록 학교법인이 국공립학교의 경우와는 달리 종교교육을 할 자유와 운영의 자유를 가진다고 하더라도, 그 종립학교가 공교육체계에 편입되어 있는 이상 원칙적으로 학생의 종교의 자유, 교육을 받을 권리를 고려한 대책을 마련하는 등의 조치를 취하는 속에서 그러한 자유를 누린다."(대법원 2010. 4. 22. 2008다38288[강의석 사건])고 한계를 설정하였다.

넷째, 학생 강제 배정을 폐지하지는 않더라도 종교의 자유에 부담을 덜 주는 방향으로 완화할 필요가 있다. 그 하나는 종립학교에 배정받은 후 종교교육을 원하지 않는 학생을 배려하여, 배정 후에 종교를 이유로 하는 전학을 허용하는 방안이다. 학교생활 시작 초기에 학생과 학부모에게 종교교육의 방침과 내용을 구체적으로 설명하고, 동의할 수 없는 학생과 학부모가 전학을 원하는 경우에는 다른 학교로 전학할 수 있는 제도를 마련하여야 한다. 여기에는 「초·중등교육법 시행령」 제73조와 제89조를 개정하여 종교상 문제를 전학 사유에 포함시키도록 요구하는 방안과, 「초·중등교육법 시행령」상 '학교장이 전학을 추천할 수 있는 사유'가 인정됨을 근거로 시 · 도 교육청의 전입학 업무 시행 계획에 종교상 문제를 포함시키도록 요구하는 방안이 있을 것이다. 다른 하나는 애초 배정 시 학생의 종교를 제도적으로 고려하는 등 학생의 학교 선택권을 부분적으로 인정하는 방안이다(성낙인, 2013, p. 553). 두 방안 모두 다소 복잡한 학군 조정, 공동 학군의 인정, 종교적 진정성의 확인 등의 제도적 뒷받침이 있어야 실현되겠지만, 이와 같이 복잡한 종교의 자유 충돌 문제를 더 합헌적으로 해결하는 데 필수적인 조치라고 할 수 있다. 그러나 전학의 기회가 보장되어 있음에도 학생이 전학 권유에 응하지 않는다고 하여 다음에서 보는 대법원 판례에 따른 손해배상 책임이 없어지는 것은 아니라는 점에 유의하여야 한다.

다섯째, 종립학교가 고등학교 평준화 정책에 따라 입학한 학생에게 일정한 한계를 넘어서 종파교육을 지나치게 강요하는 경우에는 손해배상 책임을 질 수 있다는 것이 대법원의 판례다. 법원은 이때 고려되는 구체적인 사정을 종파교육의 구체적인 내용과 정도, 종파교육이 일시적인 것인지 아니면 계속적인 것인지, 학생에게 그러한 종파교육에 관하여 사전에 충분한 설명을 하고 동의를 구하였는지 여부, 종교교육에 대한 학생의 태도나 학생이 불이익이 있을 것을 염려하지 아니하고 자유롭게 대체 과목을 선택하거나 종교교육에 참여를 거부할 수 있었는지 여부 등으로 제시하고 있다. 그러나 민사상 손해배상이 인정되려면 피고의 과실과 위법성이 인정되어야 하는데, 대법원의 다수의견은 과실 여부를 판단할 때 종립학교의 종교교육이 자기의 기본권을 행사한 것이라는 점을, 그리고 위법성을 판단할 때 이 문제가 근본적으로 사립학교에 학생 선발권을 보장하지 않는 평준화 제도에 기인한 것이라는 점을 충분히 고려하지 않았다. 그리고 국가권력에 대한 방어권으로서 기본권의 침해를 인정하는 기준과, 사법상 권리침해에 의한 손해배상을 인정하는 기준 사이에는 큰 간격이 있다는 점을 간과하였다. 아무튼 대법원은 학교가 종파교육에 의한 손해배상 책임을 면할 수 있는 기준도 제시하였는데, 단순한 입학선서나 학칙 배포만으로는 불충분하며, '학생의 진지한 의사에 근거한 동의'가 필요하다는 것이다. 이 동의는 입학 이후에 실시될 종교교육에 관하여 충분한 정보를 제공받은 후 불이익에 대한 염려 없이 진지한 성찰을 한 후에 동의가 이루어지고 그 후 실시된 종교교육의 내용도 동의 당시에 예측할 수 있는 범위 내라는 전제를 충족해야 한다(대법원 2010. 4. 22. 2008다38288[강의석 사건]).

토론문제

1. 기본권 충돌에 대해 우리나라 대법원과 헌법재판소가 채택하는 대표적인 방법에는 어떤 것이 있으며, 그 방법들은 기본권의 충돌을 어떻게 해결하고 있는지 예를 들어 설명해 보자.
2. 신앙의 자유와 종교교육의 자유라는 두 기본권이 충돌하는 상황에서 학교의 학생선발권과 학생의 학교선택권이 중요한 이유를 말해 보자.
3. 현재의 제도에 입각하여 두 기본권의 충돌을 해결할 수 있는 방법과 기본권의 충돌을 해결하기 위해 제도를 개선할 수 있는 방안에 대해 이야기해 보자.

참고문헌

권영성(2010). 헌법학원론. 파주: 법문사.

김철수(2013). 헌법학신론. 서울: 박영사.

박종보(2002). 양심의 자유의 규범구조와 보호범위-준법서약제를 중심으로. 민주법학, 22.

박종보(2005a). 법학전문대학원법안의 설치 · 운영상 문제점. 법과 사회, 28.
박종보(2005b). 양심의 자유와 병역거부. 민주사회와 정책연구, 7.
박종보(2005c). 교원단체의 법적 지위와 관련한 헌법적 문제. 한국교육법연구, 8(2).
성낙인(1998). 종교의 자유와 학교에서의 종교교육. 판례실무연구, 2.
성낙인(2013). 헌법학. 파주: 법문사.
손희권(2004). 사립학교에서의 의무적 종교교육의 헌법 위반 여부 검토. 교육행정학연구, 22(4).
이광윤(2003). 교육의 자주성 · 전문성 · 정치적 중립성 원리의 비교법적 검토. 헌법재판연구, 14.
이성호(1998). 헌법상 종교의 자유와 사립대학의 학칙제정 및 학생규율에 관한 권한. 판례실무연구, 2.
전광석(2013). 한국헌법론. 파주: 집현재.
정종섭(2013). 헌법학원론. 서울: 박영사.
표시열(2002). 교육정책과 법. 서울: 박영사.
허영(2013). 한국헌법론. 서울: 박영사.
허종렬(2000). 사립학교의 특수성 법리에 대한 헌법재판 동향 분석. 교육법학연구, 12.

대법원 1982. 7. 13. 82도1219.
대법원 1989. 9. 26. 87도519.
대법원 1995. 4. 28. 95도250.
대법원 1996. 9. 6. 96다19246.
대법원 1998. 11. 10. 96다37268.
대법원 2001. 2. 23. 99두6002.
대법원 2003. 10. 9. 2003도4148.
대법원 2010. 4. 22. 2008다38288.
헌법재판소 1991. 7. 22. 89헌가106.
헌법재판소 1991. 9. 16. 89헌마165.

헌법재판소 1998. 7. 16. 선고 96헌바35.

헌법재판소 2001. 9. 27. 2000헌마159.

헌법재판소 2004. 8. 26. 2002헌가1.

헌법재판소 2004. 8. 26. 2003헌마457.

헌법재판소 2009. 4. 30. 2005헌마514.

헌법재판소 2010. 6. 24. 2010헌마41.

헌법재판소 2011. 8. 30. 2008헌가22.

Axel Freiherr von Campenhausen, "Religionsfreiheit," Isensee/Kirchhof, hrsg., *Handbuch des Staatsrechts*, Bd. VI, 3. Aufl., C. H. Beck(2008).

Christian Starck, "Art. 4," v. Mangoldt/Klein/Starck, hrsg., *Das Bonner Grundgesetz Kommentar*, Bd. I, 6. Aufl., Vahlen(2010).

Hans Heckel/Hermann Avenarius, *Schulrechtskunde*, Luchterhand(1986).

John, E. N., & Ronald, D. R. *Constitutional Law* (7th ed.), West(2004).

Juliana, K. "Art. 4," Michael Sachs, hrsg., *Gundgesetz Kommentar*, 6. Aufl., C. H. Beck(2011).

Martin Morlok, "Art. 4," Horst Dreier, hrsg., *Grundgesetz Kommentar*, Bd. I, 2. Aufl., Mohr Siebeck(2004).

Reinhold Zippelius, "Art. 4," Dolzer/Vogel, hrsg., *Bonner Kommentar von Grundgesetz*, Bd. I, C. F. Müller(2004).

Roman Herzog, "Art. 4," Maunz/Dürig, hrsg., *Grundgesetz Kommentar*, Bd. I, C. H. Beck(2005).

BVerfGE, 12, 4.

BVerwG, DVBl. 1999, 1581.

Employment Division v. Smith, 494 U.S. 872 (1990).

Religious Education

제 9 장

기독교 대안학교와 기독교 홈스쿨링의 종교교육

1. 들어가는 말

닐 포스트만(N. Postman)은 자신의 책 『교육의 종말(*The end of education*)』에서 교육은 결코 가치 중립적일 수 없다고 설파했다. 미국이 가치 중립적 교육을 시도했지만 결과적으로는 교육의 목적(the end)을 상실하고 방향을 잃어버려 교육의 종말(the end)를 맞이하게 되었다고 비판했다. 이것이 미국만의 얘기는 아니다. 우리나라의 교육 역시 목적을 잃어버린 교육으로 치달아 가고 있는지도 모른다. 만약 종교교육마저 그 설 자리를 잃어버린다면 더욱 그렇게 될 것이다.

2010년 강의석 군의 민사소송(손해배상)에 대한 대법원의 판결 이후 종립학교는 종교교육에 더욱 어려움을 겪고 있다. 그 판결은 대광고등학교가 강군에게 종교교육 참여를 강요한 것이 위법하다는 것과 종교 교육참여 거부와 교사에 대한 불손한 언동만을 이유로 징계(퇴학 처분)한 것은 지나치다는 판시였다. 이 판결이 종립학교의 종교교육 자체를 인정하지 않은 것은 아니라는 점에서 학생의 종교의 자유와 종립학교의 종교교육의 자유 사이에 균형과 조화를 추구한 판결이라고 볼 수도 있다는 주장도 있지만(김유환, 2012), 이 판결로 교육부가 종립학교에 종교교육의 자유를 상당 부분 억압하고 있는 상황이 전개되고 있는 것은 사실이다. 이 현 상황에 대해 대광고등학교의 우수호 목사는 종립학교가 "중상을 입고 자연치료를 기다리는 환자의 모습"(우수호, 2012)이라고 표현했다.

이런 상황이 전개된 근본적인 원인은 무엇인가? 그것은 현재 종립학교가 교원, 교육 내용, 교과용 도서의 사용, 학교에 대한 공적 지도 및 감독 등 학교에 관한 사항에 관하여 국공립학교와 구분 없는 동일한 규율을 받고(「초 · 중등교육법」 제19조, 제23조, 제29조, 제63조, 제65조 등), 국가로부터 학교의 기본적 운영을 위한 재정결함보조금과 교육활동을 위한 기타 보조금 등의 재정 지원을 받는 등 공교육체계 내에 편입되어 있기 때문이다(박종보, 2012). 이러한 현실은 중등학교 평준화 제도가 도입된 1974년부터 시작되었다고 할 수 있다. 정부는 종립학교(사립학교)가 평준화 제도를 따를 경우 국공립학교에 준하는 지원을 약속했고, 사립학교는 재정 건전성을 확보할 수 있어 불편한 계약결혼을 한 셈이라고 할 수 있다. 현재 종립학교에서 종교교육이 제재를 받는 것은 바로 이 원죄(?)에 의한 것이다. 강의석 군 사건을 판시한 대법원의 내용 가운데도 "비록 학교법인이 국공립학교의 경우와는 달리 종교교육을 할 자유와 운영의 자유를 가진다고 하더라도, 그 종립학교가 공교육체계에 편입되어 있는 이상 원칙적으로 학생의 종교의 자유, 교육을 받을 권리를 고려한 대책을 마련하는 등의 조치를 취하는 속에서 그러한 자유를 누린다."라고 한계를 설정했다.

지금까지 종립학교는 정부 지원을 받으면서 고교평준화 체제 안에서 종교교육의 자유를 얻기 위해 수많은 노력을 기울였다. 고교평준화 속에서 종교교육의 자유를 맘껏 누린다면 종립학교로서는 최고의 효과를 거둘 수 있기 때문이다. 애초에 정부가 평준화에 들어올 경우 물적 · 재정적 지원을 하겠다는 약속을 했을 때 종교교육을 제한하겠다는 의도를 가진 것이 아니었다는 주장을 하며 종교교육의 자유를 적극적으로 허용해 주기를 바랐지만, 정부는 달라진 현실에서 종립학교를 지지해 줄 것 같지 않아 보인다. 지금까지 두 마리 토끼를 잡으려는 종립학교의 노력은 수포로 돌아갔다(박상진, 2012).

종교교육과 관련한 고교평준화의 근본 문제는 학생 선발권, 곧 학교 강제 배정이다. 학생의 학교 선택권이 보장되지 않는 한 이 문제는 해결하기 어려워 보인다. 만약 학생의 학교 선택의 자유가 허용된다면 사립학교의 교육적 자유를 맘껏 누릴 수 있고 학교의 종교교육도 학생 개인의 종교적 자유과 충돌하지 않아 문제가 되지 않는다. 현행 교육제도하에서 특수목적고등학교는 전국 단위나 광역자치단체 내에 자율적으로 학생을 선발하고 있다. 다시 말해, 평준화 체계를 초월해 있다. 이처럼 종립학교가 학생 선발의 자유를 가지고 학생은 자유롭게 학교를 선택하는 제도가 이루어진다면 모든 문제를 해결될 것이다. 그러나 이 방법은 단순하게 해결될 것 같지 않다는 데 딜레마가 있다.

그래서 이 장에서는 이런 근본적인 종교교육의 한계를 극복할 수 있는 전혀 다른 패러다임을 소개하려고 한다. 그것은 '기독교 대안학교'와 '기독교 홈스쿨링'을 통한 종교교육이다. 적어도 이 두 가지 교육 방법은 현재 종교교육을 아무런 정부의 제재 없이 실시 할 수 있는 최상의 방법으로 보인다. 아직 대부분의 기독교 대안학교와 기독교 홈스쿨링은 법적인 테두리 안에 들어와 있지 않기 때문에[39] 학생 선발과 교육과정 편성에 자유를 가지고 있다. 그렇기 때문에 정부 지원이 없는 것이 어려움이 되긴 하지만, 종교교육의 자유는 확보하고 있다. 다음에서는 일반학교(국공립 및 사립 학교)와 다른 형태인 기독교 대안학교와 기독교 홈스쿨링을 통한 종교교육의 대안을 살펴보고자 한다.

2. 기독교 대안학교와 홈스쿨링

1) 기독교 대안학교

(1) 기독교 대안학교의 실태

우리나라에서 대안교육에 대한 관심이 시작된 것은 그렇게 오래되지 않았다. 물론 오래 전부터 대안교육을 하고 있는 학교나 단체가 있었지만 하나의 운동으로 볼 정도는 아니었다. 예를 들면, 충청북도 홍성에 있는 풀무학원이 그 예가 될 것이다. 그러나 15년 전부터 시작된 대안교육에 대한 관심은 2013년 현재 전국적인 범위로 우후죽순처럼 일어나고 있다. 심지어 국가가 나서 「대안학교의 설립 · 운영에 관한 규정」을 만들 정도다.

그러면 대안교육이란 무엇인가? 대안교육에 대한 질문은 무엇에 대한 대안이냐는 질문에 대한 대답만큼이나 다양하다. 한 마디로 대안교육을 정의하기가 쉽지 않다. 이종태는 대안교육(학교)을 "기존의 교육(이나 학

39) 언젠가는 이러한 기독교 대안학교나 기독교 홈스쿨링도 법적인 보호를 받을 수 있게 되길 바라지만, 그것이 종립학교의 전철을 밟는 것이 되어서는 안 될 것이다.

교)과(와)는 기본적으로 다른, 새로운 형태의 교육(이나 학교)"(이종태, 2011)으로 본다. 여기서 대안이란 근대 공교육체제에 대안을 말한다. 사실, 대안교육이라는 의미의 핵심 개념 가운데 중요한 것은 교육의 다양성 추구다. 그런 의미에서 대안교육이 여러 가지 모양을 가지면서 통일성이 없다는 지적을 받기도 하지만, 사실 대안교육은 오히려 그 방향으로 나아가도록 하는 것이 옳은지도 모른다.

여기서는 범위를 좁혀 '기독교 대안학교'에 대해 살펴보고자 한다. 즉, 기독교적 대안을 찾는 학교에 대해 살펴본다. 우리나라에 있는 기독교 대안학교 안에도 다양한 형태의 학교들이 존재한다. 전인교육, 생태교육, 인성교육, 국제화 교육 등이 있고, 이에 따라 각 기독교 대안학교의 다양한 특징이 형성된다(임경근, 2009). 이 부분에 대해서는 기독교학교교육연구소의 분류를 참고하여 제시한다. 기독교 대안학교의 유형은 다섯 가지, 즉 기독교(미인가) 학교, 기독교수월성학교, 기독교 국제학교, 기독교 긍휼학교 그리고 대안 기독교학교다(기독교학교교육연구소, 2012). '기독교(미인가)학교'는 대안교육 자체보다는 '기독교성'을 강조하며 대안교육의 인본주의를 버리고 신본주의적 입장에서 교육하는 학교다.[40] '기독교수월성학교'는 신앙과 함께 실력을 강조하여, 기독교학교이지만 동시에 입시 위주와 성적 위주의 교육을 추구하는 학교다. '기독교 국제학교'는 국제화 시대에 적합한 인재를 양성하기 위해 외국어를 강조하고, 다수의 학생들을 해외의 대학으로 진학시키기 위해 준비시키는 학교다. '기독교 긍휼학교'는 소외된 학생을 위한 교육을 하는 학교로, 부적응 학생, 탈북 청소년, 다문화 가정의 자녀 등을 위한 학교다. '대안기독학교'는 신앙과 대안교육을 모두 취하는 학교로서, 근대주의 교육의 한

40) 이 관점에서 쓴 책으로 『기독교학교 이야기』(임경근, 2009)가 있다.

계를 벗어나 대안적 교육을 추구하는 학교다. 특히 생태, 노작, 공동체 등을 강조한다.

비인가학교가 많기 때문에 기독교 대안학교가 현재 우리나라에 얼마나 되는지 정확한 통계를 내기는 쉽지 않다. 2012년 현재 기독교학교교육연구소에서 파악한 바에 따르면, 131개의 기독교 대안학교가 있다.

(2) 기독교 대안학교의 의의

기독교 대안학교는 학생 선발권을 학교가 가진다. 동시에 부모 스스로 자발적으로 학교를 선택해 자녀를 대안학교에 보낸다. 이는 일반 종립학교와는 크게 다른 점이다. 종립학교가 학생 선발권이 제한적이고 부모의 학교 선택권이 제한적임에 비해 기독교 대안학교는 이 점에서 자유롭다. 이 점은 자녀교육의 책임이 근본적으로 국가에 있지 않고 가정, 곧 부모에게 있다는 점과 밀접한 관련이 있다.

이미 다 알고 있는 사실이지만, 우리나라에는 모든 국민에게 교육의 의무가 주어져 있다. 교육의 의무는 자녀를 학교에 취학시켜 교육시킬 의무가 있다는 말이다. 우리나라의 부모는 자녀를 초등학교와 중학교에 보낼 의무가 있다. 의무교육이 의무 취학인 셈이다. 또한 의무교육이라 함은 자녀를 학교에 보내면 국가가 교육을 책임지겠다는 말이다. 현재는 초등학교에서 중학교 과정까지 국가가 무상으로 교육하고 있다. 즉, 교육의 책임이 국가에게 있는 것이다.

그러나 만약 교육의 책임이 국가가 아니라, 부모에게 있다면 문제는 달라진다. 엄밀한 의미에서 교육의 책임은 국가에게 있지 않고 가정에 있다고 생각한다. 국가가 있기 전에 가정이 먼저이고 우선이다. 단지 국가는 가정이 자녀교육의 책임을 다하지 못할 때 도와주는 기능을 할 뿐이다. 그런 관점에서 기독교 대안학교는 부모의 자녀에 대한 교육적 책임을 가장 잘 드러내는 길일 수 있다.

그렇지만 현실은 부모의 교육적 책임과 의무가 현재 기독교 대안학교를 통해 펼쳐지고 있다고 보기는 어렵다. 왜냐하면 교회가 그 역할을 주도적으로 감당하고 있기 때문이다. 현재 131개의 기독교 대안학교를 조사한 결과(기독교학교교육연구소, 2012)에 따르면, 교회가 설립한 학교가 무려 41.7%나 된다. 이는 법인이 설립한 20.2%에 두 배이며 「사립학교법」에 의한 학교법인인 11.9%에 비해 세 배가 된다. 대체로 운영도 설립주체가 직접 하는 경우가 많은데(84.7%), 교회가 교회의 신앙 교육적 책임을 다하기 위해 기독교 대안학교를 세우고 운영하는 경우가 많다. 교단별로는 장로교회가 76.5%로 월등히 많았지만, 감리교, 성결교, 독립교단, 침례교 등 다양한 교단이 참여하고 있다.

교회가 이처럼 기독교 대안학교 설립에 힘을 쏟는 것은 교회 내부적인 요인에 의한 것과 교회 외부적인 요인에 의한 것으로 설명될 수 있다. 교회 내부적인 요인으로는 주일학교교육의 영향력 감소와 한계를 들 수 있다. 주일학교는 저출산에 불신 가정의 자녀들이 교회 출석을 꺼려하면서 숫자가 점점 줄어가고 있다. 또 주일학교 한 시간의 교육으로는 제대로 된 신앙교육을 할 수 없다는 자각이 생기게 된 점도 중요한 요인이다. 교회 외부적인 요인으로는 공교육 붕괴 현상으로 교회가 교육의 문제를 끌어안겠다는 동기가 생긴 것을 들 수 있다.

이는 미국에서 1960년대에 일어난 기독교학교 운동과 비슷한 모습이다. 1963년 미국연방 대법원이 공립학교에서 성경 읽기와 기도를 금지하는 법을 통과시킨 후 우후죽순처럼 수많은 기독교학교들이 전국적으로 생겨났다. 미국의 대부분의 기독교학교는 교회가 세운 것들이었다. 이런 급속한 기독교학교 운동의 성장 이유는 ① 공립학교가 아동에게 신앙교육을 하지 못하게 하는 것이고, ② 공립학교가 아동의 인격교육을 책임지지 못하며, 그리고 ③ 공립학교의 학문적 수준이 낮았기 때문이었다(임경근, 2009). 이런 움직임은 미국 내 범 교단적으로 일어났다.

지금 우리나라의 상황은 1960년대 미국의 상황과 너무나도 닮았다. 2004년부터 시작된 강의석 군 사건은 2010년 대법원 판결로 종립학교에서조차도 기독교교육을 제대로 할 수 없는 상황으로 치달아가고 있다. 더구나 공립학교교육의 파행으로 수많은 학생들이 외국으로 조기유학을 가는 등 기독교 대안학교의 필요성이 그 어느 때보다 높은 상황임을 부인할 사람은 아무도 없을 것이다.

교회가 주도해 세우든 개인 주도해 세우든, 중요한 것은 기독교학교가 정부의 간섭 없이 종교교육(기독교교육)을 할 수 있다는 점이다. 또 부모는 공립학교를 떠나 기독교학교에 자녀를 입학시켜 기독교교육을 받을 수 있도록 신앙교육의 책임과 교육의 의무를 다할 수 있다는 것이 중요하다. 부모는 자녀를 가까운 학교에 어쩔 수 없이 보내는 것이 아니라, 능동적으로 자녀의 교육을 위해 고민하고 부모의 교육철학에 가장 적합한 학교를 기독교적인 정신에 의해 선택해야 한다. 바로 이 지점에 기독교학교의 정체성이 가장 잘 드러난다고 할 수 있다.

2) 기독교 홈스쿨링

(1) 기독교 홈스쿨링의 실태

우리나라에서의 홈스쿨링은 공교육의 붕괴에 대한 대안으로 1990년대부터 시작되었다. 홈스쿨링은 1999년 당시 20여 가정이 실시하고 있었던 것으로 파악되고 있다(권근숙, 2002). 기독교 홈스쿨링은 2000년 11월 18일 서울여자대학교에서 개최된 제1회 기독교 대안교육과 홈스쿨 운동 세미나로 인해 우리나라에 모습을 드러내기 시작했다. 당시 기독교대안교육협의회가 창립되면서 홈스쿨위원회가 그 속에 포함되어 진행되다가 2007년쯤 한국기독교홈스쿨협회(www.khomeschool.com)가 독립을 하게 되어 지금에 이르고 있다. 2012년 현재 기독교홈스쿨링을 하는 가정은 1천 가구가 훨씬 넘는 것으로 파악되고 있다.

기독교 홈스쿨링은 무엇인가? 기독교 홈스쿨링은 학령기의 아동을 공교육의 장인 학교에 보내지 않고 학부모가 직접 또는 외부의 도움과 연계하여 가정에서 아동을 기독교적으로 교육하는 것을 말한다. 이는 '기독교 가정학교(christian home school)' '기독교 재택교육(christian home education)' '기독교 재택학습(christian home instruction)'이라 한다. 이름에 따라 그 의미도 다를 수밖에 없다. 학교를 가정에 옮겨 놓은 듯하는 것이 '가정학교' 개념이라면, '재택학습'이나 '재택교육'은 가정에서 교육을 한다는 의미로, 꼭 학교를 흉내 내지 않아도 되는 개념이다. 그러나 대체로 우리나라의 기독교 홈스쿨링의 개념은 전자에 속한다.

홈스쿨링은 우리나라에서 자생한 것이 아니다. 이미 미국에는 1980년대를 거치면서 새로운 교육의 패러다임으로 자리 잡아 제3의 교육제도로 인정되었다. 제1의 교육의 장은 공립학교, 제2는 사립학교 그리고 제3은 가정학교(홈스쿨링)로 얘기할 수 있다. 1998년 미국 홈스쿨 인구는 사립학교 학생 수의 24%이며, 2012년 현재는 200만 명 정도인 것으로 추산한다. 미국의 경우 홈스쿨링의 85~90% 정도가 종교적인 이유로 홈스쿨링을 하고 있는 것으로 알려져 있다(Klicka, 1995; 김선요, 2005). 현재 우리나라의 홈스쿨링도 급속히 늘어 가고 있다.

(2) 기독교 홈스쿨링의 의의

기독교 홈스쿨링의 장점은 다음과 같다(김선요, 2005). 첫째, 그리스도인의 인성과 종교적 가치가 결여된 공교육에 비해 올바른 신앙을 교육할 수 있다. 둘째, 개인의 능력에 맞추어 능동적으로 학습할 수 있다. 셋째, 자녀를 유해한 환경으로부터 보호할 수 있다. 넷째, 부모와 아이의 유대를 강화해 가족 전체의 삶의 질이 좋아질 것이라고 기대할 수 있다.

이 모든 장점에 덧붙여 언급해야 할 홈스쿨링의 가장 본질적인 부분은 부모의 교육적 책임과 의무를 가장 잘 실행할 수 있는 교육 방법이라는 점이다. 본래 교육은 가정에서 이루어졌지만 근대국가가 가정에서의 교육을 가져 간 것이다. 1850년경부터 미국에서 시작된 공립학교 운동은 전 세계로 퍼졌고 20세기 초에는 거의 모든 나라가 이를 따랐다. 그런데 근래에 미국에서 시작된 홈스쿨링 운동은 국가가 가져간 교육권을 다시 가정이 찾아온다는 의미가 있다. 산업화 시대에 국가가 빼앗아간 교육권을 이제 탈산업화 사회가 된 이 시점에 다시 인류에게 가장 자연스러운 교육 방법인 홈스쿨링으로 돌려놓아야 한다는 입장이다(김성희, 2000).

3. 기독교 대안학교와 홈스쿨링의 종교교육 실제

종립학교와 달리 대안학교는 종교교육을 자유롭게 할 수 있다. 특히 기독교 대안학교와 기독교 홈스쿨링에서는 기독교 교육을 아무런 제한 없이 실시할 수 있다. 종교교육에 대한 정부의 간섭과 통제가 없기 때문이다. 그래서 기독교 대안학교와 기독교 홈스쿨링에서는 성경 공부, 예배, 찬송, 기도 등 원하는 데로 할 수 있는 장점이 있다. 그렇다고 기독교 대안학교나 기독교 홈스쿨링에서 기독교교육이 잘 이루어지고 있느냐의 문제는 또 다른 문제이기도 하다. 기독교 대안학교와 기독교 홈스쿨링에서는 종교교육이 어떻게 이루어지고 있는지 그 실태를 살펴면 다음과 같다.

1) 기독교 대안학교의 종교교육

기독교 대안학교의 설립 목적은 종교교육, 곧 기독교교육을 하기 위함임은 말할 것도 없다. 종교교육으로는 성경 수업과 예배를 생각할 수 있겠다. 기독교 대안학교에서는 단지 성경 수업과 예배에서만 종교교육이 이루어지지 않는다. 종교교육은 운영을 포함하여 학교 현장 전체에서 일어난다. 그러므로 학교 이름, 교육철학, 교육과정, 심지어 잠재적 교육과정에서도 종교교육은 이루어진다. 아직 우리나라의 기독교 대안학교가 틀이 잡히거나 정착되지 않았고 분명한 교육과정이 없기 때문에 교육과정만 아니라 다른 부분에서도 종교교육의 상황을 살펴보는 것이 의미가 있다.

(1) 학교 이름

기독교 대안학교의 종교교육 관련성은 학교의 이름에서도 어느 정도 파악할 수 있다. 왜냐하면 이름에는 그 학교가 지향하는 바가 가장 명료하게 제시되기 때문이다. 기독교학교교육 연구소의 기독교대안학교 실태조사 연구(기독교학교교육연구소b, 2012, 표 66)에 따르면, 가장 많이 쓰는 단어가 '기독' 혹은 'Christian'으로 27.9%였다. 이는 두 번째로 많은 '국제' 혹은 '글로벌'의 26.2%보다 약간 많다. 이 둘을 합치면 54.1%로 과반수다. 두 단어가 기독교 대안학교에서 가장 선호하는 것이라고 해석할 수 있고, 앞으로 이 두 단어를 넣은 이름이 계속 증가할 것이라는 추론이 가능하다. 특별히 '국제'와 '글로벌'이 강조되는 것은 일반 대안학교에서 찾아보기 힘든 점이라 눈여겨볼 부분이다. 기독교 대안학교이므로 '기독'이라는 단어가 들어가는 것은 당연하지만, '국제'와 '글로벌'이 많이 들어가는 것은 기독교 대안학교가 유독 국제화에 민감하게 반응하고 있다는 말이다. 이런 경향은 하나님 나라 관점에서 지구촌을 향한 넓은 시야와 사역의 장을 넓힌다는 점에서는 환영할 것이지만, 단순히 영어 실력을 높여 소위 세속적인 성공을 추구하는 방향으로 나아간다면 진정한 종교교육의 취지에 역행할 수 있기 때문에 주의를 기울여야 할 부분이다.

그 외에도 '꿈' '드림'이 9.8%, '두레'가 3.3%, '쉐마'가 3.3%가 나왔다. 나머지 20.4%는 독특한 자기만의 이름을 지었다.

(2) 교육 목적

기독교 대안학교의 종교교육 실태를 좀 더 심층적으로 보기 위해서는 교육 목적 진술을 분석하는 것이 도움이 된다. 당연히 기독교 대안학교 교육 목표 진술에 '기독교성'이 가장 돋보인다. 예를 들면, 가장 많이 나타나는 단어가 '하나님'이다. 36개 학교(40.9%)에서 가장 많이 사용하는 단어다. 주로 '하나님 나라' '하나님의 사랑' '하나님 중심' '하나님의 온전한 사람' '하나님의 비전' '하나님의 형상' '하나님의 말씀'으로 사용된다. 이 외에도 '예수와 그리스도'라는 단어가 들어간 경우가 18개 학교로 10.5%다. '그리스도의 품성' '그리스도의 제자' '그리스도의 인격'으로 사용되었다. 그 외에도 '기독교'가 19.5%, '영성'이 14.8%, '신앙'이 12.5%, '기독교 또는 성경적 세계관'이 9.1%, '제자'가 8%로 사용되었다. 이것은 기독교 대안학교의 교육 목적으로 볼 때 분명한 정체성을 드러내고 있다고 평가할 수 있다. 기독교 대안학교의 당연한 모습이라고 할 수 있다. 종교교육을 하려는 의도가 목표 진술에서 분명하게 나타난다.

이와 동일한 비율로 많이 사용되고 있는 내용은 '국제성과 수월성'이다. 먼저 '리더, 인재, 지도자'가 36개 학교(40.9%)에서 사용한다. 다음으로 많이 사용하는 단어가 '글로벌, 국제, 월드, 세계, 열방'이라는 단어로 25개(28.4%)학교가 사용했다. 이는 앞에서도 언급한 것처럼, 다섯 가지의 다양한 기독교 대안학교의 모습 가운데 특별히 '기독교 수월성 학교'와 '기독교 국제학교' 형태가 가장 많다는 것과 관련이 있다. 이 부분은 엄밀히 말해 긍정적 측면으로만 볼 수 없다. 왜냐하면 학교 이름에서 나타난 것처럼 기독교 대안학교가 단지 외국 유학을 준비하는 학교이거나, 원어민 강사를 통해 영어 몰입교육이나 영어실력을 높이는 교육으로 고립될 수 있기 때문이다. 이것은 기독교 대안학교에게 유혹이며 덫일 수 있다. 진정한 의미의 국제화라면 선진국 언어뿐만 아니라 후진국에 대한 관심도 가져 신앙 안에서 섬김과 선교의 정신을 실천하는 학교로 발전해가야 하는데, 그렇지 못한 것이 현실이다. 이 점은 기독교 대안학교가 지속적으로 주의 깊게 자신을 살펴야 하는 부분이라고 하겠다.

(3) 학생 선발

학교의 성격을 파악하는 방법 가운데 또 다른 하나는 '학생 선발'이다. 학생을 어떻게 선발하는가를 보면 그 학교의 성격을 알 수 있다. 기독교 대안학교도 예외가 아니다. 기독교 대안학교는 학생 선발에서 국가로부터 아무런 간섭을 받지 않고 자유롭게 학생을 선발할 수 있다. 그런데 어떤 학생을 어떻게 선발하느냐는 다양하다.

기독교 대안학교의 학생 선발에서 가장 특징적인 부분은 기독교인 자녀만을 뽑는 것이다. 기독교학교교육연구소의 기독교 대안학교 실태 조사(기독교학교교육연구소, 2012, 그림 20-21)에 따르면, 과거 10년 전에 비해 '부모와 학생이 기독교인이어야 한다'는 비율이 10%대에서 60%대로 증가했다. 이것은 교회가 기독교 대안학교를 세우는 경향이 많아지면서 생긴 것이라고 볼 수 있다. 어쨌든 이런 현상은 기독교 대안학교의 기독교성을 생각할 때 바람직한 현상이라고 볼 수 있다. 더구나 성도가 언약의 자녀를 교육하기 위해 자연스럽게 세우는 기독교 대안학교가 신자의 자녀만으로 학생 선발 자격을 제한하는 것은 진정한 의미의 기독교학교 교육을 위해서는 긍정적이라고 본다(임경근, 2009).

학생 선발 시 어떤 방법을 사용하느냐도 학교의 성격을 유추하는 데 도움을 준다. 주로 사용되는 방법으로는 시험을 치는 방법, 면접을 통한 방법, 서류 심사 등이 있다. 가장 많이 택하는 학생 선발 방법은 '학생면접'이다. 기독교 대안학교의 98.8%가 학생을 면접했고, 두 번째로 '부모면접'을 하였다. 이것은 종교적 기본 자질을 수치로 평가할 수 없기 때문에 구술면접을 통해서 파악하기 위함일 것이다. 이는 기독교 대안학교의 특징이 잘 나타나는 부분이라고 평가해도 될 것이다. 다음으로, 학생들의 학업능력을 평가하는 학교들도 있었다. 논술 36%, 전 학교 내신 29.1%, 지필고사 25.6%, 관련 수상경력 11.6% 등이었다. 학생의 지적 능력을 평가하는 경우는 대체로 중등학교에서 나타나는 경우가 대부분이다.

(4) 교육과정

기독교 대안학교에서 구체적으로 어떻게 종교교육을 하고 있는지 알기 위해서는 교육과정을 살펴보는 것이 가장 좋은 방법이다. 종교교육은 특성화 교육과정에 속한다. 특성화 교육과정에는 '신앙교육' '인성 및 체험교육' '평화 및 생태교육' '특기적성교육'이 포함되는데, 여기서는 '신앙교육' 부분을 중점적으로 살펴보고자 한다. 신앙교육은 '성경 수업' '채플(chapel)' 'QT' '절기교육' '단기선교'로 나눌 수 있다. 기독교학교교육연구소의 조사(기독교학교교육연구소, 2012, 표 61-62)에 따르면, 성경 수업 85.1%, 채플 80.5%, QT 80.5%로 절대 다수의 기독교 대안학교에서 신앙교육에 충실하고 있음을 볼 수 있다. 학교에서 성경을 가르치는 것은 종교교육을 위해 가장 중요한 부분이다. 기독교의 핵심은 성경이기 때문에 성경 수업은 기본이며 종교교육을 위한 가장 좋은 방법이다. 기독교 대안학교가 성경 시간을 몇 시수나 할당하고 있는지는 조사되지 않았다. 적어도 한 시수는 기본적으로 가르칠 것으로 예상할 수 있다. 채플은 학교에서 기독교의 종교적 행위를 훈련할 수 있는 기회가 될 것이다. 기도와 찬송과 말씀을 배울 수 있는 시간이다. 이 시간에는 기독교 관련 유명 인사들을 초청해 강연을 듣기도 한다. 그 외에도 '절기교육'(29.9%)과 '단기선교'(28.7%)를 실시하는 학교도 있다. 이 사실을 볼 때 기독교 대안학교는 일반 종립학교보다 훨씬 자유롭고 적극적으로 종교교육을 실시하고 있음을 확인할 수 있다.

한편, 기독교 대안학교들의 특기적성교육 가운데는 '음악활동'이 89.7%로 가장 많은 학교가 실시하고 있었다. 이는 '성경수업'(85.1%)보다 많은 수치다. 기독교 대안학교에서 신앙교육이 가장 우선순위는 아니라는 뜻으로 해석할 수 있다. 기독교 대안학교가 종교교육을 마음대로 할 수 있음에도 불구하고 오히려 다른 교육에 뒤지고 있다는 점은 많은 것을 생각하게 하는 결론이다. 기독교 대안학교에서 '대안'은 과연 무엇에 대한 대안인가 라는 근본적인 질문을 던지게 만드는 부분이다.

(5) 잠재적 교육과정

교육은 학교에서 의도적으로 조직한 표면적(공식적) 교육과정을 통해뿐만 아니라, 잠재적 교육과정을 통해서도 이루어진다(서혜욱, 2005). 특히 종교교육에서 신앙교육은 잠재적 교육과정의 영향을 많이 받는다. 왜냐하면 잠재적 교육과정에 속하는 것은 수치로 나타내기 어려운 정의적인 것이고 신앙교육도 그렇기 때문이다. 학교에서 의도하지는 않았지만 학교생활을 통해 신앙을 배운다. 그러므로 신앙교육은 학교의 분위기와 밀접한 관련이 있다. 신앙은 반복되는 과정 가운데 학습된다. 교사의 인격적인 면과 학교의 행정도 영향을 미친다. 물론 긍정적인 영향뿐만 아니라 부정적인 영향도 포함한다. 잠재적 교육과정이 신앙교육에 미치는 영향은 다음과 같이 다양하다.

첫째, 교사의 영향력이다. 기독교학교교육연구소에서 조사한 기독교 대안학교의 교사선발 기준을 보면, 전문적 자격기준인 '교사 자격증 소지 여부'는 5위를 차지했음에 비해 '소명의식'은 1위, '영성'은 2위, '인성'은 3위, '학교 이념 동의'는 4위를 차지했다. 이 점은 기독교 대안학교들이 잠재적 교육과정으로서의 교사의 종교교육적 영향력을 중요하게 여기고 있다는 것을 의미한다. 단지 지식의 전달만이 교육의 목표가 아니라, 종교적 영성과 인성을 소중하게 여기는 기독교 대안학교의 분위기를 반영하고 있는 것이다. 이는 긍정적인 부분이다. 아직 기독교 대안학교 교사를 양성하는 교육기관이 없는 상황이기 때문에, 각 학교는 자체적으로 교사 교육을 시행하는 경우가 많다. 자체로 예비교사교육을 실시하는 학교는 전체의 40%, 초임교사교육을 실시하는 학교는 75%인 것으로 나타났다.

둘째, 교사의 교수-학습 과정이 종교교육에 미치는 영향력이 있다. 기독교 대안학교에서 교사는 매우 중요하다. 아직 교육과정이 잘 정리되어 있지 않은 기독교 대안학교의 상황을 고려할 때, 교실에서 교사가 실시하는 교수-학습 분위기는 학생의 종교교육에 절대적인 영향을 미친다고 해도 과언이 아니다. 교사가 수업을 기도로 시작하고 기도로 끝내는 분위기는 학생의 신앙에 큰 영향을 미칠 것이다. 만약 공교육 교육과정과 교과서를 사용하는 경우라면, 교사가 그것을 기독교 세계관에 기반하여 잘 정리해서 학생에게 가르쳐야 한다. 이 부분은 결코 쉽지 않은 부분이지만 반드시 기독교 대안학교에 있어야 하는 교수-학습이다. 국정교과서를 그대로 사용하는 기독교 대안학교가 30% 정도밖에 되지 않고, 대부분의 학교들은 자체적으로 선택하거나 만든 교육과정과 교재로 사용하고 있다. 어떤 학교는 외국 교과서를 번역하여 사용하거나 그대로 사용하거나, 또는 학교 자체에서 개발하거나 기독교 세계관으로 재구성한 교과서를 사용한다. 기독교 세계관으로 재구성한 교과서를 사용하는 학교는 일반 교과에서의 기독교적 신앙 교육에 매우 긍정적인 역할을 할 것으로 기대된다. 그러나 안타깝게도 그런 학교는 3.5%밖에 되지 않는다.

셋째, 학교의 시설(공간)과 학생 숫자의 영향도 무시할 수 없다. 현재 기독교 대안학교의 한 학급당 학생 수는 그렇게 많지 않으며, 10~24명으로 다양하게 분포되어 있을 것으로 추정된다. 수치로 평가할 수 없는 잠재적 교육과정으로서의 종교교육은 학교와 학급의 크기, 곧 교사 1인당 학생 수에 민감하지 않을 수 없다. 종교교육은 전인격을 향한 것이기 때문에 한 교실에 학생이 많으면 그 효과를 기대하기 힘들다. 한 학급의 학생이 적을 경우에는 종교교육의 효과도 그만큼 더 기대할 수 있을 것이다. 교사가 각 학생에게 줄 수 있는 시간이 훨씬 많기 때문이다. 학생의 눈을 쳐다보며 마음까지 읽고 대화할 수 있는 수준의 학생 수가 좋은데, 이 점에서 기독교 대안학교는 종교교육을 위해 유리한 위치에 있다고 할 수 있을 것이다.

2) 기독교 홈스쿨링의 종교교육

기독교 홈스쿨링에서 종교교육의 의미를 생각하기는 쉽지 않다. 왜냐하면 아직 제대로 파악된 정확한 통계가 없기 때문이다. 외국에서 번역해 만든 교육과정이나 혹은 우리나라에서 독자적으로 만든 교육과정이 있긴 하지만, 아직 대중적으로 사용하지 않을 뿐 아니라 출판되지 않은 것도 있다. 소수의 홈스쿨러들만 이용하고 있는 실정이다. 이렇게 기독교 홈스쿨링은 각 가정마다 홈스쿨링의 목적이 다르고 공통된 어느 정도 공통적으로 사용하는 교육과정이 없기 때문에 종교교육의 의미도 찾아내기가 어렵다.

(1) 교육목적

기독교 홈스쿨링은 각 가정마다 홈스쿨링의 목적이 다르기 때문에 공통된 목적을 서술하기 어려울 수밖에 없다. 더구나 기독교 홈스쿨링 가정이 교육목적 진술을 구체적으로 하지 않은 경우가 많다. 단지 홈스쿨러가 채택하고 배우고 있는 교육과정이 있다면 거기에 기술된 교육목적이 있을 수는 있다.

또 다른 방법이 있다면 한국기독교홈스쿨협회(http://www. khome-school.com)가 내세우고 있는 홈스쿨링의 이유에서 그 목표를 유추해 볼 수는 있을 것이다. 한국기독교홈스쿨협회에서 제시하는 네 가지 홈스쿨링의 목표는 다음과 같다.

첫째, 도덕적 · 종교적으로 훈련시킨다. 부모는 자녀가 유혹을 이길 수 있도록 준비시킨다. 술이나 담배, 마약, 성관계, 동성연애, 성전환 등 자녀가 성경의 관점에 따라 옳고 그름을 판단하여 세상 유혹을 물리칠 수 있도록 자녀를 훈련시킬 책임이 부모에게 있다고 본다.

둘째, 학업 성취를 높인다. 홈스쿨링이 공립학교보다 훨씬 학업 성취도를 높일 수 있다고 믿는다. 아동은 각각 배우는 속도가 다르고 관심분야도 다르다. 홈스쿨링은 아동의 수준에 맞춰 교육할 수 있다.

셋째, 보다 나은 사회성을 기른다. 홈스쿨링에 대한 가장 대표적인 오해가 사회성이 부족할 것이라는 생각이다. 그러나 홈스쿨링을 하는 가정은 아동이 다양한 연령의 사람들과 교제하며 폭넓은 사회성을 기를 수 있다고 믿는다.

넷째, 가족이 행복하게 연합한다. 홈스쿨링에서는 온 가족이 선생이며 학생이 된다. 물론 부모가 자녀에게 지적인 부분을 가르치겠지만 어른도 아동에게서 믿음을 배운다. 이렇게 가족이 함께 함으로 친밀감을 높일 수 있다.

지금까지 살펴본 기독교 홈스쿨링의 동기와 교육목적을 보면 일반 홈스쿨링과 큰 차이가 없다. 단지 첫 번째 목적이 다를 뿐이다. 대부분의 미국 홈스쿨러들이 종교적 목적으로 홈스쿨링을 시작한 것으로 파악된 것처럼 우리나라의 홈스쿨러들도 종교적인 목적으로 시작한 경우가 많을 것으로 추정된다. 그중에서도 기독교 홈스쿨러들이 대부분이며, 특별히 개신교가 대부분일 것으로 생각된다.

일반 공립학교에서 무신론적 진화론에 근거해 학생들을 교육하고 있는 상황에서 가정에서 기독교 홈스쿨링을 통해 자녀를 신앙으로 교육한다면 이보다 더 좋은 기독교 교육은 없을 것이다. 이미 교육의 중립성의 신화는 비판을 받고 있다. 공교육은 절대로 가치 중립적인 내용을 가르칠 수 없다. 기독교 홈스쿨링은 그런 의미에서 공립학교에 보내지 않는 것만으로도 신앙적으로 큰 손해를 입지 않을 수 있다.

그러나 기독교 홈스쿨링에서 종교교육을 강화하기 위한 동기는 네 가지 목적 가운데 하나일 뿐이다. 다시 말하면, 많은 기독교 홈스쿨링이 종교교육의 목적을 가장 중요한 것으로 주장하지만, 다른 세 가지 교육 목적에 잠길 수 있는 위험은 얼마든지 있다는 점을 간과해서는 안 된다.

많은 기독교 홈스쿨링의 경우 자녀가 학교에 부적응하기 때문에 홈스쿨링을 시작한다. 단지 기독교 홈스쿨링은 홈스쿨링을 시작한 부모와 아동이 기독교인일 뿐이다. 이런 경우 홈스쿨링을 하는 가정이 기독교인이면 기독교 홈스쿨러라고 이름을 불러줄 뿐이지, 그 내용이 기독교 홈스쿨링의 정신을 가지고 있다고 평가하기에는 무리가 있다는 얘기다. 그러므로 그들이 홈스쿨링을 하면서 신앙교육을 더 강화할 것이라고 기대할 수는 없다. 또 어떤 기독교 홈스쿨러는 자녀의 능력이 공립학교에서 충분히 발휘되지 않는다고 생각해 홈스쿨링을 시작하기도 한다. 그들의 교육목적은 엘리트다. 마찬가지로 생태와 전인교육을 위해 홈스쿨링을 시작한 경우도 있다. 기독교 대안학교가 그 분류에 따라 성격이 다른 것처럼 기독교 홈스쿨링도 마찬가지다.

(2) 교육과정

우리나라의 홈스쿨링은 아직 역사가 오래되지 않아 공인되고 믿을 만한 교육과정이 정착되지 못했다. 홈스쿨링을 하는 가정은 어떤 교육과정을 선택할지 고민하며 찾아야 한다. 이것은 장점임과 동시에 단점이다. 장점은 부모가 자녀교육의 책임자로서 적극적으로 교육의 목적과 방법에 대해 고민하며 공부하게 된다는 점이다. 단점은 혼자 이 일을 고민하며 연구해야 하기 때문에 버거울 뿐만 아니라 전문성이 떨어진다는 점이다. 어떤 가정은 공립학교 교육과정을 그대로 사용하거나 혹은 미국에서 개발된 것들을 번역하거나 혹은 번안해서 사용한다. 따라서 아직 교육과정이 정형화되어 있지도 않고 표준화되어 있지도 한다. 그나마 현재 개발 중이거나 사용하고 있는 교육과정은 크게 서너 가지로 파악되고 있으며, 이것을 살펴보는 것은 의미 있는 작업이 될 것이다.

첫째, 조수아 홈스쿨 아카데미(Joshua Homeschool Academy; www.jhakorea.org) 교육과정이다. 이것은 미국에서 개발된 로고스(Logos) 커리큘럼을 번역 혹은 번안해 만든 것이다. 로고스 교육과정의 특징은 통합이다. 모든 지식을 복음으로 새 옷을 입혀 하나님 나라에 대한 통찰력과 비전을 품은 하나님의 사람으로 양성하는 것이 목표다. 기본적으로 통합의 중심은 성경이다. 첫째, 연령대를 통합했다. 성경을 역사적으로 정리하고 연결해 교회 역사를 중심으로 교과목을 통합했다. 전통적인 교과서 방식은 학년별로 구분되어 있어서 한 부모가 다양한 연령의 여러 자녀를 지도하는 데 어려움이 많이 있다고 본다. 그래서 로고스 교육과정은 하나의 커리큘럼으로 모든 연령의 자녀를 지도할 수 있도록 각 과정이 하나의 주제로 통합되어 있다. 둘째, 교과목을 통합했다. 각 과목별로 구분된 기존의 교과서 방식은 정보가 잘 정리되어 있기는 하지만 교실수업을 위해 효율적으로 구분한 것이어서 단편적이고 흥미를 떨어뜨릴 수 있다는 한계가 있다고 보았다. 교사가 지식을 구분 짓지 않고 한계를 정하지 않을 때, 아동은 배우는 것이 더욱 즐겁고 의미 있는 지식을 얻게 될 것이라고 믿는다. 이렇게 로고스 통합 교육과정은 하나의 주제 안에 여러 과목이 통합되어 있어서 자녀들로 하여금 다양한 지식의 영역을 경험할 수 있도록 도와준다고 한다.

둘째, 홈스쿨 어와나(Homeschool Awana Network; www.homeschoolawana.net) 교육과정이다. 홈스쿨 어와나는 홈스쿨 가정의 네트워크로서 홈스쿨러의 결속력을 강화시키고 건강한 신앙 성장을 위한 일종의 기독 스카우트(christian scout)다. 일주일에 한 번 모여 성경 암송, 게임, 이벤트, 올림픽, 시상 등 다양한 활동으로 그리스도의 제자로 '부끄러울 것이 없는 인정된 일꾼'으로 성장하도록 돕는 것이 목적이다. 이 과정의 특징은 성경을 재미있게 많이 암송하게 하는 것이다. 성경 암송은 종교교육의 핵심이라는 점에서 탁월하지만 재미와 메달이라는 보상이 없어진다면 어떤 것이 남을지 생각해 보아야 할 부분도 없지 않다.

셋째, 글로벌 홈스쿨 아카데미(Global Homeschool Academy; www.globalhome.or.kr)다. 이 단체에서도 교육과정의 통합 방식을 채택해 크로스 커리큘럼(cross curriculum)을 개발하고 있다. 기본 원리는 성경 역사와 교회 역사를 중심으로 전체를 26개의 시대를 구분해 모든 교과목을 통합한다는 점이다. 고전교육과 샬롯 메이슨(Charlotte Mason) 방법론을 참고로 했다. 네 묶음으로 각 묶음은 8권의 워크북, 총 32권으로 이루어져 있다. 각 권은 영성, 기독교 세계관과 성품과 예수님의 명령을 기본적으로 다루고 있고, 역사 이야기를 워크북에 안내된 참고 책을 읽거나 찾아 공부하도록 되어 있다. 기본적으로 성경과 교회의 역사를 기준으로 만들어졌기 때문에 성경으로 교과목을 통합하려 노력했다는 것을 확인할 수 있다.

(3) 과제와 전망

홈스쿨링은 태생적으로 공립학교의 기존 틀을 벗어난 교육 형태이기 때문에 홈스쿨을 하고 있는 가정의 숫자만큼이나 교육의 형태가 다양하다고 보는 것이 옳을 것이다. 기독교 홈스쿨링도 마찬가지다. 기독교라는 이름을 붙이긴 했지만 일반 홈스쿨링의 동기와 큰 차이가 없다. 학교 부적응으로 홈스쿨링을 시작한 가정이 그리스도인이면 기독교 홈스쿨링에 포함시킨다. 마찬가지로, 자연 친화적인 교육을 시키려고 홈스쿨링을 시작한 가정이 그리스도인이면 기독교 홈스쿨링이라고 한다. 성품, 전인, 생태, 통합, 부적응 아동의 치료 등의 목적으로 시작한 홈스쿨링도 마찬가지다. 또 어떤 홈스쿨링은 탁월한 교육을 하기 위해 시작하기도 한다. 이런 경우에는 모두 기독교 신앙교육은 주도적 위치를 차지하지 못하고 차선으로 밀리고 만다. 물론 기독교 신앙적 교육을 하기 위해 홈스쿨링을 하는 가정들이 있지만, 그렇게 많지는 않아 보인다. 앞으로는 신앙교육적 동기 때문에 기독교 홈스쿨링을 시작하는 사람들이 많아져야 할 것이다. 신앙적 관점에서 공부하고, 신앙적 관점에서 집안일을 하고, 신앙적 관점에서 형제와 부모와 좋은 관계를 가지는 것이 기독교 교육의 중요한 요소가 되어야 할 것이다. 그럴 때 기독교 홈스쿨링만큼 좋은 종교교육을 할 수 있는 방법도 없을 것이다.

4. 나가는 말

우리나라의 기독교 대안학교와 기독교 홈스쿨링의 역사는 짧다. 이제 시작한 두 대안적 교육의 형태는 종교교육을 위한 좋은 방법임에는 의심의 여지가 없다. 기독교 대안학교와 기독교 홈스쿨링만큼 종교교육을 마음대로 할 수 있는 방법도 없을 것이다. 그럼에도 기독교 대안학교와 기독교 홈스쿨링이 충분히 최선을 다해서 종교교육을 하고 있는가라는 질문에 긍정적으로 답하기 어려운 현실이다. 우리나라 기독교 대안학교와 기독교 홈스쿨링의 과제는 그 대안교육의 동기와 목적이 기독교적이어야 한다는 것이다. 이 부분이 기독교 신앙적이지 않다면 아무리 좋은 방법이라고 하더라도 종교교육은 효과를 거두기 힘들 것이다. 종교교육이 목적이고 기본이 아니라면, 신앙은 다른 목적을 달성하기 위한 수단과 방법으로 전락할 수 있기 때문이다.

토론문제

1. 종립학교와 대안교육(기독교 대안학교와 기독교 홈스쿨링)의 특징을 찾아보고 종교교육의 가능성을 비교 분석해 보자.
2. 기독교 대안학교에서의 종교교육의 실제를 정리하고, 그 가능성을 토의해 보자.
3. 기독교 홈스쿨링에서의 종교교육의 실제를 정리하고, 그 가능성을 토의해 보자.

참고문헌

강영택(2011). 기독교학교에서 종교교육의 방안 탐색. 기독교학교교육연구소 학자네트워크 모임 발표 자료.

고병철(2007). 한국의 종교교육 · 중등 종립학교를 중심으로. **종교연구**, 46, 1-34.

권근숙(2002). 우리나라 홈스쿨링의 현황과 실천사례 연구. 경상대학교대학원 석사학위논문.

기독교학교교육연구소(2012a). 한국 기독교학교에서의 종교교육 자유의 현실과 진단. 기독교학교 정상화를 위한 1차 포럼 자료집.

기독교학교교육연구소(2012b). **한국 교육의 희망 기독교 대안학교 가이드**. 서울: 예영.

기독교학교교육연구소(2012c). 기독교학교와 교회, 그 바람직한 관계. 제7회 기독교학교교육연구소 학술대회 자료집.

김선요(2004). 기독교학교에 대한 성경적 조망: 특집 논문: 기독교 대안학교와 홈스쿨의 협력을 위한 기반 탐색. **통합연구**, 17, 104-126.

김선요(2005). 홈스쿨운동의 전개와 시사. **사회과학논총**, 12, 101-121.

김성희(2000). 홈스쿨링 교육과정에 대한 연구. **가야대학교 논문집**, 9, 131-151.

김숙희(2011). 천주교 학교의 종교교육. 기독교학교교육연구소 학자네트워크 모임 발표 자료.

김유환(2010). 대법원 2008다 38288 판결의 의미와 사립학교 종교교육의 방향. 기독교학교에서의 종교의 자유에 관한 대법원 판결과 향후 기독교학교의 방향 모색 세미나 발표 자료.

김재웅(2009). 의무 취학제도 하에서 홈스쿨링 합법화의 의미와 전망. **열린교육연구**, 17, 1-24.

김재춘(2012). 한국 교육제도 안에서의 기독교학교의 존재 방식. 한국 기독교학교에서의 종교교육 자유의 현실과 진단 포럼 발표 자료.

박상진(2012). 한국교회와의 관계 속에서 본 기독교학교의 존립 근거. 한국 기독교학교에서의 종교교육 자유의 현실과 진단 포럼 발표 자료.

박상진(2006). **기독교학교교육론**. 서울: 예영.

박종보(2012). 헌법에 근거한 기독교학교 종교교육 자유의 정당성과 그 한계. 한국 기독교학교에서의 종교교육 자유의 현실과 진단 포럼 발표 자료.

서혜욱(2005). 기독교 교육이론에 나타난 잠재적 교육과정에 관한 연구. 장로회신학대학원 석사학위논문.

오춘희(2005). 기독교 가정의 홈스쿨링 운동. **기독교교육정보**, 10, 139-163.

우수호(2012). 한국 기독교학교에서의 종교교육의 현황과 한계. 한국 기독교학교에서의 종교교육 자유의 현실과 진단 포럼 발표 자료.

유명복(2005). 홈스쿨링의 현황과 과제. **기독교교육정보**, 12, 83-109.

유명복(2006). 미국 홈스쿨링의 역사. **진리논단**, 11, 99-112.

이원일(2004). 홈 스쿨링에 대한 기독교 교육과정적 성찰. **신학과 목회**, 22.

이원일(2005). 홈 스쿨링에서의 기독교 교육과정. **기독교교육정보**, 12.

이종태(2000). **대안교육과 대안학교**. 서울: 민들레.

이종태(2001). 학교교육의 위기와 원인, 그리고 대안의 모색. **교육이론과 실천**, 11(1).

이진구(2005). 일제의 종교/교육 정책과 종교자유의 문제: 기독교학교를 중심으로. **종교연구**, 38, 205-230.

임경근(2009). **기독교학교 이야기**. 서울: SFC.

전광식(2006). **기독교 대안교육과 대안학교: 그 원리와 실제**. 성남: 독수리교육공동체.

홍정근(1993). 다종교 상황 하에서 기독교학교의 '종교 과목'. **교육교회**, 201(4).

Klicka, C. J. (1995). *The Right Choice: The incredible Failure of Public Education and the rising Hope of Home Schooling*. Gresham, OR: Noble Publishing Associates.

Postman, N. (1991). **교육의 종말**. (차동춘 역). 서울: 문예. (원저는 1996년 출판).

Religious Education

제4부

종교교육 지원체제

제10장 종교교사 양성

제11장 종교교육 활성화를 위한 지원체제

Religious Education

제 10 장

종교교사 양성

1. 들어가는 말

우리나라에서 '종교교사' 양성의 문제는 1981년 교육부의 제4차 교육과정 가운데 '종교' 교과가 자유 선택 혹은 교양 선택 과목으로 지정된 이후부터 시작된다고 볼 수 있다. 1988년 이후 당시 교육부는 제5차 교육과정 시행 기간부터 중 · 고등학교 교목과 종교교사에게 단기적으로 교사 양성 교육을 실시하였다. 또한 '종교' 교사를 양성하는 기독교교육과 혹은 관련 학과는 교원 양성 기관으로서 1998년부터 주기적으로 교육부로부터 평가를 받고 있다. 그에 따라 교원 양성 기관으로서의 기독교교육과 혹은 관련 학과는 우리나라 교원 양성 교육의 목적에 따라 더 나은 질적인 교육을 하도록 자극받고, 교육과정과 학교 현장의 연계 강화, 교원 확보, 교육 여건 개선 등의 측면에서 향상해 왔다. 우리나라에서

'종교(Religion)' 교과는 중등학교 교사자격 중 보통교과 관련 25개 표시과목 가운데 하나다. 교육부에서 지정한 관련 학과 또는 학부로는 '종교교육, 종교학 및 그와 관련되는 학부(전공 · 학과)가 있다.

이 장에서는 우리나라에서 기독교계 종교교사를 양성하는 기관의 자격증 수여 현황을 살펴보고, 종교교사 양성 제도 및 종교교사 자격 취득 기준을 설명하고자 한다. 더불어 종교교사 양성 사례로 A 대학교 기독교교육과의 교육과정에 기초하여 종교교사 양성 방향을 고찰하고자 한다.

2. 종교교사 양성 기관 현황

우리나라에서 기독교계 종교교사를 양성하는 과정은 25개 대학에서 이루어지며 교파는 감리교, 성결교, 장로교, 침례교 등이다. 5개 학과(학부) 및 4개 교육대학원이 사범계에 속하여 입학한 모든 학생이 교직과정을 이수한 이후 종교교사 자격증을 수여할 수 있다. 즉, 기독교교육과 혹은 기독교교육(종교교육) 전공이 사범계에 속한 학교로는 고신대학교, 서울신학대학교, 안양대학교, 장로회신학대학교, 총신대학교, 관동대학교 교육대학원 기독교교육전공, 연세대학교 교육대학원 종교교육전공, 장로회신학대학교 교육대학원 기독교교육전공, 총신대학교 교육대학원 기독교교육전공 등이 있다. 그 외에도 관련 학과가 설치된 대학교 혹은 신학대학교에서 입학 정원의 10%를 선발하여 비사범계로 교직이수 프로그램을 실시하고 있다. 비사범계로서 종교교사 자격증을 수여하는 대학교로는 감리교신학대학교, 강남대학교, 그리스도신학대학교, 목원대학교, 배재대학교, 백석대학교, 성결대학교, 성공회대학교, 연세대학교, 영남신학대학교, 이화여자대학교, 전주대학교, 침례신학대학교, 한남대

〈표 10-1〉 기독교계 종교교사 양성 기관 현황

사범계 여부	대학명	입학 정원	자격증 수여 인원
사범계	고신대학교	40명	40명
	서울신학대학교	50명	50명
	안양대학교	30명	30명
	장로회신학대학교	50명	50명
	총신대학교	30명	30명
	연세대학교 교육대학원	00명	자격 요건을 충족하는 자 전부
	관동대학교 교육대학원	0명	자격 요건을 충족하는 자 전부
	장신대학교 교육대학원	00명	자격 요건을 충족하는 자 전부
	총신대학교 교육대학원	00명	자격 요건을 충족하는 자 전부
비사범계	감리교신학대학교	120명(학부제)	기독교교육학과 정원 중 10%
	강남대학교	27명	3명
	그리스도신학대학교	40명	4명
	목원대학교	38명	9~10명
	배재대학교	26명	3명
	백석대학교	220명(학부제)	22명
	성결대학교	120명(학부제)	12명
	성공회대학교	36명	2명
	연세대학교	49명	5명
	영남신학대학교	34명	3명
	이화여자대학교	20명	2명
	전주대학교	40명	4명
	침례신학대학교	50명	5명
	한남대학교	35명	4명(추정)
	한세대학교	25명	14명
	한신대학교	29명	3명
	한일장신대학교	80명(학부제)	2009년까지 8명 2010년 입삭생부터 교직 이수 불가능
	협성대학교	80명(학부제)	8명

학교, 한세대학교, 한신대학교, 한일장신대학교, 협성대학교 등이 있다.

매년 200명 이상의 학부 및 교육대학원 신입생이 사범계 예비 '종교' 교사 양성 과정에 입학하고 있으며 114명 이상의 신입생이 비사범계 예비 '종교' 교사 양성 과정에 입학하고 있다. '종교' 교사(중등 정교사 2급) 자격증을 수여하는 기독교대학교 및 대학원을 사범계와 비사범계로 구분하고, 각 대학교 및 대학원 명칭, 입학 정원과 그에 따른 자격증 수여 인원을 표로 나타내면 〈표 10-1〉과 같다.

〈표 10-1〉에 따르면, 매년 최소 324명 이상의 기독교계 종교교사(중등 정교사 2급)가 배출되고 있지만, 3주기 교원양성평가 이후 교직 이수자 감축 정책[41]에 의해 '종교' 교사 자격증 취득자의 수는 감소할 것으

〈표 10-2〉 타종교 대학 · 대학원의 종교교사 자격증 수여 현황

종교	대학교명	사범 여부	입학 정원	자격증 수여 인원
가톨릭	가톨릭대학교	비사범계열	25명(종교학과)	2명
	대구가톨릭대학교	비사범계열	30명(학부제)	3명(신학과) 3명(교리교육학과)
	서강대학교	비사범계열	154명(학부제)	3명
	가톨릭대학교 교육대학원	사범계열	정해져 있지 않음 (종교교육과 없음)	자격 요건을 충족하는 자 전부
불교	동국대학교	비사범계열	70명(학부제)	불교학과 한정 10%
	위덕대학교	비사범계열	30명	3명
	동국대학교 교육대학원	사범계열	정해져 있지 않음 (종교교육과 없음)	자격 요건을 충족하는 자 전부
통일교	선문대학교	비사범계열	15명	2명(통일신학과)
원불교	원광대학교	비사범계열	31명	3명 추정
대순진리회	대진대학교	비사범계열	15명	2명 추정 (대순종학과)
제칠일안식일	삼육대학교	비사범계열	41명	4명

로 전망된다.

참고로 우리나라 비기독교계 대학 및 대학원에서도 종교교사를 양성하고 있는데, 그 현황은 〈표 10-2〉와 같다.

3. 종교교사 양성 제도 및 종교교사 자격 취득 기준

1) 종교교사 양성 제도

우리나라 기독교계 종교교사 양성 제도는 기독교계 대학교의 기독교교육과 혹은 교육대학원 기독교교육(종교교육)전공이 설치하고 있으며, 각 학교의 양성 제도는 교육부의 지침을 따른다. 사범대학에 소속된 기독교교육과에서는 학생이 교직과정을 이수하는 경우 해당 표시과목인 '종교' 교과의 관련 교육과정을 이수하게 하여 종교교사를 양성하는 제도를 가지고 있다. 그 예로, 고신대학교 기독교교육과, 서울신학대학교 기독교교육과, 안양대학교 기독교교육과, 장로회신학대학교 기독교교육과, 총신대학교 기독교교육과 등이다. 이 학과들은 본래 기독교교육 전문가, 교회교육 지도자, 교육목회 지도자, 전도자 혹은 교역자를 양성하기 하기 위해 설립되었고 더불어 오늘날 기독교교육과는 종교교사를 양성한다. 예를 들면, C 대학교의 기독교교육과의 목적은 "21세기 정보화 · 세계화를 선도하는 기독교교육 지도자를 배출하는 학과다. …… 학교현장에서 청소년의 종교교육을 담당하거나 일반대학원 및 신학대학원에 진학하여

41) 비사범계의 경우 종교교사 이수가 가능한 학생을 이 글을 작성한 현재는 입학 정원의 10%로 반올림했지만 2013년부터는 반올림할 수 없기에 감축한다.

목회자와 교회교육 전문가 등의 기독교교육지도자로서 사역한다."이며 학과의 교육목표는 "…… 학교와 사회에 기여하는 종교교사와 기독교교육 지도자로서의 사명감과 소명의식 …… 이론과 실천을 통합적으로 연구하여 교회, 학교, 사회, 국가의 현장에서 봉사할 수 있는 지도자 교육……"이다. 학과의 특성화 목표는 "인성과 기독교적 도덕성을 함양하여 사회에 헌신하는 기독교종교교사를 양성한다."다. P 대학교의 기독교교육과의 목적은 "기독교교육의 여러 영역(교회교육, 학교교육, 가정교육, 사회교육, 미디어교육)에 헌신할 교육 전문가를 양성한다."다.

또한 우리나라 기독교계 비사범계 대학에서도 교직과정을 이수할 수 있는데, 대학의 신학부 혹은 신학과에 소속한 학생이 교직과정을 이수하여 '종교' 교사 자격을 취득하는 경우다. 예를 들면, 성결대학교 신학부, 강남대학교 신학부 등이 있다. 기독교계 교육대학원에서 관련 전공과 교직과정의 이수하고 소정의 절차를 거쳐 '종교' 교사 자격을 취득하는 경우다. 교육대학원의 경우에도 학부의 관련 학과에서 소정의 과목 및 학점을 이수하는 경우다. 예를 들면, 장로회신학대학교 교육대학원 기독교교육 전공, 총신대학교 교육대학원 기독교교육 전공 등이 있다. 이와 같은 종교교사 양성제도는 우리나라 교육과정의 변천 과정에서 종교 교과의 설치와 이에 따른 종교교사 수급의 과정에서 형성된 제도라고 볼 수 있다.

2) 종교교사 자격 취득 기준[42)]

우리나라에서 교사 자격 기준은 「초·중등교육법」(법률 제8852호, 2008.

42) 교육과학기술부(2013)의 내용을 수정하여 제시하였다.

2. 29) 제21조 제2항과 관련하여 중등학교 정교사 1급과 2급에 대하여 소개하면 다음과 같다.

- 정교사(2급)
  - 사범대학 졸업자
  - 교육대학원 또는 교육부 장관이 지정하는 대학원 교육과에서 석사학위를 받은 자

- 정교사(1급)
  - 중등학교 정교사(2급) 자격증을 가지고 교육대학원 또는 교육과학기술부장관이 지정하는 대학원 교육과에서 석사학위를 받은 자로서 1년 이상의 교육경력이 있는 자

2013학년도 입학자(2011학년도 이후 편입학자 및 재입학자 포함) 및 2015년도 이후 편입학자부터의 적용을 중심으로 종교교사 자격 취득의 기준을 소개하면 다음과 같다.

- 전공과목의 이수 기준
  - 전공과목 50학점 이상
  - 기본이수과목 21학점(7과목) 이상 포함(예: 종교교육론, 종교학사, 종교학개론, 종교철학, 비교종교학, 종교심리학, 종교사회학)
  - 교과교육영역 8학점(3과목) 이상 포함(예: 종교 교과교육론, 종교 교과교재 연구 및 지도법, 종교 교과 논리 및 논술)

- 교직과목 이수 기준
  - 총 22학점 이상

−교직이론 12학점(6과목) 이상

−교직소양 6학점(3과목) 이상(특수아동의 이해, 교직실무, 학교폭력의 예방 및 대책)

−교육실습 4학점 이상(학교현장실습, 교육봉사활동)

• 성적 기준

졸업 전체 전공 과목 평균 성적 75/100점 이상, 교직과목 평균 성적 80/ 100점 이상

• 기타

교직 적성 및 인성검사 적격 판정 2회 이상

기독교계 '종교' 교사 자격은 표시 과목이 '종교'로서 관련 학과 또는 학부와 기본이수과목(또는 분야)는 다음과 같다. 교직 이수자는 2013학년도 입학자부터의 적용을 중심으로 전공과목의 이수 기준으로 총 50학점 이상 취득해야 한다. 기본이수과목은 7과목 이상으로 21점 이상이며, 교과교육영역은 8학점으로 3과목 (종교 교과교육론, 종교 교과교재 연구 및 지도법, 종교 교과 논리 및 논술) 이상 취득해야 한다. 교직은 총 22학점 이상을 취득해야 하는데, 교직이론 12학점 이상, 교직소양 과목으로서 특수아동의 이해, 교직실무와 학교폭력의 예방 및 대책 그리고 학교현장실습, 교육봉사활동 등을 이수해야 한다. 성적 기준은 졸업 전공과목 평균성적이 75점 이상과 교직과목 평균성적이 80점 이상이어야 한다(교육과학기술부, 2012, p. 252). 이를 도표로 나타내면 〈표 10−3〉과 같다.

〈표 10-3〉 종교교사 자격 취득을 위한 기본 이수 학점

<table>
<tr><th colspan="2">영역</th><th>기본 과목</th><th>기본 학점</th></tr>
<tr><td colspan="2">전공 과목</td><td>-학과 전공
-기본이수 과목 21학점(7과목) 이상: 종교교육론, 종교학개론, 종교현상학, 종교철학, 한국종교, 종교사회학(또는 종교인류학), 종교심리학, 세계종교(또는 종교사, 또는 비교 종교학, 현대종교, 종교와 과학, 종교학사, 종교와 문화
-교과교육영역 8학점(3과목) 이상 포함: 종교 교과교육론, 종교 교과 교재연구 및 지도법, 종교 교과 논리 및 논술</td><td>주 전공
50학점 이상</td></tr>
<tr><td rowspan="3">교직과목</td><td>교직이론</td><td>교육학개론,
교육철학 및 교육사
교육과정
교육평가
교육방법 및 교육공학
교육심리
교육사회
교육행정 및 교육경영
생활지도 및 상담
그 밖의 교직이론에 관한 과목</td><td>12학점 이상
(6과목 이상)</td></tr>
<tr><td>교직 소양</td><td>교직실무(2 학점 이상)
특수교육학개론(2학점 이상, 영재교육영역 포함)
학교폭력의 예방 및 대책</td><td>6학점 이상</td></tr>
<tr><td>교육실습</td><td>학교현장실습
교육봉사활동(P/F제 가능)</td><td>4학점 이상</td></tr>
</table>

특히 2013년 입학자부터는 교직이론을 최소 6과목 이수하며, '학교 폭력의 예방 및 대책'을 교직 소양으로 이수하고, 교직 적성 인성 검사를 졸업 이전에 2회를 받아야 한다.

4. 종교교사 양성 사례 및 문제점

A 대학교의 기독교교육과 종교교사 양성 사례를 살펴보고 종교교사 양성의 문제점에 대하여 고찰하고자 한다.

1) 종교교사 양성 사례(A 대학교)

A 대학교는 서울 소재 남대문 교회에서 '장로회 신학교'로 출범되었고, 기독교교육과는 1980년에 설립되었다. 당시 기독교교육과는 교회교육자, 복음전도자, 목회자를 양성하기 위함이었다. 현재 A 대학교 기독교교육과는 사범계로서 입학생 모두 중등교사 2급 정교사 자격증(표시과목 종교)을 취득할 수 있다.

(1) 기독교교육과의 교육 목표

A 대학교의 교육 목표는 사랑과 섬김의 정신을 지닌 인격적 리더, 실용적 전문성을 갖춘 창의적 리더, 지역과 인류사회에 이바지하는 실천적 리더를 양성하는 것이다. 이에 따른 대학의 구체적 목표는 학생으로 하여금 인간, 사회 및 자연을 존중하는 겸허한 마음으로 맡은 일에 최선을 다하도록 하며 더불어 살아가는 지혜를 생활 속에서 능동적으로 실천하게 하며, 새로운 학문적 경향을 탐구하여 정보화 사회에서 지식의 창출 능력을 배양하도록 하는 것이다. 또한 고도산업기술사회가 요구하는 첨단과학의 지식과 시굴을 실제에 적용하는 창의적 응용력을 기르며, 학생들로 하여금 지역 공동체의 발전에 능동적으로 참여하여 지역사회의 이익에 기여하고, 인류 발전에 대한 비전과 열정을 가진 세계적 리더로서

의 자질을 갖추게 하는 것이다.

A 대학교의 교육목표에 따른 기독교교육과의 목표는 "사랑과 섬김의 기독교정신을 바탕으로 기독교교육에 관한 전문적인 이론과 실천을 과학적으로 탐구하여 인격적 · 창의적 · 실천적 교육 전문가 및 교육 목회자를 양성함"을 목표로 한다. 기독교교육과의 구체적인 교육목표는 다음과 같다. 첫째, 개혁주의신학에 입각한 기독교교육자로서의 사명을 실천하는 그리스도인 교사를 양성한다. 둘째, 기독교교육의 이론을 학문적이며 전문적으로 탐구할 수 있는 능력을 배양한다. 셋째, 기독교교육 이론을 교육현장에 적용할 수 있는 창의적인 응용력을 배양한다. 넷째, 지역사회 및 세계의 복음화와 교육사역에 기여할 수 있는 인재를 기른다. A 대학교는 기독교교육과의 목표를 '학생으로 하여금 종교교사를 양성함'을 '그리스도인 교사 양성'이라고 하였는데, 이는 그리스도인 교사로서 소명을 확인하고 가르침에 대한 사명감을 갖도록 하는 것이다.

(2) 기독교교육과의 교육과정

우리나라 신학대학 혹은 기독교대학에서 사범계에 속한 기독교교육과는 교육부로부터 중등교사 2급의 자격증을 수여할 수 있는 과정을 가지고 있다. 기독교교육과를 졸업하는 학생들은 중등학교 2급 정교사 자격증(표시과목 종교)을 취득하게 된다. A 대학교 기독교교육과의 경우 1991년부터 입학자 모두 무시험 검정 최소 기준 적용 관리 아래 학점을 이수하고 중등교사 2급(종교)의 자격증을 취득한다.

학생이 2학년부터 졸업할 때까지 이수해야 할 교직과목은 교직영역 11과목 22학점과 교과교육영역 3과목 9학점으로 모두 31학점이며, 학년과 학기에 따른 과목명은 다음과 같다.

2008학년도 입학생까지 교육부가 지정한 기본이수과목 또는 분야는 종교교육론, 종교학개론, 종교현상학, 종교철학, 한국종교, 종교사회학(또는 종교인류학), 종교심리학, 세계종교(또는 종교사 또는 비교종교학), 현대종교, 종교와 과학, 종교학사 등이다. A 대학교의 경우 2008학년도 입학생까지는 교육부가 지정한 기본이수과목 또는 분야 가운데 5과목—종교교육론, 종교학사, 종교학개론, 종교철학, 비교종교학—을 이수과목으로 정하였다. 5과목은 기존의 기독교교육과 전공교과과정에서 대체할 수 있기에 종교교육론은 기독교교육학원론으로, 종교학사는 교회사로, 종교학개론은 종교학으로, 종교철학은 기독교교리연구로 대체하여 왔다.

그러나 2009학년도 입학생부터는 교육부가 지정한 기본이수과목 또는 분야에 종교와 문화가 포함되었고 7과목 이상을 이수하게 되었다. 그리하여 A 대학교의 경우 종교심리학과 종교사회학 과목을 더 포함하였고, 종교심리학은 심리와 기독교교육으로, 종교사회학은 정보화 사회와 기독교교육으로 대체하였다. 2011년부터 대체과목 이수가 불가능하게 되었으며, 2011년에 개설된 기본이수과목은 종교교육론, 종교학사, 종교학개론, 종교철학, 비교종교학, 종교심리학, 종교사회학 등이 되었다. 기독교교육과의 교육과정에서 종교학관련 7과목을 필수로 이수하여야 한다는 사실은 기독교교육과에서 종교학이 차지하는 비율이 더 커졌다는 것을 의미한다. 그 외에 종교 교과교육론, 종교 교과교재연구 및 지도법, 종교 교과 논리 및 논술의 과목이 전공 이수과목으로 되었으므로 기독교교육 분야의 학과목 이수 분야가 축소된 것이다. 이에 대한 내용을 표로 나타내면 〈표 10-4〉와 같다.

A 대학교의 경우, 2013년 1학기에는 전공 19과목(53 학점) 가운데 종교 관련 과목이 6과목(18학점)으로 34%를 차지하고 있고, 2학기에는 전공 17과목(51학점) 가운데 4과목(12학점)이 종교 과목으로 그 차지하는

〈표 10-4〉 A 대학교 기본이수과목

2008년도 입학생까지	2009-2010년 입학생	2011년 입학생부터
• 기독교교육학원론 (종교교육론으로 대체) • 교회사 (종교학사로 대체) • 종교학 (종교학개론으로 대체) • 기독교교리연구 (종교철학으로 대체) • 비교종교학	• 기독교교육학원론 (종교교육론으로 대체) • 교회사 (종교학사로 대체) • 종교학 (종교학개론으로 대체) • 기독교교리연구 (종교철학으로 대체) • 비교종교학 • 심리와 기독교교육 (종교심리학으로 대체) • 정보화 사회와 기독교교육 (종교사회학으로 대체)	• 종교교육론 (기독교교육학원론을 대체) • 종교학사 (교회사를 대체) • 종교학개론 (종교학을 대체) • 종교철학 (기독교교리연구를 대체) • 비교종교학 • 종교심리학 (심리와 기독교교육을 대체) • 종교사회학 (정보화 사회와 기독교교육을 대체) • 그 외 전공필수 과목 -종교 교과교육론 -종교 교과교재연구 및 지도법 -종교 교과논리 및 논술

비율은 24%다. 이 비율은 2011년 1학기 22%와 2학기 20%를 비교하면 1학기에 12%와 2학기에 4%씩 증가했다. 앞으로 교원양성기관 평가 항목 가운데 교원자격 취득자의 교과내용영역인 기본이수과목에 이수학점 비율에서 좋은 결과를 얻기 위하여 종교 과목 혹은 종교 분야가 더 늘어남과 동시에 기독교교육과 관련된 과목 개설이 축소될 것으로 예측된다. 2013년 A 대학교 기독교교육과의 전공 교육과정을 도표로 나타내면

〈표 10-5〉 2013년 A 대학교 기독교교육과 교육과정

학년	봄 학기		가을 학기	
	과목	학점	과목	학점
1	종교교육론	3	기독교교육사	3
	성경과 기독교교육	3	종교학사	3
	아리새내기 세미나	1		
2	종교학개론	3	비교종교학	3
	기독교교육과정	3	기독교교리연구	3
	종교심리학	3	기독교교육방법	3
	한국교회교육사	3	기독교교육과 리더십	3
	종교철학	3	기독교교육영문강독	3
3	종교 교과교육론	3	종교 교과교재연구 및 지도법	3
	기독교청소년교육	3	상담의 이론과 실제	3
	기독교유아교육	3	기독교아동교육	3
	주일학교행정	3	기독교교육과 커뮤니케이션	3
	기독교교육철학	3	종교사회학	3
	청소년 상담	3	집단상담	3
	진로 및 취업 특강	1	세계화와 기독교성인교육	3
4	종교 교과 논리 및 논술	3	졸업논문	p
	현대기독교교육사조	3	기독교교육세미나	3
	기독교가정교육	3	교육신학	3
	상담교육	3	성경교수법	3

〈표 10-5〉와 같다.

이러한 종교교사 양성의 역사와 사례를 통하여 볼 때 현 종교교사 양성에서의 실제적 문제로는 전문성의 문제라 할 수 있다. 종교교사의 전문성을 신학에 초점을 두는가 아니면 기독교교육학이라는 전문성을 갖는 학문에 두느냐에 따라 그 판단은 다를 수 있다. 물론 기독교교육자가 되기 위해서는 본래 기독교교육의 정체성을 갖는 교육과정이 타당하다고 할 수 있으나 종교교사의 양성이라는 관점에서 본다면 좀 더 신학과

성경에 근거한 과목들이 개설되어야 할 것이다.

2) 종교교사 양성의 문제점

우리나라 종교교사 양성의 최우선적인 문제는 학교 현장에의 매우 낮은 임용률이다. 해마다 기독교계 종교교사가 250~300명이 양성되고 있지만 임용률은 매우 낮다. 아직까지 우리나라에서는 기독교학교에서의 종교교육의 막중한 사명감을 갖고 사범계 기독교교육과 혹은 비사범계 기독교 관련 학과에 지원하여 과정을 이수하고 있지만 졸업 이후 교사로 재직할 곳이 매우 적은 것이다. 이런 현실 때문에 학업 중인 예비 종교교사는 기독교교육의 전공에 대한 갈등을 갖게 된다. 이와 같은 사실에 대하여 기독교교단뿐만 아니라 기독교학교 지도자들은 '종교교사의 임용률'의 현실과 위기를 인식해야 한다. 기독교학교 혹은 미션 학교의 책임자는 우리나라 학교 현장에서 기독교계 종교교육의 중요성을 인식하고 종교 과목을 학년마다 개설하고 종교교사를 임용하는 일에 관심을 갖는 일이 시급하다. 특히 기독교교단과 교회는 이 문제를 인식하고 기독교학교에 매 학년 '종교' 과목이 개설될 수 있도록 이에 대한 관심과 재정 지원을 감당할 사명이 있다고 볼 수 있다.

종교교사 양성의 다른 문제점은 양성 과정에서의 질적인 측면이다. 이와 관련하여 강영택은 종교교사 양성의 문제점을 다음과 같이 지적하였다. "기독교학교에서 종교교육을 담당하는 교사 양성에 대한 재검토가 필요하다. 현재는 기독교학교의 종교교사는 대학은 종교학과, 종교교육과, 기독교학과, 기독교교육과 등에서 배출되는데, 교육과정이 기독교 신앙교육을 위한 종교교육에 초점이 맞추어져 있고, 교육학적 지식과 소양을 기르거나 타종교에 대한 이해나 종교일반에 대한 지식을 갖추는 데 부족한 부분이 있다. ……종교교사 양성에서 교육(학)적 소양을 기르고 교육자로서의 전문적 자질을 갖추는 데 보다 관심을 두어야 한다. 종교교사 양성과정에서 변화가 있어야 기독교학교에서 종교교육이 보다 다양하고 충실하게 이루어질 수 있을 것이다.' (강영택, 2011, pp. 210-211)

이와 같은 종교교사 양성의 문제점에 대한 대책은 다음과 같다. 첫째, 예비 종교교사의 교육학적 지식과 소양의 함양이 필요하다. 이에 대하여 교육학개론, 교육철학 및 교육사 등의 교직이론과목을 충실하게 이수할 수 있도록 교수와 예비 종교교사가 함께 노력해야 할 것이다. 특수교육학개론, 교직실무 그리고 학교폭력의 예방 및 대책과 같이 교직 소양에 속한 과목은 현장 경험이 풍부하고 기독교교육의 배경을 지닌 교수가 맡는 것이 필요하다. 학교현장실습과 교육봉사활동도 예비 종교교사에게 값진 교육실습이 될 수 있도록 학과 지도교수와 기독교학교 종교 교과 담당 교사, 봉사활동 학교 지도교사와의 연계가 필요하다. 둘째, 예비 종교교사의 종교 일반에 대한 지식의 소양이 필요하다. 이에 대한 보완점으로 현재 전공 기독교교육과에서 25~30%를 차지하는 종교 교과 기본이수과목 또는 분야에 대한 강좌를 충실히 진행해야 할 것이다. 기독교교육의 배경을 가지고 종교학을 강의할 수 있는 교원의 확보가 필요하다.

5. 종교교사 양성의 방향

종교교사 양성의 방향을 종교교사의 자질 향상 및 기능 향상 그리고 계속교육의 문제를 살펴보면 다음과 같다.

1) 종교교사의 자질 향상

기독교계 학교에서 종교교육의 주요한 요소 가운데 하나는 종교교사의 자질에 관한 문제다. 종교교사는 가르치는 은사(恩賜)가 있어야 한다. 가르치는 은사가 있다는 것은 교사로서의 사명이 있음을 말한다. 고린도전서 12장 8-11절에 따르면, 어떤 종교교사는 성령으로 말미암아 지혜의 말씀을, 어떤 종교교사는 같은 성령을 따라 지식의 말씀을 지닐 수 있다. 종교교사는 예수 그리스도를 십자가에 달려 돌아가게 하심으로써 인류를 구원하신 하나님의 지혜를 소유할 수 있다. 종교교사는 '지식의 말씀'에 대한 은사를 소유하여 복음에 대한 설명이나 해설, 사도와 선지자가 기록한 진리들을 정확히 이해하고 적절하게 설명할 수 있다. 종교교사는 성령으로부터 유래한 지혜의 말씀과 지식의 말씀의 은사를 가져야 한다. 또한 종교교사는 가르침의 소명이 있어야 한다. 가르침의 소명은 예수 그리스도에게 속한 것이다. 로마서 1장 6절에 따르면, 종교교사는 하나님의 부르심에 믿음으로 응답하여 그리스도에게 속한자다. 종교교사는 하나님께서 그의 진리를 가르치도록 자신을 부르셨다고 믿는 것이 필요하다. 가르침의 소명을 지닌 종교교사는 종교 교과를 통하여 하나님의 말씀을 가르치기 위하여 최선을 다하여 준비한다.

종교교사는 가르침의 소명을 가질 뿐 아니라 학생에 대한 사랑을 지닌 자다. 사랑은 많은 은사들 가운데 가장 소중한 은사다. 종교교사가 가르치는 재능이 있어 모든 비밀을 설명할 수 있을지라도 사랑이 없으면 아무것도 아니다. 고린도전서 13장 3절에서 바울은 "내가 내게 있는 모든 것으로 구제하고 또 내 몸을 불사르게 내어 줄지라도 사랑이 없으면 내게 아무 유익이 없느니라"고 했다. 종교교사는 자신이 먼저 하나님의 사랑을 체험하고 학생을 사랑하는 것이 필요하다.

종교교사는 자신의 가르침에 애착이 있을 뿐 아니라 열정도 지닌 자다. 종교교사는 학생이 신앙적으로 성숙하거나 바람직한 인성으로 자라나는 것을 보면서 자신의 가르침에 보람을 갖게 된다.

마지막으로, 종교교사는 종교 교과 내용과 교수 방법에 풍성한 지식을 가지고 있는 자다. 학습자에 따라 인지 · 사회성 · 도덕성 발달의 단계가 각기 다르기 때문에 연령층에 따라 교육 내용에 따라 각기 다른 방법론을 사용할 수 있어야 한다.

2) 종교교사의 기능 향상

기독교계 학교에서 종교교육의 가장 주요한 요소 가운데 하나는 종교교사의 기능에 관한 문제다. 기독교계 종교교사의 기능 향상은 종교교사의 기능을 파악하는 일이다. 종교교사의 기능은 예수 그리스도께서 선지자, 왕, 제사장의 기능을 감당하셨던 본질에 대한 이해에서 찾을 수 있다. 첫째, 종교교사는 선지자로서의 기능을 감당하고 모든 진리는 하나님의 진리임을 인정한다. 종교교사는 하나님의 진리를 가르치도록 부름을 받았다. 종교교사는 하나님의 뜻과 진리를 드러낼 수 있도록 종교 교과를 가르쳐야 한다. 종교교사는 하나님의 말씀을 학생에게 전하고 설명할 수 있어야 한다. 종교교사는 종교 교과 전문가로 훈련되어야 한다. "모든 진리가 하나님께로서 왔다면 그 모든 것이 거룩한 것이다. 그 진리를 그 원천이신 하나님의 지도 아래서 전달하는 자는 그가 누군가를 막론하고, 모두 참된 하나님의 대변자인 것이다."(Harper, 1981, 159) 둘째, 종교교사는 왕으로서의 기능을 감당해야 한다. 이것은 권위의 활용을 포함한다. 종교교사는 학생에 자신의 가르침을 따르도록 요구할 수 있다. 종교교사는 학생의 생활을 지도할 때 그들의 생활을 통제할 수도 있다.

"그리스도인 교사는 자신보다 더 크신 분이신 예수 그리스도의 권위 아래서 다스리는 것이다. 이런 다스림 아래서는 학생들이 사랑의 분위기에서 양육 받을 수 있다."(Harper, 1981, p. 157) 셋째, 종교교사는 제사장적 기능을 지니고 있기 때문에 자신이 전달하려고 하는 진리를 몸소 삶으로 보여 줄 책임이 있다. 그러기 위해 종교교사는 영적으로 성숙한 자여야 한다. 종교교사는 자신의 일을 하나님 앞에서 감당하여(3: 23, 24) 자신의 일을 자기보다 더 크신 이인 예수 그리스도를 위하여 수행해야 한다. 종교교사는 학생들을 위해 기도해야 한다(Harper, 1981, 164-165).

3) 종교교사 계속교육

전문인으로서 종교교사는 계속적인 교육을 필요로 한다. 계속교육은 종교교사의 전문적인 자질을 함양하는 것으로 주제는 다음과 같다. 기독교학교에서 진정한 종교 수업에 대한 탐구를 논하기, 기독교학교에서 종교 수업의 중요성 및 필요성 논하기, 각 기독교학교에서 종교교육 실제에 대하여 정보를 나누기, 각 기독교학교에서 신앙교육 사례 소개하기, 효과적인 종교 수업 방안 소개하기(협동학습, 학생들로 하여금 함께 일하기, 각 학생이 교사와 학생으로서 경험하기, 서로 다른 기술과 학습 형태 나누기) 등이다. 계속교육의 주제는 '협동학습 가르치기'로 정할 수 있다. 이상적인 교사에 대한 개념은 좀 더 복잡한 교사의 이미지다. 교육에서 서로 협력자가 되어서 상호 의존적으로 전문가로서 일하는 것이다(Cohen, Brody, Sapon-Shevin, 2004, p. 13). 이와 같은 일은 우리나라의 기독교학교연합회, 기독교학교연맹, 기독교학교연구소 등을 통한 종교교사 네트워크를 필요로 한다.

6. 나가는 말

이 장에서는 우리나라 기독교 종교교사 양성에 대하여 살펴보기 위해 먼저 기독교계종교교사를 양성하는 기관과 종교교사자격 현황을 알아보았다. 우리나라 사범계 기독교교육과는 5개이고 교육대학원은 4개이며, 비사범계 기독교교육과, 신학과, 신학부는 18개교다. 종교 교과 양성제도는 사범계과는 입학생 모두가 교직과정을 이수하도록 하고 종교교사 자격증을 수여한다. 비사범계는 입학생의 10%가 교직과정을 이수하도록 하고 종교교사 자격증을 수여한다. 종교교사 자격 취득의 기준은 우리나라 교육과학기술부에서 제시한 지침을 따라야 한다. 종교교사 양성의 사례로서 A 대학교 기독교교육과의 교육목표와 교육과정을 소개하였으며, 종교교사 양성의 문제점으로 교사 임용률과 종교교사의 질적 함양에 대하여 논하였다. 또한 종교교사 양성 방향으로 종교교사 자질 및 기능 향상과 계속교육에 대하여 언급하였다.

결론으로, 우리나라 기독교계 종교교사 양성과 관련된 우선적인 숙제는 종교교사가 기독교학교에서 임용되는 것이 매우 어려운 실정이므로 교계가 기독교학교의 종교교육에 큰 관심을 가져야 한다는 점이다.

토론문제

1. 우리나라 종교교사 양성제도에 대해 토의해 보자.
2. 우리나라 종교교사 양성의 문제점에 대해 토의해 보자.
3. 우리나라 종교교사 양성의 방향에 대해 토의해 보자.

참고문헌

강영택(2011). 기독교학교에서 종교교육의 방안에 대한 연구. 한국기독교교육학회 창립 50주년 기념 학술대회 자료집.

교육과학기술부(2013). 2013년도 교원자격검정 실무편람.

교육과학기술부, 한국교육개발원 (2011). 3주기 2011년 교원양성기관 평가편람: 신규평가용.

대한예수교장로회총회교육자원부 편(2006). 중학교/고등학교 교과서 종교(기독교). 서울: 한국장로교 출판사.

안양대학교(2010). 안양대학교 요람.

안양대학교(2011). 안양대학교 요람.

장화선(2011). 바람직한 교사상에 기초한 종교교사양성 방안연구. 기독교교육논총, 27, 355-381.

한국기독교학교연맹(2006). 중학교/고등학교 교과서 종교(기독교). 서울: 생명의 말씀사.

한국기독교학교연합회(2004). 한국기독교학교연합회 50년사. 서울: 한국장로교출판사.

한춘기(2006). 한국에서의 공교육과 기독교교육의 사명. 기독교교육논총, 12, 113-146.

한춘기(2009). 교사 마스터링. 서울: 생명의 양식.

홍은숙(2009). 민주사회에서의 중등학교 종교교육의 문제와 방향 고찰. 기독교교육논총, 21, 153-183.

Cohen, E. G., Brody, C. M., & Sapon-Shevin, M. (Eds.). (2004). *Teaching cooperative learning: the challenge for teacher education*. New York: State University of New York.

Harper, N. E. (1981). *Making disciples*. Memphis, TN: Christian Studies Center.

Religious Education

제 11 장

종교교육 활성화를 위한 지원체제

1. 들어가는 말

오늘날 우리나라 교육의 위기는 종교교육의 위기와 맞물려 있다. 입시 위주의 세속적 가치관으로 팽배한 교육은 인간의 삶이 본래 지니는 종교성과 초월성을 상실하게 되었고, 이에 따른 물질만능주의와 쾌락주의, 출세주의, 이기주의, 경쟁주의는 학교폭력과 청소년 자살 및 온갖 교육 고통의 원인이 되고 있다. 이 책의 앞 부분에서 논의하였듯이, 인간은 종교적 존재이며, 모든 인간은 종교교육을 통해 종교적 차원의 삶을 영위할 수 있어야 한다. 종교계 학교에서의 종교교육은 물론이고 공교육에서도 종교교육을 시행할 수 있어야 한다. 그렇다면 어떻게 종교교육을 활성화할 수 있을 것인가? 이 장에서는 종교교육의 영역을 크게 비종교계 학교에서의 종교교육, 종교계 학교, 특히 기독교학교에서의 종교교육 그

〈표 11-1〉 종교교육의 영역별 종교교육의 성격과 과제

종교교육의 영역	종교교육의 성격	종교교육의 과제	지원체제
비종교계 학교	종교교육	정체성 과제 내부적 과제 외부적 과제	지원체제 모색
기독교학교 (종립학교)	학원선교 및 기독교교육	정체성 과제 내부적 과제 외부적 과제	
기독교 대안학교	기독교교육	정체성 과제 내부적 과제 외부적 과제	

리고 기독교 대안학교에서의 종교교육으로 구분하고자 한다. 그리고 각 종교교육 영역별로 종교교육의 과제를 설정하되, 종교교육의 과제를 정체성 영역, 학교 내적 · 외적 영역으로 구분하여 각 영역별 과제를 추출하려고 한다. 그리고 각 과제들을 해결하고 종교교육을 활성화할 수 있는 지원체제들을 제시하고자 한다. 이러한 구분을 표로 나타내면 〈표 11-1〉과 같다. 여기서는 이 중 비종교계 학교와 기독교학교(종립학교)에서의 종교교육 활성화에 초점을 맞추어 논의하고자 한다.

2. 종교교육 활성화의 과제

1) 정체성 과제

종교교육이 활성화되기 위해서는 먼저 종교교육에 대한 정체성이 분명히 확립될 필요가 있다. 종교교육에 대한 다양한 접근들에 대한 분석

이 필요한데, 종교성 교육, 종교학 교육, 종교적 체험 교육, 종교에 관한 교육, 특정 종교교육 등에 대한 연구를 통해 종교교육의 다양한 차원을 이해하면서도 개별 종교계 학교나 비종교계 학교가 추구해야 할 종교교육이 어떤 모습인지를 구체화할 필요가 있다(손원영, 2010, p. 220). 공교육, 즉 비종교계 학교에서의 종교교육은 어떤 유형이어야 하는지, 그리고 종교계 학교인 기독교학교에서의 종교교육은 어떤 유형이어야 하는지, 또한 공교육의 범주에서 제외되어 있는 미인가 기독교 대안학교에서의 종교교육은 어떤 유형이어야 하는지 등에 대한 모색이 보다 심화되어야 한다. 일반적인 종교교육과 기독교적 종교교육은 구별되며, 학원선교와 기독교교육도 구별된다.

종교교육의 정체성을 확립하기 위한 과제는 학문적 과제와 실천적 과제로 구분될 수 있다. 먼저, 학문적 과제로는 종교교육학과 기독교교육학, 특히 종교(기독교)학교교육학 분야의 발전이 필요하다. 기독교교육학이 교회교육학으로 제한되는 경향이 있어 왔는데, 기독교학교교육학이나 종교교육학의 발전이 요청된다. 기독교학교교육학은 학교에서 이루어지는 기독교교육에 대한 모든 연구들을 포함하며, 기독교종교교육학은 기독교적 입장에서 종교교육에 관한 모든 논의들을 포함한다. 이 분야는 간 학문적인 노력이 필요한데, 기독교교육학과 교육학, 신학, 종교학 등의 분야가 상호 교류하면서 학교에서의 종교교육에 대한 이해의 깊이를 더해 가야 할 것이다. 다음으로, 실천적 과제는 현장에서의 정체성 확립 노력이 그 중심에 위치하는데, 공교육의 비종교계 학교, 기독교학교를 비롯한 종교계 학교 그리고 기독교 대안학교 진영에서는 각각의 학교에서 이루어져야 할 종교교육 또는 기독교교육이 어떤 모습이어야 할지에 대한 심도 있는 논의와 이에 기초한 정체성 정립의 노력이 요청된다.

2) 내부적 과제

학교 내부의 종교교육 활성화 과제는 학교교육의 구성요소와 관련하여 분류할 수 있다. 일반적으로, 학교교육의 구성요소를 교사(교육 행정가 포함), 학생, 교재, 매체 및 시설로 구분한다면 이들과 관련된 종교교육적 과제가 있다고 볼 수 있다.

첫째, 교사 영역에는 교장, 교감 등 교육 행정가와 교목 등이 모두 포함되며, 보다 넓게는 학교 경영자인 이사장과 이사도 포함하여 생각할 수 있다. 이들이 종교교육의 정체성을 어떻게 인식하고 있는지는 종교교육 실천에서 너무나 중요한 영향을 미칠 수밖에 없다. 앞서 언급한대로, 이들이 종교교육의 정체성을 공유하고 공통의 비전을 갖고 교육에 임하는 것은 매우 중요하다. 교육 행정가 연수, 교목 연수, 교사 연수 등의 교육과정도 필요하며, 이들이 상호 협력하여 종교교육을 실천할 수 있는 방안이 심도있게 모색되어야 한다.

둘째, 학생 영역에는 학생 선발부터 관심을 가져야 하는데, 학생 개개인의 의사와 관계없이 학교에 배정되는 형태의 학생입학제도는 종교교육의 자율성에 상당한 제한을 줄 수 있다. 학교가 종교계 학교인지를 학생이 인지하도록 해야 하며, 원하지 않는 교육에 대해서는 회피할 수 있게 하는 방안도 고려되어야 할 것이다. 학생의 종교성에 대한 보다 진지한 이해가 필요하며, 학생이 교육의 객체로서 교육의 대상의 자리에 머물러 수동적으로 반응하는 것을 넘어서서 종교교육의 주체로서 능동적으로 참여할 수 있도록 돕는 것도 이 영역의 중요한 과제가 될 것이다. 학생의 동아리로서 종교동아리 활동에 대한 다양한 연구와 프로그램 개발에 관한 연구와 지원도 요청된다.

셋째, 교재 영역에서 가장 중요한 과제는 종교교육교과서 문제라고 할 수 있다. 종교교육의 정체성과도 관련되지만 종교에 관한 내용을 가르치는 교과서가 되어야 할지, 특정 종교의 신앙에 뿌리 내릴 수 있도록 돕는 교과서가 되어야 할지에 대한 논의가 필요하다. 그리고 종교를 가르치는 것의 독특성에 근거한 교과서 제작이 되어야 할 것이다. 교재 영역에서 고민해야 할 또 하나의 중요한 과제는 종교를 다른 과목과 어떻게 연결시킬 것인가의 문제다. 즉, 종교 교과를 단순히 타 교과와 분리된 교과로 설정할지, 아니면 모든 교과 속에 종교 또는 신앙의 문제를 연결시켜서 전체 교육이 종교적 차원을 지니도록 할지에 대한 논의다. 그리고 공식적인 교과서 이외에도 잠재적 교육과정의 차원에서 어떻게 종교교육이 이루어져야 할지도 이 영역의 과제라고 할 수 있다.

넷째, 매체 및 시설 영역에서는 종교교육의 교수 방법과 관련된 다양한 매체와 시설들과 관련된 과제들이 있다. 오늘날 멀티미디어 커뮤니케이션 시대에 걸맞는 다양한 종교교육 매체들이 사용될 수 있도록 준비되어야 하며, 초월감과 신비감을 느낄 수 있는 종교교육 시설이 요청된다. 효율성만을 고려한 건물이 아니라 학생의 종교성을 자극하고 심성에 영향을 줄 수 있는 예술적 고려가 필요하다. 이러한 환경적 조건은 단지 물리적 환경만이 아니라 그 학교의 종교적 풍토까지를 포함하는데, 이는 학교의 문화나 분위기가 종교성과 신앙 형성에 큰 영향을 끼치기 때문이다.

3) 외부적 과제

종교교육 활성화를 위한 외부적 과제는 가정, 교회, 국가 및 사회(미디어, 문화) 영역에 따른 과제들을 포함한다. 종교교육이 보다 활발하고 성숙하게 이루어지기 위해서는 학교 내부에서의 변화만으로는 불충분하다. 종교교육 생태계 전체가 건강하게 이루어져야 하기 때문이다.

첫째, 가정과 관련된 과제로는 학부모 교육을 들 수 있다. 학부모가 종교교육의 중요성을 인식하고, 올바른 자녀 교육의 가치관으로 자녀를 양육할 수 있도록 도와야 한다(Wolterstorff, 2002, pp. 212-224). 학부모가 오직 입시 위주의 교육관에 매여 있는 상태에서는 종교교육을 제대로 실천하기가 어렵기 때문이다. 학교는 다양한 프로그램을 통해서 가정과 연계된 종교교육을 실시해야 하며, 학부모의 학교 참여를 강화시키는 노력을 기울여야 한다. 자녀 교육의 일차적 주체가 부모임을 생각할 때, 종교교육에 대한 학부모의 인식의 변화는 학교의 종교교육의 역량 강화에 큰 공헌을 하게 될 것이다.

둘째, 학교가 종교교육을 활성화하기 위해서는 교회와의 긴밀한 협조와 연계가 필요하다. 학교에서 종교와 신앙에 대한 관심을 갖는 학생을 교회와 연계시켜 지속적인 신앙활동을 할 수 있도록 격려하여야 한다. 교회는 그 지역에 속한 학교 안에서 이루어지는 종교교육에 대한 책임의식을 갖고 협력해야 할 것이다. 이러한 협력에는 인적 · 물적 협력이 포함되는데, 먼저 교회가 종교교사 또는 학원선교 담당자를 학교에 파송하거나 후원하고, 교회의 교역자나 훈련된 평신도들을 학교의 종교교육이나 종교교육 활동을 돕는 역할을 감당할 수 있도록 지원하여야 한다. 또한 교회는 지역의 학교가 종교교육을 원활하게 수행할 수 있도록 경제적 지원을 할 수 있어야 할 것이다. 이를 위해서는 학교와 교회의 유기적인 관계 설정과 협력 체제를 구축하는 것이 요청된다.

셋째, 종교교육의 활성화를 위해서 가장 중요한 것은 제도적으로 종교교육이 가능할 수 있는 방안이 모색되는 것인데, 이는 국가와의 관계에서 추구되어야 할 과제다. 여기에서 국가라 함은 행정부, 특히 교육과학기술부나 교육청 등 교육행정기관은 물론 헌법재판소, 대법원을 비롯한 사법기관, 그리고 종교교육 관련 입법을 할 수 있는 국회를 포함한다. 오늘날 우리나라의 교육제도는 종교교육을 상당 부분 가로막고 있다. 고교 평준화 제도를 비롯해 학생 선발제도나 교육과정 정책, 사립학교 및 대안학교 관련 법 등 종교교육을 가로막는 요소들이 산적해 있다. 이러한 국가의 종교교육 관련 제도와 정책, 법을 개정하기 위한 다양한 노력이 요청된다고 할 수 있다.

넷째, 학교 종교교육의 활성화를 위해서는 좁게는 그 학교가 속해 있는 지역사회 그리고 넓게는 사회 전반에 있어서 종교에 대한 인식의 변화가 필요하다. 종교에 대한 부정적인 이미지가 팽배한 상황 속에서는 학교의 종교교육이 활성화되기 어렵다. 이것은 교회를 비롯한 종교기관의 혁신과 갱신이 포함되는 것이지만 사회의 여론도 종교에 대한 새로운 인식을 하고 종교의 순기능에 대한 강조를 통해 친종교적 문화를 형성할 필요가 있다. 대중매체와 인터넷 속에서 종교에 대한 긍정적인 접근을 할 수 있도록 유도하고, 다종교 사회 속에서 종교 간 대립이나 갈등이 일어나지 않도록 하면서도, 개별 종교가 그 종교의 본질에 충실할 수 있도록 도와야 할 것이다.

3. 기독교학교의 종교교육 지원 방식의 원칙

1) 근본적 방식

기독교학교의 종교교육 지원 방식은 근본적인 방식이어야 한다. 오늘날 우리나라 기독교학교에서의 기독교교육의 문제는 복잡하게 얽혀 있다. 평준화 제도라고 하는 구조적인 문제에서부터 출발하여 사립학교의 자율성이 극도로 제한되고 공공성이 강화된 현실, 사립학교임에도 불구하고 상당 부분 국가의 재정에 의존하고 있는 준공립화 현상, 이에 따른 교육과정에서의 자율성 한계 그리고 기독교학교임에도 불구하고 기독교 과목이 아닌 종교 과목을 가르쳐야 하는 교육 내용의 문제에 이르기까지 다양한 문제가 층층이 쌓여 있는 상황이다. 이러한 복잡한 문제가 뒤엉켜 있기 때문에 이 중의 어느 하나를 수정하거나 보완하는 형태로는 문제의 근원적인 해결을 기대하기가 어렵다. 기독교학교의 문제를 제대로 해결하기 위해서는 한두 가지 증상을 해소하는 표피적인 처방이 되어서는 안 되고 근본적인 해결책을 모색해야 할 것이다.

2) 공식적 방식

기독교학교의 종교교육 지원방식은 법적 · 제도적인 뒷받침이 분명히 이루어지는 방식으로 모색되어야 한다. 사립학교의 자율성과 종교교육의 자유는 당연히 향유되어야 할 권리이며, 기독교학교에서의 기독교교육은 공식적으로 보장되어야 한다. 지금까지의 기독교교육은 소위 '관행적'으로 이루어지는 경우가 많았다. 법과 제도 그리고 교육부의 교육과정이나 교육청의 규정이나 지침과 기독교교육 현실 사이에는 괴리가 존재하였다. 법과 제도, 규정과 지침에도 불구하고 '관행적'으로 기독교교육을 실시하였고, 교육당국은 이를 '관행적'으로 눈감아 주는 방식으로 진행되어 온 측면이 없지 않다. 그러나 이런 방식은 언제든지 법과 규정에 근거하여 문제를 제기할 때에는 불리한 위치에 몰릴 수밖에 없다. 기독교학교에서의 기독교교육은 불법적으로 이루어지거나 동정을 받거나 시혜적인 방식으로 이루어져서는 안 된다. 사립학교의 자율성과 종교교육의 자유는 법적 · 제도적으로 보장받는 방식으로 공식적으로 이루어져야 한다. 소위 '이중장부식'이거나 '관행적'으로 기독교교육이 이루어지지 않도록 분명한 법적 · 제도적 장치가 마련되어야 할 것이다.

3) 총체적 방식

기독교학교의 종교교육 지원 방식은 총체적으로 이루어져야 한다. 오늘날 기독교학교의 위기는 두 가지 성격을 지니고 있다. 하나는 외부적 위기이고, 다른 하나는 내부적 위기다. 먼저, 외부적 위기는 기독교학교를 둘러싸고 있는 교육제도와 구조로 비롯된 위기를 말한다. 어느 나라에서도 찾아볼 수 없는 사립학교의 준공립화 현상, 이에 따른 기독교학교의 자율성의 제한은 심각한 외부적 위기다. 다음으로, 내부적 위기는 기독교학교 내부에서 발생하고 있는 위기로서 변화된 상황에 걸맞지 않은 종교교육의 패러다임과 예배 방식, 그리고 기독교학교 구성원의 기독교교육 의지 약화 및 기독교 신앙과 교과를 통합하고 이를 기독교적으로 교수하는 전문성 약화, 기독교적 영성의 부족 등을 포함한다. 기독교학교의 기독교교육을 정상화시키기 위해서는 이 두 가지 위기 중 어느 하나만을 대응하는 방식이 아니라 두 가지 위기 상황 모두에 응답해야 하며, 각 위기가 내포하고 있는 다양한 문제들을 총체적으로 해결하는 방식으로 모색되어야 한다. 따라서 거시적으로는 법적 · 제도적 변화를 꾀해야 하고, 미시적으로는 교육과정과 교수 방법, 그리고 기독교사교육을 포함한 학교 구성원의 의식을 변화시킬 수 있는 다양한 노력이 종합적으로 추구되어야 할 것이다.

4) 공감적 방식

기독교학교의 종교교육 지원 방식은 공감적으로 이루어져야 한다. 기독교학교의 자율성을 확보하고 정체성을 확립하는 것은 되도록 기독교인만의 논리가 아니라 비기독교인나 타 종교인도 공감할 수 있는 방식으로 추구될 필요가 있다. 우리 사회는 다종교 사회로서 다양한 종교가 공존하고 있을 뿐 아니라 종교인과 비종교인이 더불어 살고 있다. 장기적으로 기독교학교가 그 정체성을 확립하기 위해서는 비기독교인의 이해와 협력이 필요하다. 이것은 모든 결정 시 그들의 동의가 필요하다는 의미가 아니라 그들을 설득하려는 논리의 개발과 공감대 형성을 위한 노력이 중요하다는 의미다. 이를 위해서는 비기독교인이나 타 종교인의 의견에도 귀를 기울일 수 있는 관용이 필요하며, 독단적이고 감정적인 주장보다는 보다 상식적이고 합리적이며 공공의 유익을 추구하는 방식이 되어야 한다. 한 예로, 공립학교에서도 종교교육의 필요성을 주장하고 '종교'의 가치에 대한 범종교적인 추구는 타 종교인의 공감을 얻을 수 있으며 이들과 협력할 수 있을 것이다. 또한 비기독교인에게 기독교학교의 필요성을 설명하기 위해서는 '이중 언어적' 능력을 지닐 필요가 있는데, 기독교적인 용어를 일반적인 용어로 번역하여 그들이 이해할 수 있는 방식으로 설명할 수 있어야 할 것이다.

5) 실천적 방식

기독교학교의 종교교육 지원방식은 실천 가능한 것이어야 한다. 이는 두 가지 노력을 포함하는데, 실천 가능한 방안을 마련하는 것과 이를 실천해 갈 수 있는 장치와 사람을 준비하는 것이다. 기독교학교의 자율성 및 정체성 확립은 '당위적'인 주장이나 구호로 이루어지는 것이 아니다. 지금은 원론적인 주장이 필요한 것이 아니라 실천 가능한 방안을 마련하고 이를 실천하는 것이다. 이를 위해서는 우리나라의 교육적 상황을 심도 있게 살필 필요가 있고, 기독교학교의 현실적인 상황을 면밀하게 파악할 필요가 있다. 그래서 우리 교육의 토양에 이식할 수 있는 실천적 방안이 되도록 하여야 한다. 기독교학교의 변화가 실천성을 담보하기 위해서는 '좋은' 안을 만드는 것 이상으로 이것이 '실천 가능한 것'인가를 검증하여야 한다. 이를 위해서는 다양한 분야의 이론 전문가들은 물론 기독교학교 현장에 몸담고 있는 전문가들의 의견을 제대로 반영할 수 있어야 한다. 그리고 그러한 실천 방안이 실제적으로 실현될 수 있는 지침서가 작성되어야 한다. 여기에는 기독교학교는 물론 한국 교회의 인적 · 재정적 · 제도적 지원이 수반되어야 할 것이다.

4. 기독교학교 지원체제의 현황

현재 우리나라 기독교학교의 종교교육을 지원하는 대표적인 기구로는 한국기독교학교연합회, 한국기독교학교연맹, 기독교학교교육연구소 그리고 교단을 들 수 있다. 여기서는 이 기관들이 어떻게 기독교학교의 종교교육을 지원하고 있는지를 간략히 살펴본다.

1) 한국기독교학교연합회

한국기독교학교연합회는 기독교교육의 질적 향상과 정체성 확립을 도모함으로써 기독교학교의 발전을 목적으로 1952년 8월에 설립되었다 (한국기독교학교연합회, 2004, p. 47). 한국기독교학교연합회는 기독교학교 교육의 이념 연구와 그 실천 방안 개발, 기독교학교 교직자의 자질 향상을 위한 연수, 기독교학교교육교재 개발 · 보급 그리고 기독교학교 지도

〈표 11-2〉 한국기독교학교연합회 회원학교 현황(단위: 개, 명)

종류 \ 학교별	초등학교	중학교	고등학교	합계
학교 수	8	55	73	136
학급 수	167	1,017	2,238	3,422
학생 수	5,185	35,266	79,817	120,268
교원 수	270	1,824	4,696	6,790
직원 수	131	302	681	1,114

출처: www.acsk.org/3sub-4.htm.

자 양성을 주요 사업으로 삼고 있다. 실제적으로 한국기독교학교연합회는 교장, 교감, 교목, 부장교사, 과목담당교사 및 신임교사 연수회를 개최하고 있고, 기독교학교에서 사용하는 종교 교과서를 출판 · 보급하고 있으며, 기독교교육에 관한 학술 세미나를 개최하고, 「기독교학교」라는 소식지를 발간하고 있다. 또한 회원 기독교학교의 예배나 수업을 공개하고 연구하는 모임을 갖고 있으며, 모범 교직원과 학생을 표창하기도 한다. 한국기독교학교연합회의 회원학교는 초등학교 8개교, 중학교 55개교, 고등학교 73개교로서 136개교가 소속되어 있는데, 회원학교의 현황은 〈표 11-2〉와 같다.

2) 한국기독교학교연맹

1964년에 창립된 한국기독교학교연맹은 정관에 그 목적을 다음과 같이 규정하고 있다. "기독교정신에 입각하여 설립된 유치원 초등학교, 중등학교 및 이에 준하는 학교, 대학, 대학교의 장이 연합체를 형성하여 기독교교육의 질적 향상을 도모하고 회원 상호 간의 자질 향상과 친목을 증진하며 세계 각국에 있는 기독교교육의 학교연합단체와 상호 협조함

〈표 11-3〉 한국기독교학교연맹 회원학교 현황(단위: 개, 명)

종교교육의 영역	유치원	초등학교	중학교	고등학교	대학(교)
학교 수	12	14	126	178	73
학급(학과) 수	83	286	2,269	5,098	1,908
학생 수	1,569	8,357	75,844	176,477	385,662
교사(교수) 수	140	348	4,180	10,996	14,416

출처: www.kfcs.or.kr/index-school.htm.

으로써 기독교 교육 발전에 기여함을 목적으로 한다." 이러한 목적을 위하여 한국기독교학교연맹은 '기독교교육의 질적 향상과 그 발전에 관한 일, 회원교에 종사하고 있는 교직원을 위한 연수, 세계 각국에 있는 기독교교육 학교연합단체와의 유대와 협조에 관한 일, 기독교교육에 관한 교재와 연구개발에 관한 일'을 그 사업으로 삼고 있다. 한국기독교학교연맹의 소속 학교는 현재 유치원 12개교, 초등학교 14개교, 중학교 126개교, 고등학교 178개교, 대학교 45개교, 대학 28개교로서 총 403개교로서 소속된 기독교학교 수로는 최대 규모의 연합기관이라고 할 수 있다. 한국기독교학교연맹에 속해 있는 기독교학교의 자세한 현황은 〈표 11-3〉과 같다.

3) 기독교학교교육연구소

기독교학교교육연구소는 기독교학교를 지원하는 연구기관으로서 2005년도에 창립되었다. 앞서 소개한 한국기독교학교연합회와 한국기독교학교연맹이 기독교학교의 연합체의 성격을 띠고 있다면, 기독교학교교육연구소는 기독교학교의 기독교교육이 보다 충실하게 이루어질 수 있도록 연구하고 지원하는 역할을 담당하는 제3의 기구라고 할 수 있다. 기독교학교교육연구소의 비전선언문에는 기독교학교교육연구소의 사명이 함축적으로 담겨져 있는데, 다음과 같이 선언하고 있다. "기독교학교교육연구소는 오늘의 한국 교육이 하나님께서 원래 의도하신 교육의 모습에서 떠나 온갖 문제로 뒤엉켜있는 왜곡된 교육임을 직시하며, 한국교회와 함께 이 땅의 교육을 하나님의 교육으로 변화시키기 위한 기독교교육적 사명을 감당한다." 그리고 이를 이루기 위해 세속적 교육에 대한 기독교적 대안교육을 모색하며, 기독교학교들을 통해 이를 실천할 수 있도록 돕는 사역을 감당하며, 명실상부한 기독교교육이 이루어지도록 교사교육, 교육과정, 생활지도, 학교행정, 학급경영 등 각 영역에 대한 기독교적 연구를 수행하고, 이를 실천하는 역할을 담당한다. 그리고 과열된 입시 경쟁과 사교육 팽창으로 수많은 국민이 고통당하는 교육고통의 문제를 해결하는 기독교적 대안을 추구하며, 한국교회의 다음 세대가 신앙의 대를 힘있게 이어 가도록 하기 위해 교회, 가정 및 학교가 연계된 통전적 기독교교육을 추구하도록 돕고, 궁극적으로 교육의 영역에서 하나님 나라를 확장하도록 돕는 사역을 감당하는 기관이라고 할 수 있다. 이러한 기독교학교교육연구소의 역할과 사명은 다음과 같은 창립취지문에 잘 나타나 있다(www.cserc.or.kr).

> 오늘날 한국교육은 수많은 사람들에게 고통을 주고 있다. 입시 위주의 교육체제와 그릇된 교육정책으로 인한 고통은 물론, 자살과 학교폭력 그리고 조기유학 현상 등으로 인한 상처가 깊어 가고 있다. 이러한 왜곡된 교육의 현실 앞에서 한국교회가 교육의 희망과 비전을 제시하지 못하였음을 깊이 반성하고 회개하며, 교육에 대한 기독교적 대안을 제시해야 할 책무성을 다시금 절감한다. 한국교회사 초기에 교회가 학교를 설립하여 교육 구국운동에 앞장섰던 그 정신을

이어받아, 한국교회가 교육의 영역에서 하나님 나라를 회복함으로 한국교육의 희망이 되고자 한다.

지금까지 설립된 기독교학교가 이 사명을 보다 성실히 감당하며, 더 많은 기독교학교가 세워지고 명실상부한 기독교학교교육이 이루어지도록 하기 위해서, 이제 우리는 기독교학교교육연구소를 설립하고자 한다. 기독교학교교육연구소는 기독교학교와 기독교학교운동의 지원체제로서, 기독교학교의 정체성과 그 신학적 · 철학적 · 교육학적 기초를 탐구하여 올바른 방향을 제시하며, 기독교학교의 커리큘럼 및 교재개발, 교육방법 및 교육행정 그리고 기독교교육과 관련된 교육정책연구 등을 통해 한국교육에 대한 기독교적 대안을 제시하는 데에 그 목적이 있다. 한국교회가 기독교학교들과 더불어 연합하고 협력함으로 이 사명을 감당할 것을 촉구하며, 한국교회의 교육적 관심이 교회교육의 차원에 머무르지 않고 학교교육의 현실을 변화시키고, 궁극적으로 모든 영역에서 하나님 나라를 실현하는 데까지 나아가기를 소망한다.

현재 기독교학교교육연구소는 세 개의 연구팀으로 구성되어 있는데, 기독교대안학교실, 기독교학교(종립학교)실 그리고 기독학부모실 등이다. 이들의 사역을 돕기 위해 연구교수, 전문위원 및 자문위원이 활동하고 있으며, '기독교학교교육연구신서 시리즈'를 비롯해 기독교학교 컨설팅, 기독교학교 실태 조사, 기독교학교교육성과 분석, 기독교학교 설립 매뉴얼, 기독교학교교육과정 분석 연구 등에 관련된 다양한 연구도서들을 출판하고 있다. 또한 기독교학교의 교사들을 위한 세미나와 컨퍼런스, 기독학부모교실을 비롯한 연수, 교목 아카데미를 비롯한 다양한 교육활동을 통해서 기독교학교교육을 지원하고 있다.

4) 교단

기독교학교를 지원하는 중요한 지원체제 중에 교단 총회가 있다. 우리나라의 경우 장로교와 감리교 소속의 기독교학교들이 대부분을 차지하는데, 이들 교단 총회가 기독교학교를 지원하는 여러 가지 노력들을 감당하고 있다. 여기서는 그 중 장로교(통합) 교단을 중심으로 살펴보려고 한다. 대한예수교장로회 총회(통합)에서 실제적으로 기독교학교를 지원하는 부서는 총회의 교육자원부다. 교육자원부는 기독교학교위원회를 두고 있는데, 여기서는 기독교학교 관련 안건을 토의하며 문제가 발생할 때 총회적인 대응책을 논의하여 총회에 상정하여 총회 차원에서 대처할 수 있도록 돕는 역할을 감당한다. 또한 교단에 속해 있는 기독교학교 구성체인 기독교학교협의회를 두고 있는데, 여기서는 기독교학교의 당면한 과제들을 논의하고 교회와의 협력 속에서 이를 해결하는 노력을 기울이고 있다. 총회 차원에서 최근에 기독교학교를 지원한 대표적인 사례는 기독교학교후원회를 결성하여 기독교학교를 지원하기 위한 모금활동을 시작한 것을 들 수 있으며, 또한 필자가 초안을 작성하여 총회교육자원부가 총회에 제안한 기독교학교교육헌장을 총회가 채택하여 기독교학교에 대한 총회적 관심을 표명한 것을 들 수 있다. 기독교학교교육헌장은 다음과 같은 내용을 담고 있다(대한예수교장로회총회, 2007, pp. 289-291).

> **대한 예수교 장로회(통합)**
> **기독교학교교육헌장**
>
> 한국의 기독교학교는 하나님의 섭리 속에서 선교사들과 한국교회, 기독교인에 의해 시작되었고 확산, 부흥되었다. 기독교학교는 복음 선교와 기독교인 인재 양성은 물론 근대교육의 선구자로서의 사명을 감당하여 왔다. 한국교회는 그동안

기독교학교를 세우시고 인도해주신 하나님의 은혜에 감사드리며, 기독교학교의 자율성과 정체성을 확고하게 지키지 못했음을 회개하며, 하나님이 기뻐하시는 명실상부한 기독교학교가 되기 위해 다음과 같이 기독교학교헌장을 제정한다.

1. 기독교학교의 정의

기독교학교는 설립자가 기독교인이거나 건학이념이 기독교적일 뿐 아니라 기독교학교의 모든 영역이 기독교적으로 이루어지는 것을 지향하는 학교이다. 본 교단의 기독교학교는 본 교단의 신앙고백의 토대 위에서 교육하며, 본 교단의 신앙적 지도를 받고 상호 협력하는 학교를 의미한다.

2. 기독교학교의 교육방향

기독교학교는 복음화와 제자화를 추구한다. 기독교학교는 학생들로 하여금 예수 그리스도의 복음으로 변화되어 기독인이 되도록 도우며, 나아가 삶의 모든 영역에서 예수 그리스도의 주님되심을 인정하고 하나님 나라에 헌신하는 일꾼이 되도록 교육한다.

3. 기독교학교의 교육관

기독교학교는 기독교적 인간관, 지식관, 사회관을 지니고 교육에 임한다. 모든 인간은 하나님의 형상으로 지음받았으며 어떤 조건으로도 존엄성이 무시당해서는 안 된다. 모든 인간은 죄로 인해 타락했으며, 예수 그리스도로 말미암아 구속의 은총을 누릴 수 있다. 모든 지식은 하나님의 주권 아래 있다. 모든 진리는 하나님의 진리이며 그 진리를 깨달음으로 하나님께 영광을 돌리도록 한다. 기독교학교는 학생들을 사회로부터 분리하거나 사회에 동화시키는 것이 아니라 사회와 문화를 변혁하여 하나님 나라를 건설하는 일꾼이 되도록 교육한다.

4. 기독교학교와 교회의 관계

기독교학교는 교회와 협력해 서로의 독립성을 인정하면서도 깊은 교류로 기독교교육을 증진할 수 있도록 한다. 기독교학교는 교회의 신앙적 지도를 받아야 하며, 교회는 기독교학교를 지원할 책임을 갖는다. 한국교회의 지원이 기독교학교를 든든히 세우며, 기독교학교는 한국교회와 사회의 미래 일꾼을 양성한다.

5. 기독교인의 교육 의무

모든 기독교인 가정의 자녀는 기독교교육을 받아야 한다. 한국교회는 기독교인 가정의 자녀들이 기독교학교를 통해 기독교교육을 받을 수 있도록 기독교학교를 설립, 지원해야할 사명이 있다. 기독교인 부모는 자녀들의 기독교교육에 대한 일차적인 책임을 지고 가정에서 교육하며 교회와 학교에서 기독교교육을 받을 수 있도록 교회와 기독교학교가 지원, 협력한다.

6. 기독교학교의 자율성

기독교학교의 자율성은 보장되어야 하며 어떤 이유로도 자율성의 근본적인 침해가 이루어져서는 안 된다. 기독교학교가 건학이념에 따른 교육을 실천하기 위해 학생을 선발할 수 있는 학생 선발권과 교육과정을 선정할 수 있는 교육과정 편성권은 보장되어야 한다. 한국교회는 이러한 기독교학교의 자율성을 확보하기 위해 기독교학교와 공동의 노력을 기울여야 한다.

7. 기독교학교의 정체성

기독교학교는 기독교학교다움을 지녀야 한다. 기독교학교의 정체성은 기독교학교의 자율성이 확보된다고 이루어지는 것이 아니라 기독교학교에 몸담고 있는 지도자들과 모든 교육자들이 노력하여야 한다. 기독교학교의 모든 영역에서 기독교적 가치가 실현되고 행정, 재정, 교육과정, 교육방법, 상담, 생활지도 등의 분야에서 하나님의 뜻을 구현하여 일반 학교의 모범이 되어야 한다.

8. 교목 및 기독교사 활동의 강화

기독교학교의 교목은 학원선교와 기독교 신앙교육의 책임자로서의 사명을 힘있게 감당한다. 이 시대의 학생들을 예수 그리스도의 복음으로 변화시킬 수 있는 생명력 있는 예배, 설교, 교육, 기타 활동을 기획, 실천한다. 기독교학교와 한국교회는 교목의 활동을 지원하며 격려함으로 기독교학교에서의 복음화와 제자화가 활발하게 이루어지도록 한다. 또한 한국교회는 기독교적 교육관을 지닌 기독교사를 양성, 활동할 수 있도록 지원한다.

9. 기독교학교의 지원체제 확립

한국교회는 기독교학교의 발전을 위해서 '기독교학교 후원회'를 조직하며 '기독교학교 공동기금'을 조성한다. 한국교회는 이 땅의 소외된 아동이나 청소년들에게도 기독교교육의 기회를 제공하도록 노력한다. 또한 기독교학교의 활성화를 위해 존재하는 다양한 기관과 단체, 즉 기독교학교 연합체, 기독교학교교육 관련 연구소 및 출판사, 도서관, 자료센터 등을 지원하며 상호 협력하여 기독교교육공동체적 노력이 이루어지도록 한다.

10. 교육을 살리는 기독교학교

기독교학교는 이 땅의 교육으로 인한 고통에 대하여 함께 아파하며 왜곡된 교육에 대한 기독교적 대안을 제시한다. 교육의 영역에서 하나님 나라를 확장하는 것은 기독교학교가 추구하는 가치이다. 이를 위해 기독교사들, 기독학부모들, 그 외의 모든 한국교회 구성원들이 함께 협력하여 하나님의 교육이 이루어지도록 노력한다.

5. 기독교학교의 종교교육 활성화를 위한 한국교회의 역할[43]

한국교회의 역사는 기독교학교와 함께한 역사다. 우리나라의 선교는 기독교학교를 설립함으로 시작되었다. 오늘의 기독교학교의 위기는 다름 아닌 한국교회의 위기로 인식해야 한다. 그리고 이 위기를 극복하기 위해 한국교회가 비상한 관심을 갖고 문제가 근원적으로 해결되기까지 그 역할을 감당해야 한다.

43) 박상진(2010)의 내용을 수정 · 보완하였다.

1) 범 교회적인 관심

한국교회가 기독교학교에 관심을 가져야 하는 교회의 본질적인 사명과 관련된다. 한국교회의 다음 세대가 하나님의 일꾼으로 양성되기 위해서는 기독교교육을 받아야 하고, 이 기독교교육에는 학교교육이 포함된다. 이를 위해서는 기독교인 가정의 자녀가 기독교교육을 받을 수 있는 자유가 보장되어야 하고, 건학 이념에 따라 기독교학교는 선교할 수 있는 자유가 보장되어야 한다. 한국교회는 이런 종교(신앙)교육의 자유에 대한 분명한 입장을 천명해야 한다. 오늘날 공교육에서 종교를 배제하려는 경향은 종교를 사적이고 주관적이며 사소한 것으로 인식하게 만드는 경향이 있다. 그리고 종교를 가르치지 않는 교육은 사실 반종교와 비종교의 이데올로기를 가르치고 있는 셈이다. 최근 안티(anti) 기독교의 확산은 이러한 공교육의 경향성과 분리해서 생각할 수 없다. 국공립학교에서도 종교 일반을 가르칠 필요가 있고, 사립학교의 자율성이 철저히 보장되어 종교교육과 선교의 자유가 보장될 수 있도록 한국교회가 역할을 감당해야 한다. 이를 위해서 한국교회가 범 교회적으로 '종교교육에 대한 선언문'을 작성하여 발표하고, 정부의 종교교육 정책에 대한 새로운 좌표를 제시할 필요가 있다.

2) 기독교학교 지원체제의 확립

지난 120여 년 동안 한국의 기독교학교는 기독교교육을 위한 지원체제가 열악한 가운데서 그 사명을 감당해 왔다고 할 수 있다. 한국교회가 기독교학교에 무관심했던 것은 아니었지만 기독교교육과 학원선교의 중요성을 강조한 만큼 실제적으로 이를 지원하는 체제가 이루어지지 못했다. 오늘날의 변화된 사회와 문화 그리고 교육적인 환경은 기독교학교에서의 기독교교육도 그 내용이나 방법 면에서 전문화될 것을 요청하고 있다. 멀티미디어 커뮤니케이션 시대는 그에 걸맞는 교수 방법의 변화도 요구하고 있다. 특히 기독교 신앙을 갖고 있지 않은 학생이나 관심이 부족한 학생을 대상으로 하는 선교적 교육은 더 정교하게 준비된 교육 내용과 교수 방법을 필요로 하고 있다. 한국교회는 이러한 기독교학교에서의 기독교교육을 위한 다양한 자료와 매체를 개발하여 제공하고, 교장과 교목은 물론 기독교학교의 교사를 체계적으로 양성하고 지원할 수 있는 체제를 갖추어야 한다. 무엇보다 기독교학교의 자율성을 신장시키고 정체성을 확립하기 위해서는 기독교학교가 재정적으로 정부에 전적으로 의존하지 않을 수 있도록 재정 자립도를 높일 필요가 있는데, 한국교회가 기독교학교를 재정적으로 후원할 수 있는 방안을 모색해야 할 것이다. 예장 통합 교단에 '기독교학교 후원회'가 구성되어 활동하고 있는 것은 좋은 사례라고 할 수 있을 것이다.

3) 한국교회와 기독교학교 협의회

기독교학교가 기독교학교다움을 지닐 수 있도록 촉구하고 지원하고 감독해야 할 책임이 한국교회에 있다. 학교가 '기독교학교'인 것을 표방하지 않는다면 몰라도 '기독교'라는 수식어가 붙는 기독교학교라고 불린다면 기독교학교의 정체성을 지녀야할 책무성이 있고 기독교학교와 한국교회는 불가분의 관계를 맺지 않을 수 없다. 사실 기독교학교는 그 설립의 주체도 다양하다. 노회나 교회가 설립한 기독교학교가 있는가 하면 개인에 의해 세워진 기독교학교도 있다. 특히 개인이 기독교적 건학 이념에 따라 기독교학교를 설립한 경우, 그동안 한국교회와 직접적인 관계를 맺고 있었다기보다는 기독교학교 관련 연합기관에 가입되어 활동하며 사안에 따라서 한국교회와 협력하는 방식을 취한 것으로 보여진다. 한국교회가 기독교학교를 재정적 · 제도적으로 지원하지도 못했고, 동시에 감독을 하거나 영향력을 미치는 면에서도 매우 소극적이었다. 그러나 보다 한국교회가 기독교학교의 중요성을 인식하고, 또한 기독교학교는 한국교회의 지원과 격려가 중요함을 인식한다면 과거의 관계보다는 보다 성숙한 협력관계를 모색할 필요가 있다. 예를 들면, '한국교회와 기독교학교 협의회'와 같은 협의 기구를 만들어 상시적으로 협력을 도모할 수 있도록 하는 것이 바람직할 것이다.

가칭 '한국교회와 기독교학교 협의회'가 해야 할 가장 중요한 일은 한국교회가 기독교학교가 그 정체성을 확립할 수 있도록 지원하고 격려하는 일이다. 이를 위해서는 첫째, 한국교회가 교인에게 기독교학교교육의 중요성을 알리고, 교인의 자녀가 기독교학교에서 기독교적 가치관으로 교육받을 수 있도록 홍보하고 안내할 수 있다. 기독교학교가 기독교인의 자녀를 많이 지원하고, 그들이 하나님의 일꾼으로 양성될 수 있도록 하는 역할을 담당하는 것이다. 둘째, 한국교회가 '기독교학교를 위한 공동모금'을 통해 기금을 적립하고, 기독교학교가 재정적으로 정부에 지나치게 의존됨으로 자율성을 상실하지 않도록 기독교학교를 재정적으로 지원할 필요가 있다. 셋째, 한국교회가 기독교학교를 보호하는 역할을 담당해야 하는데, 개별 기독교학교가 담당할 수 없는 정치적 · 정책적 · 제도적 요구에 대해서 한국교회의 일치된 목소리를 통해서 기독교학교를 외풍으로부터 보호할 수 있을 것이다. 마지막으로, 한국교회가 기독교학교가 건학 이념이 기독교적일 뿐만 아니라 실제적으로 기독교적인 교육이 이루어질 수 있도록 감독하는 역할을 수행하는 것이 바람직하다. 교회와 학교는 본질상 구별되는 기관이기 때문에 기독교학교가 구조적으로 한국교회에 종속되어서는 안 되겠지만, 기독교학교의 정체성을 보다 확고히 하고, 기독교학교가 세상의 빛과 소금으로서 영향력을 계속해서 담당하기 위해서는 한국교회가 기독교학교를 관심 있게 지켜보고 지도해야 할 책임이 있는 것이다.

4) 기독교학교 지원체제 구축

(1) 교목활동 지원

기독교학교의 종교교육을 활성화하기 가장 중요한 역할을 담당해야 할 교육 지도자는 교목임에 틀림없다. 교목은 기독교학교의 예배와 종교교육, 학원 선교는 물론 기독교학교의 건학 이념이 학교 전반에 걸쳐서 실현될 수 있도록 그 사명을 감당해야 한다. 교장을 비롯한 기독교학교의 지도자와 기독교학교의 교육 방향을 공유하며, 동시에 기독교 교사가 기독교적 가치관에 입각하여 교육을 담당할 수 있도록 도와야할 책임이 있다. 교목실은 학생의 눈높이에 맞는 예배와 종교교육이 되도록 연구하고 노력하며, CA 활동과 학생 동아리 활동 등 교과 외 시간을 통해 학원 선교를 담당하려는 열정을 지니고 학생 선교와 학생 양육을 담당해야 한다. 한국교회는 기독교학교의 정체성과 관련하여 이렇듯 중요한 사명을 지닌 교목이 활발하게 그 사명을 감당할 수 있도록 지원해야 한다. 현재의 총회와 노회 구조는 지역교회 목회자 중심 구조이므로 교목의 활동을 격려하고 지원하기보다는 그 사기를 저하시킬 수 있는 구조로 되어 있다. 교단적으로 교목이나 원목과 같은 전문 목회자를 효과적으로 지원하기 위해서는 전문 조직을 보다 강화하여야 하며, 교목 양성과정과 연수과정 그리고 교목의 지속적인 연구 및 개발을 활성화시키기 위해 제도적 · 재정적 지원을 아끼지 않아야 한다. 또한 지역교회와 교목실이 연계되어 다양한 프로그램을 시도할 수 있도록 협력하여야 하고, 현재 여러 교회들이 시도하고 있듯이 교회가 기독교학교에 교목을 파송하는 방식으로 교목활동을 강화할 수 있다.

(2) 기독교사 양성

한국교회는 기독교학교가 제 기능을 발휘할 수 있도록 지원체제를 구축해야 하는데 그 중 빼놓을 수 없는 요소는 기독교학교의 교사를 양성하는 일이다. 기독교학교의 정체성은 건학 이념이 무엇이냐로 결정되는 것이 아니라 실제로 그 건학 이념이 구현되어 기독교교육이 이루어지는 학교인가에 달려 있다. 이를 위해서 가장 중요한 요소는 기독교학교의 교사가 기독교교육자로서의 정체성을 지니는 것이다. 교육은 교사의 질에 달려 있고, 기독교학교의 정체성은 기독교 교사의 정체성에 달려 있다고 할 수 있다. 불행히도 우리나라의 경우, 기독교학교의 기독교 교사를 양성하는 별도의 교육기관을 갖고 있지 못하다. 초등학교의 경우는 일반 교육대학, 그리고 중 · 고등학교의 경우는 일반 사범대학이나 교원대학, 또는 일반 교직과정을 통해 일반 학교의 교사로 교육받은 분들로 충원되어 왔다. 물론 이들 중 세례를 받은 기독교인으로 임용되고, 임용의 절차와 과정에서도 신앙적인 요소들을 고려하여 교사로 초빙하는 경우가 많다. 그러나 '교사이면서 기독교인'인 것과 기독교적인 관점으로 교육을 바라보고 이를 실천할 수 있는 '기독교 교사'와는 구별되어야 할 것이다. 한국교회는 기독교학교의 지원체제의 한 부분으로서 기독교학교의 교사를 양성할 수 있는 가칭 기독교원대학을 설립하는 일에 관심을 갖고 노력해야 한다. 이러한 교육기관은 기독교사 양성만이 아니라 계속교육을 담당할 수 있다. 더 나아가 기독교학교 리더십 과정을 개발하여 기독교학교의 교장을 비롯한 교육 지도자가 기독교학교의 정체성을 분명히 인식하고 기독교교육을 실천할 수 있는 리더십을 갖도록 도와야 한다.

(3) 기독교학교교육과정 개발

기독교학교의 종교교육의 또 하나의 중요한 축은 교육과정이 어느 정도 기독교교육의 정체성을 지니는가에 달려 있다. 현재의 교육구조 안에서는 정부가 제시하는 교육과정의 틀을 탈피할 수 없지만, 향후 교육과정 편성권이 자율적으로 보장되는 때를 대비하여 기독교적 교과서를 개발하는 일을 시작하여야 한다. 지금도 기독교 대안학교에서는 이에 대한 요구가 시급하며, 또한 현재의 교과서를 사용하더라도 최소한 이를 기독교적으로 활용할 수 있는 지침서의 개발이 요청된다. 이러한 기독교적 교육과정 개발을 위해서는 기독교교육학자들과 각 교과의 전문가들 중 기독교인 그리고 기독교학교의 교과 담당 교사가 연계되어 네트워크를 형성하여야 한다. 이러한 작업은 한 개인이나 단체가 감당하기에는 역부족이다. 기독교학교이면서도 비기독교학교와 교육 내용과 교육 방법에서 아무런 차이가 없다면 기독교학교의 정체성을 지닌다고 할 수 없을 것이다. 다음 세대가 각 분야에서 기독교적 영향력을 발휘하기 위해서는 기독교교육을 통해 성숙되어야 한다. 한국교회는 인적 · 물적 자원을 지원하여 기독교학교다운 소프트웨어를 구축할 수 있도록 도와야 할 것이다.

(4) 기독학부모 운동

마지막으로 기독교학교가 기독교학교로서의 정체성을 지니며 기독교교육을 활성화할 수 있기 위해서 한국교회가 지원해야 하는 것이 기독학부모운동이다. 사실 대부분의 한국교회 교인은 기독학부모라고 할 수 있다. 교인의 기도 제목 가운데 가장 중요한 부분을 차지하는 것도 자녀의 교육문제다. 그런데 한국교회가 교인으로 하여금 교육에 대해서 기독교적 가치관을 지니도록 돕고, 교인이 기독학부모로서의 정체성을 지닐 수 있도록 도와주고 있는가의 질문을 던지지 않을 수 없다. 만약 한국교회 교인이 기독학부모로서의 정체성과 가치관을 지니고 학교교육을 대할 수만 있다면 개별 기독교학교가 기독교학교다움을 유지할 수 있을 뿐만 아니라 오늘날의 왜곡된 입시 위주의 교육 풍토를 비롯해 우리 사회의 심각한 교육문제들을 상당 부분 해결할 수 있는 가능성이 있다. 이를 위해서는 각 교회의 교인이 자녀가 속해 있는 학교에서 기독학부모로서의 역할을 감당하는 것만이 아니라 이러한 기독학부모들이 연합하여 공동체적인 사역을 감당하는 기독학부모운동으로 확장될 필요가 있다. 하나님은 자녀를 신앙으로 교육하는 일차적인 책임을 부모에게 맡기셨고, 따라서 부모는 자녀교육에 대해 기독교적인 가치관으로 교육할 수 있는 학교를 선택할 권리가 있다. 그리고 편향된 교사 집단이나 왜곡된 교육정책에 대해 기독학부모로서의 의견을 피력하고 이를 교육에 반영할 수 있도록 노력할 필요도 있다. 기독학부모들이 자신의 정체성을 깨닫고 이렇듯 깨어나 공동체적 사명을 감당할 수 있도록 한국교회가 지원한다면 가정과 기독교학교 그리고 교회가 유기적인 관계를 지니며 이 땅에 하나님의 교육을 실현해 나갈 수 있을 것이다.

6. 나가는 말

우리나라의 종교교육의 현실은 매우 열악하다. 공교육에서의 종교교육에 대한 무관심은 물론이고 종교계 학교마저 종교교육을 제대로 할 수 없는 상황으로 내몰리고 있다. 종교교육의 부재 또는 약화는 교육의 본질적 가치의 부재 또는 약화로 나타나고 있다. 이러한 종교교육의 위기적 현실을 극복하기 위한 종교교육의 활성화가 어느 때보다도 요청되고 있다. 종교교육의 활성화를 위해서는 개별 기독교학교나 그 구성원들이 기독교교육의 정체성을 회복하고 보다 질 높은 기독교교육을 위한 노력을 기울여야 하지만, 동시에 기독교교육이 정상적으로 이루어질 수 있는 여건을 만들기 위한 제도적 · 법적 측면에서의 변화가 필요하다. 그리고 기독교학교에서의 종교교육 활성화를 지원하는 지원체제의 확립과 한국교회가 기독교학교에서의 종교교육을 본연의 사명으로 인식하고 후원하는 변화가 필요하다. 결국 종교교육의 활성화는 종교교육을 가능하게 하는 제반 여건을 포함한 종교교육의 생태계가 복원되어야만 가능하다고 볼 수 있다.

토론문제

1. 우리나라에서 종교교육 활성화를 위해 가장 필요한 지원은 무엇이라고 생각하는지 자신의 의견을 제시해 보자.
2. 현재 기독교학교를 지원하는 단체들과 그 활동에 대해 이야기해 보자.
3. 한국교회가 기독교학교의 종교교육 활성화를 위해 할 수 있는 일이 무엇인지 토의해 보자.

참고문헌

대한예수교장로회총회(2007). 대한예수교장로회 제92회 총회 회의록. 서울: 대한예수교장로회총회.

박상진(2010). 한국 기독교학교의 자율성 및 정체성 회복을 위한 과제, 한국 기독교학교교육 운동. 서울: 예영.

손원영(2010). 기독교계 사립학교에서의 종교교육, 종교교육학연구, 32.

한국기독교학교연맹(2009). 한국기독교학교연맹 45년사. 서울: 한국기독교학교연맹.

한국기독교학교연합회(2004). 한국기독교학교연합회 50년사. 서울:한국장로교출판사.

Wolterstorff. N. P. (2002). *Educating for life: Reflections on christian teaching and learing*. Grand Rapids: Baker Academic.

www.acsk.org/3sub-4.htm

www.kfcs.or.kr/index-school.htm

www.cserc.or.kr/

찾아보기

인명

내용

저자 소개

□ 강영택

연세대학교 교육대학원 교육행정 전공(M.Ed.)

미국 Calvin Seminary 기독교교육 전공(M.A.)

미국 Michigan State University 교육행정 전공(Ph.D.)

현 우석대학교 교육학과 교수

기독교학교교육연구소 연구교수

□ 유재봉

서울대학교 대학원 교육철학 및 교육사 전공(M.Ed.)

영국 University of London 교육철학 전공(Ph.D.)

현 성균관대학교 교육학과 교수

□ 박상진

서울대학교 대학원 교육학 전공(M.Ed.)

장로회신학대학교 신학대학원(M.Div.)

미국 Union-PSCE 기독교교육학 전공(M.A. & Ed.D.)

현 장로회신학대학교 기독교교육과 교수

기독교학교교육연구소 소장

□ 고원석

장로회신학대학교 신학대학원(M.Div.)

연세대학교 연합신학대학원 기독교교육학 전공(Th.M.)

독일 Universität Bonn 기독교교육학 전공(Th.D.)

현 장로회신학대학교 기독교교육과 교수

□ 김재춘

서울대학교 대학원 교육과정 전공(M.Ed.)

미국 University of California, Los Angeles 교육과정 전공(Ph.D.)

현 영남대학교 교육학과 교수

□ 박종보

서울대학교 대학원 법학 전공(LL.M.)

서울대학교 대학원 법학 전공(Ph.D.)

미국 Whittier 로스쿨 LL.M. 과정 수학

미국 New York 주 변호사 시험 합격

현 한양대학교 법학전문대학원 원장 및 교수

□ 임경근

고려신학대학원 신학 전공(M.Div.)

네덜란드 Kampen 개혁신학대학원 교회사 전공(Drs.)

네덜란드 Apeldoorn 기독개혁신학대학원 교회사 전공(Th.D.)

전 샘물기독학교 교목

현 고려신학대학원 및 백석대학교대학원 기독교학교학과 외래교수

다우리교회 담임목사

□ 장화선

연세대학교 교육대학원 종교교육 전공(M.Ed.)

미국 Reformed Theological Seminary 교육학 전공(M.Ed.)

이화여자대학교 대학원 교육학 전공(Ph.D.)

현 안양대학교 기독교교육과 교수

종교교육론 - 학교에서의 기독교적 종교교육-

2013년 8월 30일 1판 1쇄 발행
2021년 4월 20일 1판 2쇄 발행

지은이 • 강영택 · 유재봉 · 박상진 · 고원석 · 김재춘 · 박종보
임경근 · 장화선

펴낸이 • 김 진 환

펴낸곳 • (주) 학지사
04031 서울특별시 마포구 양화로 15길 20 마인드월드빌딩 5층

대표전화 • 02) 330-5114 팩스 • 02) 324-2345

등록번호 • 제313-2006-000265호

홈페이지 • http://www.hakjisa.co.kr
페이스북 • https://www.facebook.com/hakjisabook

ISBN 978-89-997-0205-1 93370

정가 **16,000원**

이 도서의 국립중앙도서관 출판시도서목록(CIP)은 서지정보유통지원시스템 홈페이지(http://seoji.nl.go.kr)와 국가자료공동목록시스템(http://www.nl.go.kr/kolisnet)에서 이용하실 수 있습니다.
(CIP제어번호: CIP2013015761)